UN SERVITEUR ET COMPÈRE DE LOUIS XI

JEAN BOURRÉ

Seigneur du Plessis

1424-1506

> « Sire, dès le premier jour que je vins à vous, je me deliberé de vous servir loyalement et de n'avoir point deux maistres, et en ce propos ay tousjours été, et maintenant que je suis vieil je seraye plus que fou si je vouloye faire le contraire... »
>
> (Lettre de Bourré à Louis XI).

PAR

GEORGES BRICARD

DOCTEUR ÈS LETTRES

PARIS
ALPHONSE PICARD ET FILS, ÉDITEURS
82, rue Bonaparte, 82

1893

JEAN BOURRÉ

SEIGNEUR DU PLESSIS

JEAN BOURRÉ
d'après un portrait du XVIIᵉ siècle conservé au château
de Jarzé, en Anjou.

UN SERVITEUR ET COMPÈRE DE LOUIS XI

JEAN BOURRÉ

Seigneur du Plessis

1424-1506

> « Sire, dès le premier jour que je vins à vous, je me deliberé de vous servir loyalement et de n'avoir point deux maistres, et eu ce propos ay tousjours été, et maintenant que je suis vieil je seraye plus que fou si je vouloye faire le contraire... »
>
> *(Lettre de Bourré à Louis XI).*

PAR

GEORGES BRICARD

DOCTEUR ÈS LETTRES

PARIS

ALPHONSE PICARD ET FILS, ÉDITEURS

82, rue Bonaparte, 82

—

1893

PRÉFACE

Lorsque nous terminions, en 1882, la rédaction de cette thèse sur Jean Bourré, M. Vaesen n'avait pas encore fait paraître, dans la Bibliothèque de l'École des Chartes, sa savante notice sur le secrétaire intime de Louis XI. Dans cette grande galerie de portraits dont la science historique de notre époque augmente chaque jour le nombre, nous avions le désir de placer, le premier, à côté du roi Louis XI l'image de son plus fidèle serviteur. Des retards involontaires et des circonstances impérieuses ont retardé la publication de notre ouvrage, et aujourd'hui la place réservée à Bourré se trouve déjà occupée.

Pourtant l'œuvre dessinée avec tant de précision et de netteté par le savant éditeur des lettres de Louis XI ne pouvait être, dans la pensée même de son auteur, qu'une esquisse, aux proportions forcément limitées par le cadre même qui lui était réservé. Destiné à prendre rang dans une série de médaillons, groupés autour de la grande figure de Louis XI, le Jean Bourré de M. Vaesen ne pouvait avoir dans ses dimensions restreintes qu'un relief secondaire, et c'était seulement dans ses rapports avec Louis XI qu'il devait être mis en lumière. Faisant de notre étude une œuvre isolée et choisissant Bourré pour objet principal de notre travail, nous devions donner à notre ouvrage plus de développement, et en détailler avec plus de complaisance les diverses parties. C'est ainsi qu'en dehors des pages consacrées à étudier le secrétaire, le conseiller, l'agent, le financier de Louis XI, nous avons dans des chapitres spéciaux insisté sur ses premières années, son rôle près du dauphin Charles, ses services successifs pendant l'administration des Beaujeu et le gouvernement personnel de Charles VIII, le caractère de sa vie intime dans sa famille et avec ses amis, son existence et ses dépenses de grand seigneur dans ses châteaux de l'Anjou. M. Vaesen n'avait voulu écrire sur J. Bourré que le chapitre d'un ouvrage, nous avons essayé de faire de Bourré le sujet d'un livre entier.

Les nombreux documents, en grande partie inédits, qui s'offraient à nous, augmentaient forcément la dimension de notre étude. On sait que Bourré a donné son nom à toute une collection, conservée à la Bibliothèque Nationale, de lettres-patentes ou missives, pièces, mémoires, quittances; les unes par lui rédigées, les autres à lui adressées, à l'occasion de ses multiples fonctions. La plupart offrent le plus grand intérêt pour l'histoire des règnes de Louis XI et de Charles VIII. Elles faisaient autrefois partie du fonds Gaignières sous les numéros 368 à 384; elles se trouvent maintenant classées

parmi les manuscrits français sous les numéros
20483 à 20499. M. Vaesen en a publié l'inventaire
dans la Bibliothèque de l'École des Chartes, à la
suite de sa notice sur Bourré. Deux autres registres
de la Bibliothèque Nationale offrent un égal intérêt
pour la biographie de Bourré; ils portaient autrefois
les numéros 445 et 1929 du Supplément français; ils
figurent actuellement dans le fonds français sous les
numéros 6202 et 6203. Diverses pièces intéressant
Bourré sont encore réunies dans un dossier de
l'ancien cabinet des Titres, classé actuellement
parmi les pièces originales sous le numéro 473. La
Bibliothèque Nationale renfermait enfin, il y a une
trentaine d'années, parmi les recueils de l'ancien
cabinet des Titres, au nom de Bourré, sous la dénomination de : *Extrait des titres du Plessis-Bourré*,
les copies faites par Gaignières de pièces concernant
Bourré, parmi lesquelles ses lettres de nomination
à divers offices. M. Quicherat a consulté ce recueil
et le cite dans son édition de Thomas Bazin. M. Marchegay l'avait lui-même compulsé en 1854, et
avait pris copie des pièces les plus intéressantes
pour la biographie de Bourré. Malgré de minutieuses
recherches auxquelles le savant administrateur-
général directeur de la Bibliothèque Nationale a
bien voulu sur notre demande faire procéder, ce
dossier n'a pu nous être communiqué. M. Vaesen
n'a pas été plus heureux, car il n'en fait pas mention
dans sa notice. Nous avons pourtant pu utiliser les
documents les plus importants de ce recueil, grâce

à la communication que nous devons à l'obligeance de M. Marchegay des copies par lui prises.

Les Archives Nationales nous ont fourni quelques documents ; les collections départementales de précieux renseignements.

Les archives de Maine-et-Loire, les archives de la Mairie d'Angers, les archives communales d'Amboise, les archives municipales de Lyon, nous ont tour à tour révélé quelques nouveaux détails sur la carrière de Bourré.

L'abondance des manuscrits compensait le silence des historiens. Les chroniqueurs du xv° siècle, les premiers, avaient donné l'exemple de l'injustice envers Bourré. Commines, qui lui devait pourtant quelque reconnaissance, ne prononce pas son nom dans ses Mémoires. Thomas Bazin ne parle de lui que pour ternir sa mémoire d'une injuste accusation de concussion. Aucun autre n'indique la haute place qu'il occupa dans la confiance de Louis XI et de Charles VIII, ses services continuels auprès de la personne de ces rois, son autorité prépondérante dans l'administration de leurs finances. De nos jours, M. Marchegay eut le mérite de distinguer le rôle important joué par Bourré dans la seconde moitié du quinzième siècle. Rencontrant parmi les monuments de l'Anjou le magnifique château du Plessis-Bourré qui dresse encore à quelques lieues d'Angers ses tours crénelées, il découvrit dans son fondateur un illustre serviteur de la royauté du xv° siècle, et dans de courtes notices sur le château du Plessis-Bourré, le château de Jarzé, le ministre de Louis XI et le chapelain de Châteaugontier, Bourré gouverneur du dauphin, depuis Charles VIII, il indiqua quelques-unes des charges remplies par Bourré. Ces notices isolées ne pouvaient remplacer un travail d'ensemble, et la personne de Bourré était encore mal connue ; les rares historiens, même les écrivains locaux de l'Anjou, qui prononçaient son nom le confondaient sans cesse avec d'autres serviteurs de Louis XI, en lui attribuant un rôle qui n'avait point été le sien. Son nom demeurait absent de toutes les biographies générales, si l'on en excepte le *Dictionnaire historique de Maine-et-Loire*, de M. Port, ouvrage d'une si remarquable érudition.

Nous avons donc pensé faire une œuvre utile et juste en reconstituant, grâce aux documents originaux, la biographie complète de Jean Bourré, et en réclamant pour lui le rang important qui lui avait jusqu'alors été refusé dans l'histoire. Il nous semblait aussi intéressant de rechercher par quelles actions et par quels services il avait su gagner la confiance absolue d'un maître tel que Louis XI et mériter ces témoignages incessants de reconnaissance et d'estime que tour à tour, pendant plus de quarante années, les rois de France se sont plu à lui prodiguer. Un semblable sujet nous semblait présenter à la fois « le caractère de généralité et la nouveauté de détails qui conviennent à une thèse historique. »

Nous ne pouvons que regretter d'avoir écrit trop tôt cette biographie, pour pouvoir profiter, si ce n'est dans la rédaction de notre Introduction, des publications qui sont venues, ces dernières années, éclairer d'une si vive lumière le règne de Louis XI : *Les lettres de Louis XI*, de M. Vaesen ; *Imbert de Batarnay*, de M. Mandrot ; *Jean Reilhac, secrétaire, maître des comptes, général des finances et ambassadeur des rois Charles VII, Louis XI et Charles VIII*, de M. de Reilhac ; *Louis XI et les Villes*, de M. Sée ; *les Archives d'un serviteur de Louis XI*, de M. de la Trémoille ; etc. Nous devons pourtant constater qu'aucun de ces livres n'a modifié le portrait que les documents originaux, consultés par nous, nous avaient permis de tracer du serviteur et compère de Louis XI.

INTRODUCTION

LOUIS XI : SON CARACTÈRE, SA POLITIQUE, SES AGENTS

Bien qu'il défie toute sympathie, Louis XI demeure sans contredit la personnalité la plus intéressante de son règne et de toute la seconde moitié du quinzième siècle. Par l'originalité de son esprit aussi souple qu'énergique, aussi délié qu'opiniâtre ; par son caractère pratique, ses tendances bourgeoises et par l'élévation de ses vues d'homme d'État ; par la vulgarité de ses manières, l'indignité trop fréquente de ses procédés et par l'incontestable grandeur de son génie politique, ce roi nous surprend, nous attire et nous repousse tour à tour.

Au premier coup d'œil, et à ne regarder en lui que la physionomie extérieure, on le prendrait difficilement pour un roi. Ses manières et ses allures autorisaient toutes les méprises. Il n'était pas distingué : les traits de son visage étaient saillants et forts, son corps sans élégance, ses jambes longues et grêles[1]. Il se couvrait de

---

[1] « De personæ quidem ipsius elegantia et venustate, non opus est dicere ; qui, cum crura et tibias perexiles haberet, facie tamen nihil speciosum vel decorum habebat. Quin, si occurrisset obvius ignoranti eum, potius scurra vel bibulus, vel quispiam vilis con-

vêtements grossiers, le plus souvent de drap noir, « assez mauvois drap aucune fois, e' ortoit un mauvois chappeau¹. » Un chroniqueur contemporain prétend qu'il était « plus garny de sens que de bonne vesture². » Notre roi, dit Commines, « se habilloit fort court et si mal que pis ne povoit. » Lui, le descendant de tous ces rois du moyen âge, de tous ces chefs de la chevalerie française, il avait moins que personne une mine aristocratique.

Son esprit, comme ses manières, était sans distinction ni délicatesse ; ses plaisanteries manquaient de finesse, ses saillies n'étaient point de bon goût. Il empruntait volontiers aux conteurs gaulois leur vocabulaire de mauvaise compagnie. Il aimait les mots grossiers. Inquiet des agissements de Dammartin : « Je suis en grant malaise, écrivait-il à l'amiral de France, doubtant que le grant maistre ait fait du hardi merdoux³ ! » Toutes ses préférences l'entraînaient vers « les gens de moyen estat. » Il fréquentait les bourgeois et aimait à vivre au milieu d'eux, à leur manière. Quand il avait envie de se réjouir en un joyeux festin, il n'ordonnait pas, dans

---

ditionis, quam rex vel homo alicujus dignitatis œstimari potuisset.,... Cui et conveniebat quod non purpura ut rex, vel veste aliqua pretiosa et talari, ut magnates decet, sed vili frequentius et interdum ad nates usque dumtaxat operiebatur amictu..... »
(Thomas Bazin, *Histoire des règnes de Charles VII et de Louis XI*, édit. Quicherat, t. III, p. 166.)

¹ *Mémoires de Commines*, édit. Dupont, 1840, p. 166.
² Un manuscrit interpolé de la Chronique scandaleuse. *Bibl. de l'École des Chartes*, D, II, p. 263.
³ *Lettres de Louis XI*, publiées par J. Vaesen et E. Charavay, t. IV, p. 201.

ses résidences royales, un de ces repas d'apparat où les ducs de Bourgogne se plaisaient à étaler leur magnificence ; il s'en allait souper chez un de ses bourgeois favoris. Il faisait mieux encore : à Rouen on le voit dans un cabaret où il tient tête à une réunion de buveurs, en vidant d'un trait la croûte d'un énorme pâté, remplie de vin [1]. Il semblait embarrassé de sa personne et n'aimait point à se donner en représentation à la foule. Il détestait les entrées solennelles à ce point, qu'arrivant pour la première fois dans une ville dont les principales rues étaient pavoisées pour fêter son passage, il choisissait les rues les plus étroites et les plus sombres pour se rendre sans qu'on le vît au logis où il devait passer la nuit [2].

De l'amour, cette grande passion du moyen âge à laquelle le xv° siècle a pourtant enlevé tout le mysticisme qui lui pourrait déplaire, Louis XI se soucie peu. A sa femme, il n'accorde que des égards et une fidélité commandée par le devoir. Quant à ses maîtresses, depuis qu'il est devenu roi, il les

---

[1] Thomas Bazin, t. III, p. 192-93.
[2] « In plerisque etiam regni civitatibus, ad quas ante non introierat, cum totus populus per principales plateas effusus, per quas transitum facturum cum sperabat, ejus jucundum opperiretur adventum (quas interdum desuper extensis cortinis aliaque pretiosa supellectile ornaverant, et in eisdem ad ipsius honorem varias rerum repræsentationes atque hominum vel rerum simulacra composuerant, prout in talibus publicis jucunditatibus fieri assolet) ipse, civitatis portam ingressus, per devios tramites statim publicam plateam declinabat, et ad hospitium sibi præparatum pervenire, quanto amplius poterat, festinabat. »
(Thomas Bazin, t. III, p. 167.)

délaisse. Dans ce siècle où les princes et les grands seigneurs rivalisent de débauches, où les ducs de Bourgogne, comptant par vingtaine leurs maîtresses, peuplent leurs palais de bâtards; où un duc d'Armagnac peut trouver dans sa propre sœur la complice d'une passion incestueuse [1]; où une duchesse de la Trémoille tente d'empoisonner son mari pour se donner plus librement à un homme de petit état, son amant [2]; où l'abbaye de Cluny, vaincue par l'immoralité générale, est devenue la demeure de moines concubinaires, dépensant les revenus du couvent dans de « voluptueuses lubricités [3]; » où le monastère même du Mont Saint-Michel subit la contagion commune et ouvre la nuit ses fenêtres gothiques à des « ribaudes » qui esca-

---

[1] B. de Mandrot, *Louis XI, Jean V d'Armagnac et le drame de Lectoure*, dans *Rev. hist.*, 1888.

[2] *Archives d'un serviteur de Louis XI*, publiées par Louis de la Trémoille, 1888.

[3] « Verum quia multi sunt dicti ordinis religiosi qui in tantam devenerunt dissolutionem, propter quod sæpe per visitatores dicti Cluniacensis ordinis non potuerunt visitari, et quod deterius est, nullam volunt recipere reformationem, sed inique versantes monasteria, prioratus et officia permittunt in totalem devenire ruinam, fructusque et redditus prædictorum monasteriorum, prioratuum et officiorum in voluptuosis lubricitatibus exponentes in grande animarum suarum periculum dictorumque monasteriorum, prioratuum et officiorum perpetualem ruinam, scandalum et totius ordinis prædicti vituperationem, dedecus et præjudicium: et cum per supradictos et ad hoc deputatos proceditur ad reformationem, punitionem et correctionem dictorum religiosorum *dilipidatorum, concubinariorum* et omnia perversa mala magna punitione et correctione condigna perpetrantium secundum regulam S¹ Benedicti, statuta regularia..... »
(*Mémoires de Commines*, édit. Lenglet. Preuves, t. IV, p. 410. Lettres patentes du roi Louis XI pour la réforme de Cluny, 1462.)

ladent ses murailles[1] ; dans ce siècle de la débauche
et de la corruption, le roi Louis XI ne se « mêle
pas des dames. » « Des dames, écrit en effet Commines, il ne s'en est point meslé du temps que j'ai
esté avec lui ; car, à l'heure de mon arrivée, luy
mourut ung filz, dont il eut grand deuil, et fit lors
vœu à Dieu, en ma présence, de jamais ne toucher
à femme qu'à la royne ; et combien que ainsi le
debvoit faire selon l'ordonnance de l'Église, si fut-ce
grant chose, à en avoir tant à son commandement,
de persévérer en cette promesse, vu, encores, que
la royne n'estoit point de celles ou on debvoit prendre
grant plaisir ; mais au demeurant fort bonne
dame[2]. »

Ses distractions étaient rares ; ses joies bien
comptées : « Je croy que si tous les bons jours qu'il
a euz en sa vie, esquelz il a eu plus de joye et de
plaisir que de travail et d'ennuy étoient bien nombrez, qu'il s'y en trouveroit bien peu ; et croy qu'il
s'y en trouveroit bien vingt de peine et de travail
contre ung de plaisir et d'ayse[3]. »

Son grand plaisir était la chasse : à cette poursuite ardente du gibier qui se dérobe, qu'on dépiste
après mille détours, il dépensait toute l'ardeur et
toute l'énergie de sa nature physique. Il entourait
de mille soins et d'une sorte de tendresse ses chiens
et ses chevaux. « Pour tout plaisir il aymoit la

---

[1] B. de Mandrot, *Imbert de Batarnay*, p. 228.
[2] *Mémoires de Commines*, édit. Dupont, t. II.
[3] *Ibid.*, t. II, p. 277.

chasse et les oyseaulx en leurs saisons, mais il n'y prenoit point tant de plaisir comme aux chiens[1]. »

Mais plus que la chasse il aimait le mouvement et l'agitation de la politique, la conduite d'une intrigue. La passion de ce roi, c'est d'agir en roi. En lui l'homme tout entier disparaît devant le personnage politique, est dominé et dirigé par lui. Il n'a plus qu'une seule passion, puissante, irrésistible, qui s'empare de tous ses sentiments et les transforme ; la passion de l'Etat, dont il identifie les intérêts avec son intérêt propre, dont il veut fonder l'unité et constituer la force en imposant d'une extrémité à l'autre de son royaume son autorité personnelle. Son activité ne connaissait pas de temps d'arrêt ; la vivacité de son esprit pas de repos. « Certainement plus actif engin et plus esprit subtil n'avoit eu longuement par avant en France que cestui, ne mieux recueillant en luy toutes choses par une légère conception[2]. » Il était inquiet de tout connaître en son royaume ; il avait toujours l'oreille tendue, comme un chasseur à l'affût, ou une sentinelle au guet. « De maintes menues choses de son royaulme il se mesloit... Nul homme ne presta jamais tant l'oreille aux gens, ny ne s'enquit de tant de choses, ny ne voulut jamais cognoistre tant de gens[3]. » C'était, au dire de Chatelain, « l'universelle aragne. » Sa main seule tenait les fils de toutes

---

[1] *Ibid.*, t. II, p. 271.
[2] Chastellain, liv. VI, ch. xlix.
[3] *Mémoires de Commines*, édit. Dupont, t. II, p. 273.

les intrigues qu'il nouait sans relâche jusqu'au delà des limites de son royaume ; sa pensée en parcourait à tout instant les multiples complications ; il tressaillait au moindre heurt, même le plus lointain, prêt à s'élancer de sa personne au premier point où quelque ennemi se débattrait dans les trames qu'il avait ourdies.

Il ne se perdait pourtant pas parmi les infinis détours de ses intrigues, et le soin des menus détails ne lui enlevait point la vue de l'ensemble. Tous ses projets étaient conduits avec une sûreté et une habileté merveilleuse d'après un plan largement tracé. Tous les historiens, même ceux qui accablent le plus volontiers sa mémoire, sont unanimes à reconnaître dans sa politique une incontestable hauteur de vues. « A la vérité, dit Commines, il sembloit mieux fait pour seigneurir ung monde que ung royaume [1]. » Augustin Thierry proclame « ses grandes vues [2]. » Il avait, dit Michelet, « de grandes idées ; il ne voulait pas seulement conquérir, mais fonder. » Selon Dareste, « il ne manquait pas d'une certaine hauteur dans les vues [3]. »

Sa dévotion même, quelque exagérée qu'en paraissent les manifestations, quelque intéressées qu'en semblent les pratiques, ne manquait pas de grandeur. Louis XI, dit Augustin Thierry, « semble avoir

---

[1] *Mémoires de Commines*, édit. Dupont, t. II, p. 273.
[2] Aug. Thierry, *Essai sur l'histoire et la formation du tiers état*, in-12, Garnier, p. 94.
[3] Dareste, *Histoire de France*, t. III, p. 202.

eu comme roi la conviction d'un devoir supérieur à tous les devoirs humains. » De ce devoir supérieur, qui consistait à établir l'unité française à la place des divisions et des complications féodales, il se reconnaissait responsable devant Dieu ; et, dans son esprit, « la recomposition du royaume et le salut de son âme ne faisaient qu'un. » Le succès de sa politique lui semblait la condition même de son bonheur éternel. On comprend dès lors qu'il en vînt à « mettre les saints du paradis de compte à demi dans toutes ses entreprises[1] » et à demander au Ciel la ruine ou la mort de ses adversaires sans croire sa prière impie. Il offre aux églises de magnifiques présents pour obtenir le succès de ses intrigues ; il dépose devant les sanctuaires vénérés des villes d'or ou d'argent pour conserver ses citadelles en péril ; il jeûne et fait des oraisons pour obtenir la reddition des places ennemies : tout cela par suite de cette pensée que son devoir de chrétien et son devoir de roi ne font qu'un, et qu'il doit, pour arriver au ciel, « bien profiter, régner et triompher » sur la terre[2]. Par malheur, au lieu de diriger ses entreprises politiques d'après ses convictions religieuses, il régla

---

[1] Henri Martin, *Histoire de France*, t. VI, p. 530.

[2] Dans le *Rosier des guerres*, dont Louis XI, selon M. Paulin Paris est « le seul rédacteur responsable, » ce roi indique en ces termes le but qu'il propose à ses successeurs : « Désirant que ceux qui après nous viendront et règneront, spécialement notre cher et très amé fils Charles Daulphin de Viennois, puissent *bien profiter, régner et triompher, et à la fin paradis avoir*, avons conçu travail qui suit : ..... »

trop souvent ses actes de dévotion sur ses intérêts politiques.

Pourtant il était de bonne foi dans ses prières. Il croyait à l'intervention fréquente de Dieu dans ses affaires. A la nouvelle que le duc de Bourgogne a détruit la ville de Nesle et massacré les habitants réfugiés dans l'église, il donne l'ordre au grand maître d'user de représailles et lui promet le succès, à l'aide de Dieu. « J'ay bien esperance, dit-il, que Dieu nous aydera à nous en venger, atendu le meurtre qu'il a fait faire tant dedans l'église que ailleurs¹. » Lors de son entrevue avec son frère au Port-Braud, à l'embouchure de la Charente, il remarque que ce jour-là, la marée se retire plus tôt qu'à l'ordinaire. Il y voit sans hésiter un miracle, et l'annonce avec empressement au chancelier : « En nostre assemblée est advenue une chose que les mariniers et aultres à ce cognoissans dient estre merveilleux, car la marée qui devoit estre ce jourd'huy la plus grande de l'année est trouvée la moindre de beaucoup que on ne vist de mémoire d'homme, et si s'est retraicte quatre heures plus tost qu'on ne cuidoit, dont Dieu et Nostre-Dame en soient louez, et vous en avons bien voulu advertir². »

La religion est pour lui le grand moyen d'être en paix avec sa conscience. Ordonnant à Bourré d'employer quatre mille écus à la fondation d'une messe

---

¹ Bibl. Nat., Mss. fr. 2913, fol. 9.
² *Lettres de Louis XI*, t. III, p. 31.

en l'église du Puy-Notre-Dame, en Anjou, il ajoute :
« Qu'il n'y ait point de faulte, car je ne serai à mon
aise jusques à ce que ladicte messe soit fondée [1]. »
On comprend le grand nombre de ses fondations
pieuses, car sa conscience le tourmentait souvent.
Mais ses scrupules étaient d'ordinaire tardifs, et ils
n'entravaient point sa volonté. Entraîné par le désir
d'atteindre le but, il ne reculait pas devant de
mauvais moyens.

Son grand défaut, c'était la colère. Il ne savait
pas se contenir, il agissait avec emportement, n'écoutant que sa passion. Il devenait cruel ; la vengeance
lui semblait douce et sa haine ne tombait pas devant
son ennemi vaincu et désarmé. Lorsqu'il s'est rendu
maître de la personne de Jacques de Nemours, et
qu'il le tient en prison à la bastille Saint-Antoine,
il ne lui ménage pas les rigueurs de la torture :
« Faictes le gehenner bien étroit, » écrit-il à ses
agents. Avec une dureté implacable il active et
dirige la procédure criminelle, et quand les juges
choisis par lui ont proclamé l'accusé coupable de ce
grand crime de lèse-majesté, il fait sans pitié exécuter la terrible sentence [2].

Il n'est pourtant pas coupable de toutes les vilaines
actions qui ont longtemps pesé sur sa mémoire.
L'histoire sérieuse l'a justifié de ces « bons tours »
dont parle Brantôme, qui l'accuse à tort d'avoir

---

[1] Bibl. Nat., Mss. fr. 20487, fol. 3.
[2] B. de Mandrot, *Jacques d'Armagnac, duc de Nemours*, dans *Revue historique*, 1890.

« par gentille industrie » fait mourir son frère le duc de Guyenne. Le meurtre prémédité de Jean V d'Armagnac et de sa famille ; la promesse faite au duc de Nemours de lui laisser la vie, violée sans scrupules ; l'exposition des enfants de Nemours sous l'échafaud de leur père, ne méritent plus la discussion. « Il est en réalité moins cruel que la plupart des princes de son époque [1]. »

Même en constatant sa rigueur, il est juste de lui tenir compte de ses nombreux pardons. On est frappé, lorsqu'on consulte les documents de son règne, du nombre des grâces et des « remissions » par lui accordées. Lorsqu'il punit, ce n'est presque jamais à la première faute ou à la première trahison. Les victimes célèbres de sa politique, Jean d'Armagnac, Jacques de Nemours, le connétable de Saint-Pol, avaient profité et abusé de sa clémence avant d'éprouver son implacable sévérité. Nul n'avait eu à se louer davantage du roi jusqu'à la ligue du Bien public, que le duc de Nemours ; et, pourtant, il donne son scellé aux seigneurs révoltés. Au traité de Conflans il jure fidélité au roi sur l'Évangile et reçoit de nouvelles faveurs : il n'en conspire pas moins en 1467 et 1468 avec les ennemis de Louis XI. Il obtient à nouveau, en 1470, le pardon royal et engage sa foi sur la vraie croix de Saint-Laud d'Angers : ses serments sont vite oubliés, et il prépare avec Louis de Luxembourg un projet pour

---

[1] Henri Sée, *Louis XI et les Villes*, p. 21. Paris, 1892.

s'emparer de la personne même du roi. Cette fois, la mesure est comble ; Louis XI ne pardonnera plus. Devait-il le faire? En présence de ces conspirations continuelles qui menaçaient sa personne et entravaient son œuvre, des exemples étaient nécessaires. La justice du roi aurait pu être moins sanglante, elle ne pouvait être plus motivée.

Commines déclare qu'il n'a connu nul prince où il n'y eut moins de vices qu'en lui, à regarder le tout, et qu'il y avait en lui « du bien et du mal, car il était homme. » Brantôme avoue que ce fut « un grand roi tant pour grans affaires d'estat que pour la vaillance et la guerre[1]. » Ses défauts furent d'un homme, ses qualités d'un roi.

Son œuvre de roi est considérable : œuvre de combat contre les seigneurs féodaux ; œuvre d'organisation au profit du peuple, et surtout de la bourgeoisie.

Commencée sous Philippe-Auguste, accentuée avec saint Louis et Philippe le Bel, suspendue pendant la guerre de Cent ans, et reprise par Charles VII, la tâche centralisatrice de la royauté était, à l'avènement de Louis XI, loin d'être terminée. La petite noblesse avait bien renoncé à son indépendance altière et courbé sa fierté sous la discipline militaire ; mais les grands vassaux, loin de reconnaître la suprématie de la royauté, désiraient, à son exemple, augmenter leur pouvoir et traiter de

---

[1] Brantôme, *Grands capitaines français*, t. II.

pair avec elle. A la place de l'ancienne féodalité des barons, désormais vaincue, s'était élevée la nouvelle féodalité des princes du sang. Descendant la plupart du sang royal, les grands possesseurs de fiefs voulaient, eux aussi, être rois dans leurs domaines, et à la suite du morcellement féodal établir, en France, la division en petits royaumes. « J'aime tant la royauté, disait l'un d'eux, qu'au lieu d'un roi, j'en voudrais dix en France. »

Quand Louis XI monta sur le trône, il se trouva, par le seul fait de son avènement, entouré d'ennemis. Au premier rang, les ducs de Bourgogne et de Bretagne étaient impatients de secouer les liens de vassalité qui les attachaient à la couronne de France. Avec Louis XI, gardien jaloux des prérogatives royales, la chose était difficile. Elle ne serait qu'un jeu avec le duc de Berry, dont le caractère indécis et dépourvu d'énergie, promettait un roi docile. Jaloux de son frère, et mécontent de son petit apanage, le duc Charles ne demandait qu'à conspirer à la fois contre la couronne et contre la personne de son frère, et s'alliait sans réserve aux ennemis du roi. Reconnaissant leur cause dans celle de ces hautes maisons féodales, une foule de seigneurs moins puissants, le duc d'Alençon, le comte du Maine, les ducs de Bourbon et d'Armagnac, Louis de Luxembourg, allaient à leur tour relever la tête et s'enrôler avec enthousiasme contre le roi de France, sous la bannière commune d'une ligue féodale. Pour subsister, le nouveau roi devait combattre, et son gouvernement devait être une lutte continuelle. Par son activité, son énergie et sa vaillance dans les guerres ouvertes, comme par son habileté, son adresse et sa ruse dans les intrigues secrètes, Louis XI triompha des coalitions et réduisit ses ennemis à l'impuissance : la transformation de la France féodale en France monarchique, l'unité et la simplicité succédant à la division et à la complication par l'établissement du pouvoir absolu et centralisateur de la royauté, tel fut le résultat précieux de ses luttes et de ses succès.

Cette grande œuvre de combat, qui causa tant de ruines, couvre une œuvre féconde de restauration et d'organisation. Au plus fort de ses luttes contre les seigneurs révoltés, les villes de son royaume lui avaient prêté un concours dévoué et fourni un appui inappréciable. Connaissant le prix de leur alliance, Louis XI apportait tous ses soins à conserver leur amitié. Il adressait des correspondances continuelles à ses « chiers et bien amez les bourgeoys, manans et habitans » de Troyes, d'Épinal, de Reims, de Lyon, d'Amiens, de Beauvais, de Poitiers, d'Orléans, les assurant de ses bonnes dispositions à leur égard, les remerciant de leur fidélité, les mettant au courant des événements, leur donnant parfois les raisons des décisions par lui prises, comme lors de l'occupation de la Normandie par ses troupes. Et lorsque, grâce à la fidélité des villes, la royauté eut triomphé, Louis XI n'oublia pas ses alliés de la veille, ses « bons et loyaulx subjetz. » Il favorisa leurs institutions communales et protégea leurs libertés locales. Sa politique fut libérale : il ne chercha pas à créer un gouvernement sans contrôle ; il ne se montra pas ennemi des États généraux ; il ne refusa pas d'écouter les conseils des notables ; il fut même disposé à laisser subsister une certaine autonomie provinciale. Mais surtout il se préoccupa du bien-être matériel des villes, et chercha à développer la prospérité de leur commerce ou de leur industrie. A Lyon d'abord, à Tours ensuite, il entreprend de créer des manufactures pour la fabrication des étoffes de soie ; à Montpellier, puis à Poitiers, il s'efforce d'établir l'art de la draperie[1]. Il favorise l'imprimerie naissante et donne des lettres de naturalisation aux premiers imprimeurs venus d'Allemagne s'établir à Paris « pour le prouffit et utilité qui en vient et peut venir à toute la chose publique[2]. » Il organise la poste, tente d'améliorer les voies navigables, entreprend d'établir l'unité des poids et mesures et songe à réunir toutes les coutumes pour les faire « mettre en françois en ung beau livre[3]. » Il s'efforce de donner une nouvelle impulsion au commerce intérieur par l'établissement d'un grand nombre de foires dans les principales villes du royaume, et cherche à attirer les étrangers dans les ports pour favoriser le commerce extérieur. Non content de vouloir enrichir les bourgeois de ses

---

[1] Henri Sée, *Louis XI et les Villes*, *passim*.
[2] Archives Nationales, K. 71.
[3] *Mémoires de Commines*, édit. Dupont, t. II. p. 209.

villes, il les nomme aux charges publiques et octroie la noblesse aux membres de leurs municipalités. C'est ainsi qu'en affermissant le pouvoir royal, il élève la bourgeoisie.

Sa politique extérieure n'est pas moins habile ni moins active.

Dès le début de son règne il négocie avec le roi Jean d'Aragon un traité d'alliance qui lui permettra de conquérir, puis de s'approprier le comté de Roussillon. Il suit avec une attention passionnée les événements d'Angleterre et cherche à les diriger. Dès 1462, il conclut avec Marguerite d'Anjou, femme de Henri VI, un traité d'alliance ; plus tard, il réconcilie cette reine avec son mortel ennemi le comte de Warwick, et fournit à « ce faiseur de rois » l'argent nécessaire pour conduire contre Édouard IV une expédition. Ses relations avec les princes italiens sont incessantes : non content d'échanger avec eux des correspondances continuelles, il leur envoie à tout moment des ambassadeurs. Il se garde d'intervenir directement dans les affaires de la péninsule, mais il s'y crée des alliés et cherche à y faire pénétrer l'influence française. Il sollicite des appuis en faveur des princes de la maison d'Anjou dans leurs tentatives pour recouvrer le royaume de Naples. Il entretient des relations étroites d'amitié et d'alliance mutuelle avec Francesco Sforza et, à sa mort, déclare ouvertement aux souverains italiens prendre sous sa protection le nouveau duc Galéas. Il négocie un traité d'alliance avec la République de Venise contre les Turcs. Il s'assure la bienveillance du Souverain Pontife en rapportant la pragmatique sanction. Il se déclare prêt à entrer dans cette ligue de la paix et de la charité universelle que le pape tente de former entre les rois et les princes contre l'ennemi commun de la chrétienté, le Turc[1]. Il s'y promet sans doute le premier rang, rêvant pour le roi de France cette prépondérance sur les princes chrétiens que les empereurs d'Allemagne sont impuissants à exercer.

Il ne pouvait être déshonnête de s'associer à cette politique, et les agents de ce roi ne méritent pas d'être blâmés pour l'avoir servi. S'entoura-t-il,

---

[1] En novembre 1469, le pape Paul II adresse aux évêques et aux princes chrétiens une bulle « contenant certaine forme de nouvelle et religieuse fraternité ou confrérie de la paix universelle. » Le pape, après avoir montré le progrès du Turc sur la chrétienté et dit que les divisions entre les princes chrétiens lui donnent de la force, exhorte les princes à s'unir pour faire la guerre à cet ennemi commun. Pour y parvenir, il établit une confrérie « de la paix et de la charité universelle. » En cette confrérie entreront les cardinaux, archevêques, évêques, abbés, et tous ceux qui ont quelque dignité ecclésiastique ; — pour les séculiers : l'empereur, les rois, princes, marquis, comtes, barons et grands, et les plus apparents habitants des villes ; chacun contribuera à des sommes diverses : le pape 400 florins d'or, un cardinal 200, archevêque 200, évêque 50 ; empereur 300 florins, roi 200, prince et duc 100, marquis et comte 50, etc. Il y aura en chaque diocèse un prieur ; en chaque province un provincial ; en chaque nation un général élu par les confrères ; aucun confrère n'ira à la guerre que pour la défense de son maître « *seu a naturali domino requisitus pro bello licito et permisso.* »

Louis XI, par lettre du 16 août 1470, contresignée Bourré, prie les gens de son grand conseil d'examiner cette bulle, car, dit-il, « la matière en soi nous revient très bien, et sommes deliberez, euz à ce voz advis et opinions, la faire mectre à exécution et icelle faire publier le plus solennellement que faire ce pourra. »

(*Lettres de Louis XI*, t. IV, p. 189.)

comme on l'a dit longtemps, d'hommes de bas rang et de bas caractère, sans naissance et sans honneur? On ne peut s'attendre à lui voir pour alliés dans sa lutte contre la noblesse féodale les grands seigneurs de son royaume. Il ne repoussa pas pourtant ceux d'entre eux qui le voulurent loyalement servir. Pendant les premières années du règne, Jacques de Nemours, duc d'Armagnac, avait joui autant que nul autre de la faveur royale, et avait pris une place importante dans l'entourage du roi. Louis XI lui avait témoigné son amitié en le mariant lui-même à sa cousine germaine, fille du comte du Maine, et sa confiance en l'employant aux affaires de Roussillon. Son cousin, Jean d'Armagnac, remis en possession de ses domaines confisqués sous Charles VII, est envoyé comme ambassadeur, avec Doriole, auprès du roi de Castille Henri IV. Alain d'Albret, possesseur de grands domaines dans le midi de la France et chef d'une importante maison féodale, devient un des compagnons du roi qui le traite en ami. Il reçoit des pensions, une compagnie de gens d'armes, un grand commandement militaire dans les provinces du centre, et la direction d'une campagne en Franche-Comté. Le roi, ne redoutant rien de sa fidélité, agrandit même ses domaines des terres et seigneuries confisquées sur le sire de Sainte-Bazeille, son oncle[1]. Le seigneur de Craon, Georges de la Trémoille, fils du premier ministre de

---

[1] Luchaire, *Alain-le-Grand, sire d'Albret*. Paris, 1877.

Charles VII, n'est pas moins dans les bonnes grâces du roi. Louis XI le comble de faveurs, lui attribue des seigneuries confisquées sur Jean d'Armagnac, lui donne le collier de l'ordre de Saint-Michel. Il l'emploie à ses plus importantes affaires, le charge de négociations avec le duc de Bourgogne, le nomme successivement lieutenant général de l'armée rassemblée en Champagne en 1473, puis gouverneur de Champagne et de Brie ; il l'envoie négocier un traité avec les Suisses et lui confie la mission de séparer le duc de Lorraine de la cause du Téméraire [1]. Pierre de Beaujeu, de la puissante famille des ducs de Bourbon, devient l'un de ses serviteurs de confiance : Louis XI lui donne le premier rang dans son conseil, le charge de présider la commission du Parlement qui jugera le duc de Nemours et lui fait épouser sa fille Anne de France.

Les « compères de Louis XI » ont pourtant mauvaise réputation dans l'histoire. Il semble même que la qualification de compère donnée aux serviteurs de ce roi, emporte avec elle une idée de mépris, comme si elle résumait un ensemble de défauts, dont l'absence de scrupules, la ruse et la fourberie seraient les moindres. Il serait juste pourtant de remarquer que ce mot était employé par Louis XI dans le sens qu'il avait communément au xv° siècle, non dans cette acception particulière de trompeur et de complice qu'on lui attribue généralement de nos jours.

---

[1] *Archives d'un serviteur de Louis XI*, par L. de la Trémoille.

Le mot « compère » était au xv° siècle un terme d'amitié et d'intimité entre personnages de haute condition, auxquels des relations fréquentes permettaient une sorte de familiarité. C'est dans ce sens que Froissard l'employait lorsqu'il donnait à Jacques d'Artevelle le titre de « grand ami et cher compère » du roi d'Angleterre. C'est dans ce même sens que Louis XI appelle dans une de ses lettres le duc de Bourgogne « mon grant compère[1] » et qu'Alain d'Albret écrit au roi : « Je suis et serai toujours votre bon compère[2]. » La reine Charlotte de Savoie désignait Bourré, gouverneur du Dauphin, par ces mots : « Mon compère le sire du Plessis. » Les personnages importants de l'entourage du roi se saluaient dans leurs lettres de ce titre « le tout vostre ami et compère, » même lorsqu'ils se témoignaient entre eux une déférence marquée. Bien plus, en désignant une dame de haut rang, les officiers ou conseillers du roi employaient l'expression : « Ma commère. » Au reste, ce serait se tromper que de croire que Louis XI désignait fréquemment ses agents par ce terme de « compère. » En raison même de l'intimité qu'il impliquait, le roi ne le prodiguait pas. On le rencontre rarement dans ses lettres. Écrit-il à Daillon, il l'appelle monseigneur du Lude; à Doriole, monsieur le chancelier; à Bourré, monseigneur du Plessis. S'il veut être familier, il dit à Doriole, maistre Pierre; à Daillon, maistre Jehan.

---

[1] *Lettres de Louis XI*, t. II, p. 234.
[2] Luchaire, *Alain-le-Grand, sire d'Albret*, p. 15.

ou « maistre Jehan des habiletez. » Dans sa correspondance avec Bourré, il ne l'appelle son compère qu'une fois ou deux.

Il n'en faut pas moins reconnaître que Louis XI ne se gênait pas pour conseiller ou imposer à ses agents, de quelque nom qu'il les désignât, la dissimulation ou le mensonge. « Ils vous mentent, bien mentez-leur aussi, » écrivait-il en guise d'instruction à ses ambassadeurs [1]. Ayant, après maintes sollicitations, accordé des lettres de nomination à un office pour l'un des serviteurs du duc de Guyenne, il s'empressait d'écrire à Doriole, alors général des finances : « Dissimulez les sceller le plus que vous pourrez en disant qu'il fault qu'il baille caution ou quelque aultre deffaicte, ainsi que adviserez en matière que lesdictes lectres ne soient point scellées [2]. »

Les moyens importaient peu à Louis XI, il exigeait avant tout de ses serviteurs le succès. Sa colère éclate lorsqu'il apprend que ses ambassadeurs en Bourgogne se sont laissé tromper par un des agents du duc : « sanglantes bêtes que vous êtes, » leur écrit-il [3]. Ses capitaines devaient réussir ou céder leur commandement. Le sire de la Trémoille ayant échoué au siège de Dol, tombe en disgrâce, malgré dix années de fidèles services et de succès ; le roi lui retire le gouvernement de la Bourgogne, la con-

---

[1] Bibl. Nat., Mss. fr. 2913, fol. 18.
[2] Bibl. Nat., Mss. fr. 2893, fol. 38.
[3] Bibl. Nat., Mss. fr. 2913, fol. 18.

duite de ses armées et toute place dans son Conseil. Ordonnant au maréchal de Comminges de mettre un terme aux menées du duc de Nemours et du comte d'Armagnac, il ajoutait : « Et si ainsi est que vous ne le puissiez faire, deschargez-vous de la charge que vous y avez, et je y mectré aucun de mes parens qui y suscitra le remède et m'en gardera de paine [1]. »

Cette autorité impatiente lui faisait souvent confier d'importantes missions aux serviteurs qu'il savait avant tout dociles à ses ordres. Il recruta nombre de ses agents les plus actifs, de ses conseillers les plus sûrs, de ses ambassadeurs les plus intelligents, parmi ses secrétaires. C'est parmi la corporation des notaires et secrétaires royaux que Louis XI distingua :

Olivier le Roux, créé maître des comptes, envoyé successivement en mission diplomatique en Angleterre, à la cour de Rome, vers le duc de Bourgogne [2] ;

Guillaume Picart, nommé tour à tour général sur le fait de la justice des aides en Normandie, conseiller du roi et général de ses finances, chambellan et bailli de Rouen, capitaine d'Abbeville [3] ;

Jean Reilhac, devenu maître des comptes, envoyé comme ambassadeur en Espagne auprès des États de Catalogne, à Rome auprès du pape, à Bruges auprès du duc de Bourgogne, à Milan auprès de

---

[1] Bibl. Nat., Mss. fr. 20489, fol. 42, recto.
[2] Vaesen, *Lettres de Louis XI*, t. III, p. 158, note.
[3] *Ibid.*, t. IV, p. 112, note.

François Sforza, en Savoie pour négocier le mariage du connétable de Saint-Pol avec la belle-sœur du roi, et chargé à diverses époques de présider les États du Languedoc à Montpellier, les États des provinces du centre à Clermont, les États du Dauphiné à Grenoble[1];

Louis Toustaint, placé à la Chambre des Comptes et envoyé comme ambassadeur à Rome, en 1482[2];

Meurin, secrétaire de Louis Dauphin, chargé d'une mission près des ducs de Milan, des Florentins et des Vénitiens[3];

Guillaume de Cerizay, nommé greffier civil du Parlement, conseiller du Roi, général de la justice des aides à Paris, trésorier de France, imposé comme maire aux Angevins lors de la saisie temporaire du duché d'Anjou; chargé de présider à l'exécution de plusieurs habitants d'Arras; négociateur du mariage de Philippe de Commines avec Hélène de Chambes[4];

Jean Bourré enfin, parmi tant d'autres, que nous verrons, de secrétaire du Dauphin puis du Roi, devenir successivement sous Louis XI greffier du grand conseil, conseiller du Roi, maître des comptes, contrôleur des recettes de Normandie, général des finances, trésorier de France, trésorier de l'ordre

---

[1] *Jean de Reilhac*, par M. de Reilhac, Paris, 1887.
[2] Vaesen, *Lettres de Louis XI*, t. III, p. 103.
[3] *Ibid.*, p. 181.
[4] *Ibid.*, t. IV, p. 222.

de Saint-Michel, capitaine des châteaux de Langeais et de Montaigu, gouverneur du dauphin Charles, et remplir en dehors de ces offices, de continuelles et importantes missions pour les affaires politiques et financières du Roi.

C'est la carrière politique et privée de ce « secrétaire intime de Louis XI [1] », devenu « l'un des principaux agents du gouvernement [2] » de ce roi, dont nous allons faire le récit. Connaissant son maître, nous apprécierons mieux la nature et l'importance de ses services.

[1] De Maulde, *Jeanne de France*.
[2] Noel Valois, *Le Grand Conseil* dans *Bibliothèque de l'École des Chartes*, XLIV, 1883.

CHAPITRE PREMIER

PREMIÈRES ANNÉES. — BOURRÉ PRÈS DU DAUPHIN LOUIS

Naissance de Bourré, en 1424, à Châteaugontier. — Sa famille; condition de son père. — Son enfance. — Guerre des Anglais en Anjou; Jean d'Alençon, seigneur de Châteaugontier; évènements dont Châteaugontier est le théâtre. — Premières études de Bourré dans les écoles de Châteaugontier. — Bourré étudiant à l'Université de Paris; état et puissance de cette Université au commencement du XVe siècle. — Mœurs des étudiants. — Bourré suit les cours de la Faculté des décrets; enseignement de cette Faculté; son maître Jean Chuffart. — Bourré reçu licencié ès-lois. — Il entre au service du Dauphin Louis; à quelle époque; pourquoi il est choisi par le prince. — Bourré en Dauphiné; motifs de la retraite du Dauphin dans son apanage. — Bourré clerc secrétaire en la Chambre des comptes du Dauphiné; secrétaire et controleur de la chancellerie du Dauphin. — Bourré en Flandres, au château de Genappe; sa vie et ses fonctions dans ce château. — Mission en Bretagne que lui attribue M. Dupuy; par qui elle fut remplie.

Jean Bourré naquit en 1424 [1]. Tous les historiens ont reconnu qu'il était originaire de l'Anjou [2], mais ils lui ont successivement attribué, dans les limites de cette province, diverses villes pour lieu de naissance.

[1] Port. *Dictionnaire historique de Maine-et-Loire*, art. Bourré.
[2] Thomas Bazin, *Histoire des règnes de Charles VII et Louis XI*. Bourdigné, *Chroniques d'Anjou*.

Bodin [1], puis M. Godard-Faultrier [2], ont écrit qu'il était né dans la paroisse de Bourg, près d'Angers. M. Marchegay qui sut le premier parler d'une façon historique du compère oublié ou mal connu du roi Louis XI, déclara, d'après les manuscrits, qu'il avait vu le jour dans la ville de Châteaugontier [3]. Enfin il y a quelques années, un auteur angevin rattachait à la paroisse de Châtelain l'origine de Bourré [4]. Pourtant le doute n'est plus permis : le 11 avril 1505, le « haut et puissant seigneur Jehan Bourré » dictait ses dernières volontés, et, par un pieux souvenir envers sa ville natale, faisait écrire dans son testament cette disposition : « Je veulx et ordonne qu'en la ville de Châteaugontier, dont je suis natif et en l'église de monsieur sainct Jehan l'Évangéliste, en laquelle sont enterrez mes feuz père et mère, auxquels Dieu face pardon, soit dict et célébré le nombre de deux cens messes basses [5]. » Ce document établit donc d'une façon certaine les droits de Châteaugontier à compter Jean Bourré parmi ses personnages illustres.

Les hasards de la naissance, sans avoir comme on l'a dit placé le berceau de Bourré sous le toit d'un vulgaire artisan, ne lui avaient pourtant point donné, pour première demeure, le riche châ-

---

[1] Bodin, *Recherches sur l'Anjou*, 1847, t. I, p. 543.
[2] Godard Faultrier, *l'Anjou et ses Monuments*, t. II, p. 357.
[3] Marchegay, dans la Bibliothèque de l'école des Chartes, 4º série, 1ᵉʳ vol., *Louis XI et M. de Taillebourg*.
[4] A. de Soland. *Châteaugontier et ses environs*, 1872.
[5] Archives de Maine-et-Loire, série E, chapitre de Jarzé.

teau d'un grand seigneur. D'après Thomas Bazin, ennemi personnel de Louis XI et de tous ceux qui se montraient envers ce roi plus fidèles qu'il n'avait su l'être, Jean Bourré aurait été un homme d'infime condition, « *infimæ sortis et conditionis hominem*[1]; » Bodin, plus explicite, affirme même qu'il était sorti de l'échoppe d'un cordonnier[2]. Ces deux assertions sont également inexactes.

Jean Bourré faisait partie de cette classe intermédiaire entre la noblesse et le peuple, que l'on appelait au xv° siècle « gens de moyen estat; » c'était la bourgeoisie d'alors. Son père Guillaume était l'un des principaux bourgeois de Châteaugontier, et possédait même un petit fief, la Brosse, situé sur la paroisse de Châtelain[3]. Sa mère, Bertrande Briand, dame de Brez, appartenait à une famille réputée noble[4]. Parmi les autres parents de Jean Bourré, nous connaissons encore un de ses oncles, qui fut abbé de Toussaint; un de ses cousins, Pierre Guyot, lieutenant d'Angers; puis une

---

[1] *Histoire des règnes de Charles VII et de Louis XI*, édit. Quicherat, t. II, p. 23.
[2] *Recherches sur l'Anjou*, 1847, t. I, p. 544.
[3] Bibl. Nat., Mss. fr. 6602, fol. 137.
[4] *Bulletin de la Société Industrielle d'Angers*, t. XXVII.
La mère de Bourré mourut en 1472, comme en témoigne cette lettre de Louis XI au grand maître, écrite le 29 octobre 1472. « Monsieur le grand maistre, Mardy au soir, j'ai reçu vos lettres, dont vous mercie tant que je puis. Si Bourré ne fust allé à sa mère, qui est morte, vous eussiez desja les quinze cens livres de reste... »
(*Mémoires de Commines*, édit. Godefroy, t. III, p. 209.)

sœur, Marie Bourré, épouse de Geoffroy de Launay[1].

Nous possédons peu de documents sur les premières années de Jean Bourré. Nous nous bornerons à rappeler au milieu de quels évènements son enfance se passa, quels faits frappèrent sa jeune imagination et purent exercer sur le reste de sa vie une influence féconde.

Pendant qu'il grandissait à Châteaugontier, la guerre de Cent ans se continuait dans l'Anjou et dans le Maine, ardente et sans merci. Ces provinces étaient, comme le dit un chroniqueur, « merveilleusement infestées des Angloys[2]; » mais, dans ce grand péril de la nation et de la royauté française, l'Anjou n'oubliait point son ancien rôle. On se souvenait encore dans cette province que les premiers comtes d'Anjou avaient été sur les marches de France des soldats toujours armés contre les Bretons et les Normands, et s'étaient montrés les meilleurs auxiliaires des rois pour établir l'unité nationale. Les seigneurs, comme le peuple, avaient conservé cette tradition de fidélité à la royauté, et tous « se travailloient pour la deffence de la couronne royale[3]. » Depuis que le duc Louis d'Anjou était mort (1417), sa femme, Yolande d'Aragon, nommée par lui tutrice de ses enfants et régente du

[1] Bibl. Nat., Mss. fr. 6602, fol. 35, 159, 215.
[2] Bourdigné, *Chroniques d'Anjou*, édit. Quatrebarbes, t. II, p. 158.
[3] Bourdigné, *Chroniques d'Anjou*, loco citato.

duché, gouvernait la province. Le rôle d'Yolande d'Aragon près du jeune roi de France, qui avait épousé sa fille ; son heureuse influence sur les affaires du royaume ne sont plus ignorées de personne. Vallet de Viriville a fort bien fait ressortir le rôle de cette conseillère « bénévole et intermittente » dont la sagesse inspirait ou dictait toute « mesure honorable, utile, prévoyante [1]. »

Le peuple angevin imitait le dévouement de sa régente : toujours en armes, « ils ne reposaient les nobles Angevins et Manceaulx, mais de toute leur puissance se exposoient à tous périlz et adventures pour le royaulme secourir, et ne se fit guères de bons actes et belliqueux, durant ce temps, qu'il n'y

---

[1] Vallet de Viriville, *Histoire de Charles VII*, t. I, p. 464.
Charles VII garda une sincère reconnaissance à sa belle-mère. Dans un acte de 1443, il s'exprime ainsi : considérant que « feue « de bonne mémoire Yolande, en son vivant reine de Jérusalem « et de Sicile, mère de nostre très-chère et très-aimée compagne « la Roine, et de nostre très-cher et très-aimé cousin Charles « d'Anjou, comte du Maine et de Mortaing, nous ait en nostre « jeune aage faict plusieurs grands plaisirs et services en maintes « manières, que nous avons et devons avoir en perpétuelle mé-« moire... laquelle nostre dicte bonne mère, après que nous « fusmes déboutez de nostre ville de Paris, nous receut libérale-« ment en ses païs d'Anjou et du Maine, et nous donna plusieurs « advis, aydes, secours et services, tant de ses biens gens et for-« teresses pour résister aux entreprises de nos ennemis et adver-« saires les Anglais, que autres..., »
Archives Nat., p. 2298, f. 1237, cité par Vallet de Viriville, *Charles VII*, t. I, 465, et Lecoy de la Marche, *René d'Anjou*, t. I, 49.
M. Lecoy de la Marche a fait justice de la calomnie proférée par quelques historiens : Sismondi, Michelet, Henri Martin, qui donnent à entendre que Yolande d'Aragon avait elle-même placé près de son gendre Agnès Sorel. Voir Lecoy de la Marche, *René d'Anjou*, t. I, p. 48.

eust aucuns d'eulx en charge et auctorité¹. » La ville de Châteaugontier suivait l'exemple du reste de la province : son seigneur, Jean d'Alençon, devint le plus fidèle compagnon de l'héroïne qui sauva la légitimité royale et l'unité nationale : c'était lui que Jeanne d'Arc appelait « mon beau duc, » et dont elle se tenait « plus prouchaine et accointe que de nul autre, » lui enfin « qu'elle aimoit très fort, et faisoit pour lui ce qu'elle n'eust fait pour ung autre². » Dans toutes les batailles jusqu'à Reims, ils combattent côte à côte ; au sacre de Charles VII, ils entourent tous deux le roi, donnant ainsi le grand exemple d'un prince du sang et d'une fille du peuple, unis dans la même pensée de relever le drapeau de la monarchie française³. Le bruit de ces exploits et de ces triomphes, dont leur seigneur prenait une si belle part, excitait sans nul doute dans l'âme des habitants de Châteaugontier, un ardent enthousiasme pour leur patrie, en même temps qu'une nouvelle haine contre l'étranger. Les sentiments de patriotisme étaient si forts dans les cœurs de ces « nobles Angevins, » qu'ils ne pouvaient, même durant les trèves, cesser entièrement la lutte. Un chroniqueur rapporte que, pendant une suspension d'armes, la ville de Châteaugontier fut témoin d'une joûte terrible : deux

---

[1] Bourdigné, *Chroniques d'Anjou*, t. II, p. 158.
[2] Quicherat, *Procès de Jeanne d'Arc*, t. IV, p. 29.
[3] Voir Quicherat, *Procès*, t. III, p. 91, t. IV, p. 10, 171, 237 ; Vallet de Viriville, *Charles VII*, t. II, p. 63, 136 ; Sépet, *Jeanne d'Arc*, 1877, p. 35, 53.

chevaliers, un Angevin et un Anglais, descendirent dans l'arène, et luttèrent en combat singulier « à fer esmoulu et à oultrance. » Le peuple était assemblé comme pour une fête; le capitaine de la ville, le vaillant maréchal de Loré présidait; le chevalier Anglais tomba, aux cris de joie de la multitude, fière d'être française [1].

Bourré dut assister à ce spectacle; à tout le moins les récits des grands faits d'armes accomplis par ses compatriotes durent-ils plus d'une fois retentir à ses oreilles. Son jeune cœur apprit ainsi, dès le berceau, à tressaillir au succès des armées françaises, et à détester les ennemis séculaires qui désolaient son pays. Venu au monde à une époque où les ennemis du roi étaient vraiment, par leur alliance coupable avec l'étranger, les ennemis de la France, il ne pouvait manquer de regarder la fidélité au roi légitime comme le premier des devoirs d'un vrai Français; et si, dans la suite de cet ouvrage, nous apprenons avec admiration quel serviteur fidèle Bourré sut être envers Louis XI, nous ne devrons pas en être surpris, nous rappelant quelles leçons il avait reçues des évènements, dans sa jeunesse.

Ses premières études se firent dans les écoles de Châteaugontier, où l'instruction était donnée, comme partout encore au xv° siècle, par les soins

---

[1] Bourdigné. *Chroniques d'Anjou*, t. II, p. 169. A la même époque la ville de Laval vit un combat semblable.

de l'Église. Pour apprendre au monde la vérité et la justice, le Christianisme, dès son origine, institua des écoles : au sein des monastères, l'abbé, ou quelque religieux ami des lettres, instruisit les jeunes gens qui se destinaient à la vie monastique ; dans les villes épiscopales, les évêques ouvrirent des écoles, où ils remplirent souvent eux-mêmes les fonctions de « maistre d'escole ; » dans les autres villes enfin, ou dans les campagnes, les clercs, à leur exemple, firent de leurs maisons des centres d'instruction, connus sous le nom d'écoles rurales ou presbytériennes [1].

La ville de Châteaugontier n'était point restée en arrière dans ce grand mouvement de la science et de la foi, et ses abbayes de Bazouges, puis ses prieurés de Saint-Jean et de Saint-Just attirèrent bientôt de nombreux écoliers. Dans le cours du xv° siècle, un collège s'y fonda, près de la collégiale de Saint-Just, et sous la direction des chanoines [2]. Bourré fit ses premières études dans ce collège, en compagnie des jeunes garçons de Châteaugontier ; on peut du moins le supposer d'après une lettre d'Étienne Thibault, son parent, écrite pour lui recommander « son compagnon d'escole,

---

[1] Les matières enseignées étaient la grammaire, la dialectique, la géométrie, l'astrologie, l'arithmétique, le chant et l'écriture sainte. Les élèves se recrutaient parmi les clercs ou les séculiers désireux de s'instruire. Voir Vallet de Viriville, *Histoire de l'Instruction publique en Europe*, Paris 1849, p. 70 et suiv.

[2] Dom Piolin, collège de Châteaugontier, dans *Châteaugontier et ses environs*.

Geoffroy Bourgneuf, natif de Châteaugontier[1]. »

Plus tard, Bourré entreprit l'étude du droit et se rendit à l'Université de Paris[2]. La province d'Anjou possédait pourtant son Université particulière. Fondée au XIII° siècle, elle comptait au XV° des facultés de théologie, de médecine et de droit, où se pressaient de nombreux étudiants : plusieurs de ses professeurs avaient même une grande célébrité ; nous citerons parmi eux : Yves de Lépaux, recteur de l'Université en 1434, plus tard conseiller au Parlement de Paris, 1457 ; Mathieu Ménage, professeur de théologie, député au Concile de Bâle en 1432 ; Jean Bernard, qui devint en 1445 archevêque de Tours ; enfin Claude Léger, qui joignait dans son enseignement le droit français au droit romain (1437). Pourquoi les parents de Bourré ne l'envoyèrent-ils pas étudier à l'Université d'Angers, ville bien plus voisine de Châteaugontier que ne l'était Paris ? A notre avis, parce que vers 1442, époque où Bourré commença ses études de droit, la capitale de l'Anjou était encore fort exposée aux attaques des Anglais qui l'assiégèrent l'année suivante, et n'offrait pas la sécurité nécessaire à de sérieuses études ; sans doute aussi parce que l'Université de Paris avait déjà conquis une grande renommée. « Gardienne de la foi et de la science, » elle jouissait, à ces deux titres, d'un grand prestige.

[1] Bibl. Nat. Titres originaux, dossier Bourré, 18 septembre 1461.
[2] *Bulletin de la Société Industrielle d'Angers*, t. XXVII. Le ministre de Louis XI et le chapelain de Châteaugontier.

Ses docteurs étaient assis au conseil des rois, et elle formait, suivant l'expression d'un historien moderne, « un second gouvernement et comme un État dans l'État¹. » Son influence était d'autant plus importante que le pouvoir donné à ses chefs, comme les privilèges reconnus à ses membres, ne se limitaient pas seulement au peuple nombreux d'écoliers qui suivaient ses cours, mais s'étendaient à tous les fournisseurs en rapport avec elle. Les partis dont les luttes ensanglantèrent la capitale de la France, pendant les premières années du xv° siècle, s'étaient efforcés de gagner les faveurs du docte corps, et l'avaient amené à jouer à Paris un véritable rôle politique, trop souvent peu digne de cette grande institution : page lugubre, trop connue dans l'histoire et trop en dehors de notre sujet pour que nous devions nous y arrêter.

En entrant dans l'Université, les étudiants ne renonçaient point à toutes les douceurs de la vie. On a écrit que « une fois qu'ils avaient dit adieu à leurs familles, ils entraient dans un autre monde que celui des vivants². » Nous croyons peu à cette transformation si austère de jeunes écoliers. Ne serait-il pas plus admissible de nous représenter ces étudiants du xv° siècle comme leurs prédécesseurs du xiii°, profitant de la moindre circonstance « pour multiplier les fêtes, à l'aide de festins, de rasades,

---

¹ Vallet de Viriville, *Histoire de Charles VII*, t. II, p. 183.
² Idem, *ibid.*, t. II, p. 186.

d'illuminations, de déguisements, de bals, de cavalcades, » ou semblables à leurs successeurs du seizième, dont les délassements favoris étaient, suivant le même auteur, « battre le pavé la nuit, » « rosser le guet à l'occasion » et « jeter les sergents en Seine [1]. »

A l'Université de Paris, Bourré prit place parmi les étudiants de la Faculté des décrets ou de droit canon. Cette faculté était assez récente ; pendant longtemps, les docteurs de théologie avaient professé dans leurs cours le droit canon ; car ces deux sciences, traitant l'une de la doctrine, l'autre de la discipline de l'Église, étaient intimement liées et faciles à unir dans un même enseignement. Au XIIe siècle, le droit canon commmença à se détacher de la théologie, et son étude prit bientôt un tel développement qu'une faculté spéciale lui fut consacrée dans l'Université de Paris. Les étudiants se rendirent en foule à ses leçons, désertant sans regrets la faculté de théologie, pour apprendre, aux cours de décrets, une science moins abstraite [2]. Les professeurs n'enseignaient d'abord que le droit ecclésiastique, mais bientôt ils traitèrent aussi du droit romain, remis en honneur par la découverte des Pandectes de Justinien [3]. Le droit romain prit peu à peu une large place dans les cours : au

---

[1] Vallet de Viriville, *Histoire de l'Instruction publique en Europe*, Paris, 1849, p. 170 et 173.
[2] *Histoire de l'Université de Paris*, 1761, t. I, p. 241-245.
[3] A la prise d'Amalfi par les Pisans, 1137.

xv° siècle, il menaçait déjà de remplacer l'étude du droit ecclésiastique, et le temps n'était pas éloigné où l'Université, pour conserver ses vieilles traditions mises en péril, devrait défendre aux professeurs de décrets d'expliquer dans leurs chaires les Institutes ou autres volumes de droit civil [1].

La faculté dont Bourré suivit les cours était donc la véritable faculté de droit de l'Université de Paris. Déjà elle comptait parmi ses élèves un grand nombre de jeunes gens, qui se destinaient aux diverses carrières administratives et espéraient devenir un jour juges ou procureurs, avocats ou notaires. Jean Bourré y écoutait les leçons de Jean Chuffart [2], ainsi qu'en témoigne le certificat d'études qui lui fut octroyé, le 26 juin 1445, par le recteur, attestant que « notre cher et discret homme, Jean Bourré, clerc du diocèse d'Angers, a été et est présentement véritable et continuel écolier, étudiant de fait à Paris, en la faculté des décrets, sous maître Jean Chuffart, docteur en décret...... [3]. » Il

[1] Du Boulai, *Historia Universitatis*, Paris, t. VI, p. 528.
[2] Jean Chuffart était l'un des professeurs les plus renommés de l'Université de Paris. En 1432, bien que simple licencié en décrets, il avait été élu chancelier, contrairement au commun usage d'après lequel le chancelier devait être docteur en théologie; Prévier, *Histoire de l'Université*, t. IV, p. 407.
[3] Universis... Gauffridus Normani, rector universitatis parisiensis... Nos, non solum amicitia moti, sed etiam veritati testimonium perhibentes, quod dilectus noster et discretus vir Johannes Bourre clericus, Andegavensis Diocesis, fuit et est de præsentia verus et continuus scholaris, Parisiis actu studens in facultate decretorum. . sub magistro Johanne Chuffart, decretorum doctore, et hoc omnibus quorum interest... certificamus. Quare nos dictum scholarem et omnia bona sua sub nostra et

employait les heures de liberté que lui laissaient les cours, à travailler dans l'étude d'un procureur, soit qu'il voulût gagner un salaire capable de fournir, en partie du moins, aux frais de ses études ; soit qu'il cherchât seulement à s'initier à la pratique des affaires juridiques. Nous ne pouvons, en tous cas, rien voir de déshonorant dans cette occupation ; elle ne mérite nullement l'épithète dédaigneuse dont Thomas Bazin se sert, lorsqu'il appelle Bourré : *famulum procuratoris*[1].

Les études de Bourré furent couronnées d'un succès légitime, et lui valurent le titre, moins commun au xv° siècle qu'il ne l'est de nos jours, de « licencié ès-lois. » Elles eurent en outre pour lui un autre avantage : les subtilités de la jurisprudence développèrent dans son esprit maintes qualités dont il eut plus tard à faire usage, lorsque le plus rusé des monarques lui demanda des expédients pour se tirer d'affaires embarrassantes.

En même temps que Bourré suivait, à l'Université de Paris, les cours de droit de Jean Chuffart, il avait su, par une habileté dont nous ne connaissons malheureusement pas les moyens, entrer dans la

---

universitatis protectione ponimus, ipsumque privilegiis dictæ universitatis... gaudere volumus... In cujus rei testimonium, sigillum rectoriæ... præsentibus duximus apponendum.

Datum Parisiis, anno Domini 1445, die 26 mensis Junii.

(Document communiqué par M. Marchegay et copié par lui à la Bibl. Nat. Cabinet des Titres, dossier Bourré, dans l'*Extrait des Titres du Plessis-Bourré*, fait par Gaignières.

[1] « *Famulum* procuratoris cujusdan causarum, seu secretarii. » Thomas Bazin. Edit. Quicherat, t. II, p. 23.

maison du jeune Dauphin, fils de Charles VII. Louis XI préludait-il déjà à sa politique future, en cherchant à s'entourer de gens de « moyen estat¹ ? » Ce titre de faveur, si peu rare, ne serait pas suffisant pour justifier le choix de Jean Bourré parmi tant d'autres. Louis, qui estimait que « c'est grande richesse à un prince d'avoir un homme sage dans sa compagnie², » et qui savait le mieux « se servir des hommes les plus habiles, et les chercher sans y rien ménager³, » avait sans doute distingué, dans le jeune étudiant en droit de l'Université, un esprit ingénieux, fait pour nouer et dénouer des intrigues, peut-être aussi ambitieux et désirant arriver. Nous aurons, dans la suite de cette étude, à remarquer plus d'un rapport entre le caractère du roi Louis et celui de son compère, Bourré ; cette ressemblance fut peut-être la cause, comme le soutien, d'une intimité qui ne se termina qu'à la mort du roi.

Les rapports de Bourré avec le dauphin Louis commencèrent vers l'année 1442. Cette époque nous paraît déterminée par une lettre patente de Louis XI, adressée à Bourré en 1480, et dans laquelle il est fait mention des « bons, très grans, loyaulz, agréables et continuelz services qu'il nous a par cy devant faitz dans son jeune âge, par l'espace de trente-huit ans ou environ, tant en nostre

---

[1] *Mémoire de Commines*, édit. Dupont, livre II, ch. x, p. 83.
[2] *Ibid.*, liv. II, ch. x.
[3] *Ibid.*, t. I, p. 157.

pays de Daulphiné, que devant que nous y allassions... [1]. »

Sauf les épithètes louangeuses dont Louis XI qualifie lui-même les services qu'il avait reçus de son compère, avant même son séjour en Dauphiné, aucun document ne nous fournit le moindre renseignement sur les premières années passées par Bourré au service du fils de Charles VII. Les fonctions de Bourré devaient être d'ailleurs fort intermittentes, car le Dauphin ne venait à Paris qu'à de rares intervalles, et Bourré poursuivait à l'Université ses études de droit. Mais un évènement, important et décisif pour le reste de sa vie, vint bientôt attacher notre personnage plus intimement à la fortune du prince.

La cour de Charles VII était le théâtre de scandaleuses intrigues. La reine, Marie d'Anjou, avait depuis longtemps perdu les bonnes grâces de son inconstant époux, et, tenue à l'écart, elle voyait à sa place une maîtresse, Agnès Sorel, « laquelle estoit en la grâce du roy plus beaucoup que n'estoit la royne, et à laquelle faisoient plus d'honneur et de service les plus grans seigneurs du royaulme, qu'ils ne faisoient à la royne [2]. »

[1] Arch. de Maine-et-Loire, série E, titres de famille, dossier Bourré, 1793.
[2] *Chroniques de Monstrelet*, 3e partie, collection Panthéon littéraire.
Georges Chastellain dit, en parlant de la reine : « Elle avait souffert une povre aucelle de basse petite maison, estre, repairier et converser journellement avec elle, en estat et arroy de princesse ; avoir son quartier de maison en l'ostel du roy, ordonné et

Une ancienne tradition, suivie longtemps par tous les historiens, prétendait montrer sous de poétiques couleurs cette liaison coupable, et attribuer à Agnès Sorel « la belle et douce conseillère » une grande influence sur le réveil de Charles VII. Le véritable rôle d'Agnès Sorel est aujourd'hui mieux connu. Agnès ne fut pour rien dans cette explosion soudaine du génie d'un grand roi [1]. Le jugement de l'histoire doit être sévère, et la maîtresse de Charles VII n'a point droit aux éloges : sa faveur à la cour et son éclat étaient un scandale ; ses manières et ses mœurs un exemple dangereux de corruption [2].

---

appoincté mieulx que elle ; avoir compaignie de bruit de femmes et en plus grand nombre que le sien ; avoir et veoir toute l'affinité des seigneurs et des nobles et du roy mesme se faire devers ly ; avoir tous estats et services royaulx devers elle comme se meismes eut été reyne, plus beaux parements de lit, meilleure tapisserie, meilleur linge et couvertures, meilleure vaisselle, meilleures bagues et joyaulx, meilleure cuisine et meilleur tout... »
(Edit. Panthéon littéraire, p. 255.)

[1] De Beaucourt, *Revue des Questions historiques*, 27e livraison, 1er juillet 1873, p. 70.

[2] « Et de tout ce qui à rebaudise et à dissolucion pooit traire
« en faict d'habillement, de cela fut-elle produiseresse et muen-
« teresse. Descouvroit les épaules et le seing devant jusques aux
« tettins, donnait à toute baudeur loy et cours, feust à homme,
« feust à femme ; n'estudioit qu'en vanité jour et nuit pour des-
« voier gens et pour faire et donner exemple aux preudes
« femmes de perdicion d'onneur, de vergoigne et de bonnes
« mœurs, et tant et si avant en avait-elle bonne main. Dont ce
« fut pitié que la pluspart de France et des marches adjacentes,
« tout le souverain sexe s'en trouva beaucoup ensouillé par en-
« siévir les mœurs. Et fit pareillement la noblesse du royaulme
« qui, toute quasi donnée à vanité par son dehors et par son
« exemple, se dévoia et transgressa les termes de sa vocation en
« postposement de vertu... »
(Georges Chastellain, *Panthéon littéraire*, p. 255.)

Avec Agnès Sorel, un écuyer d'Anjou, Pierre de Brezé, partageait la faveur du roi. Le ministre Brezé, du même pays qu'Agnès, n'était pas étranger à la faveur de la dame de beauté : s'il faut en croire une opinion émise par M. de Beaucourt, Pierre de Brezé aurait lui-même placé Agnès auprès de Charles VII, afin « d'enchaîner le roi par les sens » et, par ce moyen, « rendre son pouvoir plus assuré [1]. »

Le Dauphin Louis qui avait toujours beaucoup aimé sa mère [2], souffrait de la présence et de l'éclat d'Agnès, et résolut de rendre à la reine sa place légitime. Devinant mieux que personne cette connexité entre la faveur d'Agnès et le crédit de Pierre de Brezé, il résolut de poursuivre d'abord le ministre pour détrôner la favorite [3]. Dans ce dessein, il organisa un complot contre le sénéchal : il ne s'agissait de rien moins que d'enlever Brezé et de le mettre à mort. Mais le projet fut découvert, et les menées du Dauphin se trouvèrent dévoilées. Le roi fit alors venir vers lui son fils, et, dans un moment de colère : « Je vous bannis pour quatre mois

---

[1] De Beaucourt. *Questions historiques*, 1er juillet 1873, p. 73. Le même auteur ajoute, à la page suivante : « Ce n'est point là, d'ail-
« leurs, une simple conjecture ; quelques indices donnent lieu de
« penser que le crédit de Brezé et la faveur de la favorite sont
« deux faits qui ne sont pas sans une secrète connexité. »

[2] Michelet, *Histoire de France*, t. II, p. 81. Leroux de Lincy. Les cent nouvelles, Introduction, p. 11. Mémoires et anecdotes des reines de France, III, 294.

[3] De Beaucourt. *Questions historiques*, 1er juillet 1873, p. 95.
« Avant de chasser la favorite, il résolut de se défaire du mi-
« nistre... »

de mon royaume, lui dit-il, et vous en allez en Dauphiné[1]. »

Louis obéit et se retira dans son apanage. « Beaucoup de gens de bien, » dit Commines, « l'y suivirent, et plus qu'il n'en pouvait nourrir[2]. » Bourré partit avec ces « gens de bien[3]. » Sur les comptes de Nicolas Erlant, trésorier du Dauphin, il figure comme secrétaire du prince[4]. Une mission qu'on lui confia en 1451 semble montrer qu'il fut attaché à l'intendance de la maison du Dauphin, et qu'il s'occupa des affaires financières de ce prince. L'administration des finances delphinales réclamait des soins assidus : bien que les dépenses personnelles de Louis fussent peu nombreuses, il était obligé d'avoir des ressources considérables pour entretenir tous les seigneurs qui avaient quitté avec lui la cour du roi de France. Charles VII n'envoyait aucun argent à son fils, et Louis devait tirer de son apanage toutes les sommes dont il avait besoin.

---

[1] *Chronique Martinienne*, fol. 289. Voir l'enquête sur cette affaire dans Legrand, vol. VII, f. 38-53.

[2] Commines, édit. Dupont, liv. VI, chap. XII.

[3] Parmi les compagnons du Dauphin nous citerons : Raoul de Gaucourt, alors gouverneur du Dauphiné; Aimard de Poissieu, dit Capdorat, écuyer maître d'hôtel; Gui de Chaourse, dit Malicorne; Jean de Daillon, seigneur de Fontaine chambellans; Charles de Melun, écuyer d'écurie; Guillaume de Courcillon, chevalier; Louis de Crussol; Jean de l'Espine; Hugues de Montagu... Avec tous ces jeunes seigneurs qui devinrent les serviteurs fidèles du roi Louis XI, Bourré avait de continuelles relations, et plus tard nous retrouverons plusieurs d'entre eux au nombre de ses intimes amis.

[4] Bibl. nat., Mss. fr., 6966, fol. 329.

Pour augmenter ses revenus, qui étaient insuffisants, Louis ordonna « estre faitz sceaulx de contraulx et iceulx estre baillez en garde à gens souffisans d'en rendre bon compte. » Puis, quelque temps après, confiant dans les « sens, loyaulté, prudomie, expérience et bonne diligence » de Bourré, il le chargea de ouïr les comptes de toutes les personnes qui avaient eu la garde de ces sceaux, et d'en recevoir tous les profits. Bourré devait se transporter dans tous les endroits où se trouvaient des sceaulx, ou bien obliger ceux qui en avaient la garde à venir vers lui. Le Dauphin lui donnait même le pouvoir de contraindre ceux qui seraient en défaut, « ce nonobstant oppositions ou appellations; » et les officiers publics devaient lui prêter « conseil, confort, ayde et prinsons se mestier est [1]. » Ces pouvoirs étendus montrent que Jean Bourré avait su gagner, dès 1453, une haute place dans la confiance du Dauphin, et qu'il avait déjà fait preuve, à son service, de loyauté, de prudence et d'activité. En 1454, Louis le nomma clerc secrétaire en la chambre des comptes du Dauphiné [2]. Dans une lettre du 18 juillet 1455, il est qualifié de secrétaire et contrôleur de la chancellerie du Dauphin [3]. Louis le choisissait toujours pour écrire ses lettres les plus importantes, et Bourré se trouvait ainsi mêlé à toutes les intrigues de la cour du roi

---

[1] Bibl. Nat., Mss. fr., 6966, fol. 379.
[2] Archives de l'Isère, B. 2792, f° 49, v°.
[3] *Ibid.*, B. 2947, n° 137.

et de celle du Dauphin[1]. Charles VII pressait son fils de revenir vers lui ; il lui promettait de bien l'accueillir s'il renvoyait ses serviteurs. Le Dauphin répondait au roi des paroles pleines de soumission et de respect ; mais il ne voulait pas à tout prix abandonner ses fidèles compagnons et retourner près de son père. Les motifs qui avaient occasionné sa fuite existaient toujours : Charles VII, loin de revenir à une conduite sage et conforme à son âge et à sa dignité, multipliait chaque jour les scandales d'un public adultère. Après la mort d'Agnès Sorel, Antoinette de Maignelais avait pris la place de maîtresse en titre[2], et près d'elle tout un essaim de jeunes filles, choisies par la favorite elle-même, offraient au roi de faciles et honteux plaisirs[3].

Le Dauphin était mis au courant de tout ce qui se passait à la cour du roi de France ; il en ressentait une profonde irritation. Parfois même, il disait à ses familiers qu'il irait vers son père, non en fils

---

[1] Bibl. Nat., Mss. fr. 6966, fol. 329, collection Dupuy, vol. 762, f. 19.
Voir dans Duclos, t. II, une lettre du Dauphin Louis à Charles VII, écrite de Romans, et contresignée Bourré, 17 avril 1456.

[2] « Et toutes fois que la belle Agnès fut morte, la damoiselle de Villequier, sa niepce, tint son lieu devers le roy, lequel en ses derniers jours voulait ades avoir en son service les plus belles damoiselles que l'on pouvait recouvrer en tout son royaume. » — Monstrelet. *Chroniques*, 3e partie.

[3] « Après la mort de laquelle (Agnès), comme dessus est dit, le roy retint à sa cour sa niepce, nommée la damoiselle de Villeclere, laquelle estoit aussy moult belle, et avait en sa compagnie les plus belles damoiselles qu'elle pooit trouver, lesquelles suivaient toujours le roy où qu'il allast, et se logeaient toujours une lieue ou moins près de luy. » Duclerq, liv. III, ch. XII.

repentant, mais en maître. « Je le mettrai hors de toutes ses folies, disait-il, et les choses iront bien mieux qu'elles ne vont [1]. » De son côté, le roi de France s'irritait chaque jour davantage : les refus continuels de son fils de revenir à la cour, et les conseils perfides de quelques-uns de ses familiers, qui lui persuadaient que le Dauphin troublait tout en Dauphiné, mirent enfin son mécontentement au comble. Il résolut d'imposer par la force une soumission que ses instances étaient impuissantes à obtenir ; il donna à Antoine de Chabanne le commandement d'une armée et le fit entrer en Dauphiné. Louis fut terrifié à cette nouvelle ; « sentant le péril de sa situation, il cherchait toute espèce de moyens d'en sortir [2]. » Il ne voulait pas attendre qu'on le fît prisonnier et qu'on l'amenât captif devant le roi ; encore moins consentait-il à aller luimême au devant de son père, se jeter à ses genoux et implorer son pardon. Il avait de son père « une peur sauvage [3] » et non sans raison. Il avait entendu dire « que si le roy son père le olt tenu, le euist mis en tel lieu que jamais on n'en olt ouy parler [4]. » Louis, connaissant les dispositions de son père, résolut de fuir. Comme le duc de Bourgogne

---

[1] *Mathieu d'Escouchy*, édit. de Beaucourt, t. III, Preuves, page 280.

[2] De Barante. *Histoire des Ducs de Bourgogne*, édit. 1826, t. VIII, page 36.

[3] Georges Chastellain, édit. du *Panthéon littéraire*, liv. III, p. 53.

[4] Duclerq, édit. *Panthéon littéraire*, liv. III, chap. XXII.

s'était toujours montré bienveillant à son égard et prêt à le soutenir, il se décida à se confier à lui. Le comte de Dammartin pénétrait déjà dans le Dauphiné : il ne fallait pas perdre un instant. Un matin, sous prétexte d'aller à la chasse dans une forêt voisine, Louis monte à cheval avec six de ses familiers, et s'enfuit à bride abattue vers les frontières de Bourgogne. Le bâtard d'Armagnac, Jean de Daillon, Imbert de Batarnay et François d'Urre étaient avec lui. Nous n'avons pu découvrir si Bourré accompagna le Dauphin dans sa fuite ; toujours ne tarda-t-il guère à suivre ses pas, car dès les premiers mois de l'année 1457, il était à Bruxelles, près du Dauphin [1].

Le duc de Bourgogne avait fait au Dauphin Louis un excellent accueil. Peu soucieux de la parole du roi Charles VII, « mon cousin de Bourgogne nourrit un renard qui lui mangera ses poules, » le duc était flatté d'être le protecteur du futur roi de France. Il prenait aussi un malin plaisir à soutenir et à encourager dans sa résistance au roi, le Dauphin Louis. Par lettres du 26 février 1457 (n. s.) il lui donna 2,000 francs de 36 gros pour sa dépense de chaque mois, accordant en outre à plusieurs de ses serviteurs diverses gratifications. Parmi ceux-ci, Bourré ne fut point oublié, et nous voyons dans un compte de la recette générale du duc pour l'année 1457, qu'il fut alloué à maître

---

[1] Bibl. nat., Mss. fr. 2811.

Jehan Bourré, secrétaire du Dauphin, cinquante écus de pension [1].

Philippe-le-Bon avait mis à la disposition du Dauphin le château de Genappe, situé à quelques lieues de Bruxelles, et le prince s'y était installé avec sa maison. Ce fut dans ce château que Bourré passa une grande partie des années 1456 à 1461. La vie qu'il y menait était assez gaie. Le château de Genappe était, dit un chroniqueur, « une place plaisante à déduit des chiens et des oysaulx [2]. » Le Dauphin savait apprécier ces avantages : grand ami de la chasse, il employait une partie de ses journées à courir les bêtes fauves. Bourré, dont nous pourrons plus tard constater la passion pour la chasse, prenait sa part dans ces plaisirs. Après avoir couru tout le jour dans les champs, on rentrait le soir au château et l'on fêtait les belles prises de la journée, dans de longs et joyeux festins. Souvent les jeunes seigneurs de la cour de Bourgogne venaient s'asseoir à la table du Dauphin : Louis était un gai compagnon ; il aimait à rire et à plaisanter ; et les bons mots, même grossiers, n'effarouchaient point son oreille [3]. Après les festins, les convives restaient

---

[1] « A maistre Jehan Bourré, secrétaire de mondit seigneur le Dauphin . . . . L escus.
(Archives départementales du Nord, B, 2026, f° 324.)

[2] Mémoires de Mathieu d'Escouchy. Edit. de M. de Beaucourt, t. II, p. 333. Un dessin du château de Genappe se trouve dans le supplément aux trophées de Brabant de Butkens. La Haye, 1725, in-folio, t. II, p. 15.
Voir aussi Guichardin. Description des Pays-Bas, 1582, p. 223.

[3] « Le Dauphin aimait les bons contes, et celui qui faisait le

réunis, et l'on abrégeait la tristesse des longues soirées d'hiver en écoutant quelques joyeux récits. Les seigneurs Bourguignons contaient volontiers; ils trouvaient sans peine dans leur mémoire ou dans leur imagination quelques aventures galantes, qui n'étaient guère à la louange des dames, moins encore à l'honneur des maris. Le vieux duc Philippe lui-même venait écouter ces gais propos, et lorsque d'agréables nouvelles reçues de ses bonnes villes flamandes l'avaient mis en belle humeur, il racontait à son tour, et ses récits n'étaient pas les plus sages, ni les moins amusants [1].

Bourré continuait en Flandre, près de la personne du Dauphin, son office de secrétaire [2], et le

---

plus lascif était le mieux venu. » De Barante. *Ducs de Bourgogne*, t. VIII, p. 131.

[1] Ces récits furent recueillis, par ordre du Dauphin Louis, comme « contes qui sont moult plaisans à raconter en toutes compagnies par manière de joyeuseté. » Voir l'édition donnée par M. Léonce de Lincy, *Les Cent Nouvelles nouvelles*, 2 vol. in-12.

« L'usage de lire ou de conter des nouvelles paraît avoir été général dans les châteaux, dans les cours, dans toutes les réunions de la haute société. Ces nouvelles, presque toutes licencieuses, n'avaient point le mérite poétique des romans de chevalerie : elles roulent sur les amours ou les mésaventures conjugales des bourgeois, autant que des chevaliers et elles donnent une idée très défavorable de la grossièreté de cette époque, et par les mœurs qu'elles représentent, et par le peu de pudeur des dames qui en écoutaient le récit. » (Sismondi, *Histoire des français*, t. XIII, p. 588.)

[2] Voir Mss. fr. 2811, des lettres contresignées par Bourré : Bruxelles, 6 février 1456 (v. s.), lettre au grand conseil, relative aux ambassades entre le roi et le duc de Bourgogne; Bruxelles, 2 juin 1458, lettre au chancelier et aux gens du grand conseil; Notre-Dame-de-Hall, 27 juillet 1459, lettre au duc de Berry lui annonçant que la Dauphine est accouchée « d'un beau fils », et

prince, qui attachait de jour en jour plus de prix à
ses services, voulait sans cesse l'avoir près de lui.
Il le prenait pour compagnon de toutes ses courses
et de tous ses voyages, soit qu'il s'en allât visiter
les grandes villes de Flandre, dont il admirait la
richesse, soit qu'il se rendît en pèlerinage aux sanctuaires renommés du pays [1]. Bourré était celui de
ses serviteurs dans lequel il avait le plus de con
fiance, et c'était à lui qu'il donnait à garder toutes
les lettres qu'il recevait.

En Flandre, comme en Dauphiné, Bourré s'occupait des finances du prince, son maître. Jamais
budget de prince ne fut plus simple que n'était en
ce temps celui du Dauphin Louis. La principale
source de ses recettes, depuis que Charles VII avait
mis la main sur les revenus du Dauphiné, était la
pension que la libéralité du duc de Bourgogne lui
avait octroyée : tous les trois mois, le receveur
général des finances payait le montant de la pension, et Bourré en donnait quittance [2]. Quant aux

une autre à l'évêque de Paris, Guillaume Chartier, sur le même
sujet

Pendant le séjour du Dauphin en Flandres, un certain Jean
Guillon, ayant contrefait la signature du Dauphin et celle de son
secrétaire Bourré, pour faire obtenir à Guillaume Guillon, son
frère, l'abbaye de Saint-Antoine, fut condamné par le Parlement
de Grenoble à faire amende honorable au Dauphin et à Bourré,
tête nue et nu pieds, en chemise et une torche à la main, être
fouetté par les rues de Grenoble, marqué au front d'un dauphin,
et privé de tous ses biens par confiscation.
(Bibl. nat., Mss. fr. 20494, f° 40, 43.)

[1] Bibl. nat., Mss. fr. 2811 *passim*.

[2] « A Monseigneur le Dauphin la somme de six mil francs, pour
lui aider à conduire son estat et despence, les mois de mars, avril

dépenses du Dauphin, qui regardaient l'entretien de la maison et les gages de ses serviteurs, Bourré semble avoir eu plein pouvoir pour les ordonner : un gentilhomme de l'hôtel du Dauphin, désirant recevoir le montant de sa pension, s'adressait à Bourré, et recevait de lui une lettre pour être payé par le receveur du duc [1].

D'après M. Dupuy, le savant auteur de l'*Histoire de la réunion de la Bretagne à la France*, le séjour de Bourré en Flandre aurait été interrompu par une mission auprès du duc de Bretagne. Voici en quelles circonstances : le Dauphin Louis, dans son exil, cherchait à trouver en France, parmi les grands seigneurs, des alliés, ou tout au moins des partisans. Lorsque le comte d'Étampes fut devenu duc de Bretagne, Louis qui l'avait autrefois connu à la cour du roi, son père, et avait obtenu de lui des assurances d'absolu dévouement, envoya vers lui pour réclamer son alliance. « Il lui écrivit, dit « M. Dupuy, en le priant qu'il voulût avoir ses « affaires pour recommandées, lesquelles de tout « point il mettait en ses mains. » Alors François II « changea de langage. Il n'était nullement disposé « à se compromettre auprès du gouvernement fran-

---

et may l'an LVII, comme il peut apparoir par les lettres patentes de Monseigneur le duc, données le XXVIe jour de février l'an LVI (v. s.) avec quittance de maistre Jean Bourré, secrétaire de mondit seigneur le Dauphin. » (Archives départementales du Nord. Compte de 1457, f° 323.) *Communiqué par M. Dehaisne, archiviste à Lillle.*

[1] Bibl. Nat., Mss. fr. 6602, fol. 129.

« çais, dans le but de soutenir un prince factieux et
« rebelle. Il reçut fort mal les envoyés du Dauphin.
« Il affectait de craindre de leur donner audience.
« Au lieu de les admettre directement devant lui, il
« les faisait interroger, examiner minutieusement
« par ses ministres, comme s'il les prenait pour des
« individus dangereux ou des espions.

« Le Dauphin finit par ne plus trouver un seul
« de ses serviteurs qui consentît à se rendre en son
« nom en Bretagne. Il fit cependant une dernière
« tentative auprès du duc. Il le fit prier par son con-
« fident, Bourré du Plessis, de lui prêter 4,000
« écus. François II répondit nettement qu'il ne lui
« oserait rien prêter, ne faire aucuns plaisirs, pour
« doute que le roi ne le sût, car il savoit bien que
« ce seroit chose qui lui déplairoit, et que, pour
« rien au monde, ne voudroit faire chose à son dé-
« plaisir [1]. »

Cette mission ferait le plus grand honneur à la
fidélité de Bourré, et expliquerait la reconnaissance
spéciale que Louis lui témoigna toujours pour les
services rendus en Flandre : aussi serions-nous
fort heureux de l'attribuer à notre personnage, si
les documents originaux le permettaient. Or, nous
avons consulté la pièce même indiquée comme
preuve par M. Dupuy [2], et nous avons vu que le
messager du prince auprès du duc de Bretagne était

---

[1] Dupuy. *Histoire de la réunion de la Bretagne à la France*, t. I, p. 32 et 33.
[2] Actes de Bretagne, II, 44.

nommé, non point Bourré du Plessis, mais bien Jean du Plessis. Ce Jean du Plessis est-il donc Jean Bourré? Nous ne le croyons point. Sans doute nous devrons plus d'une fois, dans la suite de cet ouvrage, reconnaître Jean Bourré sous le titre de seigneur du Plessis ; nous verrons même Louis XI, dans ses lettres, l'appeler presque toujours, Monsieur Duplessis. Mais lors de son séjour en Flandres notre personnage s'appelait Jean Bourré tout court, et le seul titre qu'on lui donnait était celui de « maître Jean Bourré. » Il ne devint seigneur du Plessis qu'après l'achat, fait par lui à la fin de 1462, de la terre du Plessis de Vent, et il ne fut désigné sous ce nom qu'après son anoblissement en 1465, et surtout après la construction, sur son nouveau domaine, d'un magnifique château, appelé le Plessis-Bourré, commencé vers 1466 et terminé en 1472. Nous ne pouvons donc admettre qu'une pièce écrite en 1463 et relatant un fait antérieur à 1461, ait, sous le titre de Jean du Plessis, désigné le fils du bourgeois de Châteaugontier, maître Jean Bourré.

Afin de mieux établir notre rectification, nous avons cherché si, parmi les compagnons du Dauphin, vivant avec lui à la cour de Bourgogne, nous ne trouverions point un Jehan du Plessis. Dans un compte de la recette générale des finances du duc de Bourgogne pour l'année 1457, il est fait mention, au nombre des serviteurs du Dauphin, d'un certain Jehan Périer, chevalier, seigneur du Plessis[1]. Selon toutes les probabilités, c'est donc Jehan Perrier qui est désigné dans les actes de Bretagne sous le nom de Jehan du Plessis : c'est à lui, et non à Jean Bourré que doit être attribuée l'ambassade auprès de François II.

Bientôt allaient finir pour Bourré les années d'un exil auquel il s'était volontairement condamné, afin de rester fidèle à la fortune de son maître. S'il avait par pure ambition suivi le Dauphin Louis, il devait en certains moments bien regretter sa décision : car, de 1442 à 1461, en dix-neuf ans, il avait à peine élevé sa position, et nullement grossi sa bourse. Les petites ressources dont pouvait disposer le Dauphin ne lui permettaient guère d'être généreux envers ses serviteurs, et les cinquante écus

---

[1] « A Monseigneur de Montauban, Monseigneur le maréchal du Daulphiné et autres chevaliers et escuiers de l'ostel de mondit Seigneur le Daulphin, cy après déclarez, la somme de quinze cens cinquante escuz d'or de XLVIII gros, monoye de Flandres, c'est assavoir audit Monseigneur de Montauban, chevalier. . V^c escus.
   Au mareschal du Daulphiné. . . . . V^c —
A messire Jehan Perier, chevalier, seigneur du Plessis. C —
A Georges de la Trimouille, sieur de Craon . . . . II^c —
A Jehan d'Estrier, s^r de la Barde, escuier d'escuyerie de Monseigneur le Daulphin. . . . . C —
Et a maistre Jehan Bourré, secrétaire de mondit seigneur le Daulphin . . . . L —
Montant ensemble icelles parties à la somme de XV^c L escus de XLVIIII gros, laquelle somme mondit Seigneur [le duc de Bourgogne] a donné pour une fois pour eulx aidier et entretenir ou service de mondit Seigneur le Daulphin, par les lettres patentes sur ce faictes et données le XXVIe jour de février l'an LVI, cy rendues avec les quitances des personnes cy dessus nommez. »

(Archives départementales du Nord. Compte de 1457, f° 324.) *Communiqué par M. Dehaisne, archiviste à Lille.*

de pension, servis par le duc, étaient bien peu de chose. Nous n'avons trouvé, pour cette période de la vie de Jean Bourré, qu'une seule pièce faisant mention de dons reçus par lui ; encore ne consiste-t-elle qu'en une simple créance, destinée à être payée sur la dot de Charlotte de Savoie [1]. Il n'avait pas trouvé sur son chemin les honneurs plus que la fortune, et, à 37 ans, il n'était que le secrétaire d'un prince exilé et sans puissance. Mais, entre le jeune prince et son secrétaire, une amitié solide avait pris naissance, et Louis, une fois roi de France, ne devait point oublier « les bons, fidèles et loyaux services » qu'il avait reçus, « ès pays de Flandres et de Brebant [2]. »

[1] Bibl. Nat., Mss. fr. 6967, fol. 163.
[2] Archives de Maine-et-Loire, série E, 1793.

CHAPITRE II

BOURRÉ SECRÉTAIRE DE LOUIS XI. — SON ANOBLISSEMENT.

Bourré rentre en France avec Louis XI. — Faveur qu'il reçoit du roi à son avènement. — Il est nommé clerc notaire et secrétaire royal. — La corporation des notaires et secrétaires royaux, privilèges, fonctions. — Privilège spécial accordé par le roi à Bourré de contresigner toutes les lettres de nomination aux offices; les reproches qu'on lui a fait à ce sujet; ce qu'il faut en croire. — Bourré controleur de la Recette générale des finances en Normandie; conseiller et maître ordinaire en la Chambre des comptes; gouverneur du château de Langeais — Il est chargé avec Étienne Chevalier de rassembler l'argent pour le rachat des villes de la Somme; utilité de ce rachat; comment Bourré trouva les sommes nécessaires. — Importance que prend Bourré dans les affaires financières. — Son rôle auprès de Louis XI pendant la guerre du Bien-Public. — Le roi l'anoblit en récompense de ses services.

Le 22 juillet 1461, la mort du roi Charles VII vint terminer les années d'exil du Dauphin Louis; la cour de Genappe était devenue la cour du roi de France. Dès ce jour, Bourré n'était plus le serviteur ignoré d'un prince sans puissance; il devenait un homme important, dont on allait rechercher l'amitié, bientôt même briguer la faveur. Rien ne montre mieux combien avait grandi tout d'un coup notre personnage, que les termes de la lettre que lui écrivit, le 28 juillet, le premier président du Parlement, Yves de Scépeaux :

« A mon *très cher et espécial ami*, maistre Jehan Bourré, notaire et secrétaire du roy,

« *Très cher et espécial ami*, nous tirons devers le roy, de par la court de Parlement pour lui faire révérence et obéissance, comme raison est ; et à ceste cause je escri au roy pour scavoir ou son plaisir sera que nous rendons. Si vous prie que vous facez despescher maistre Jehan Furet, porteur de cestes, le plus brief que faire se pourra, car nous fairons toute diligence de nous en aler par delà. *Très cher et espécial ami*, aultre chose ne vous escri pour le présent, je prie nostre Seigneur qu'il vous ait en sa garde. Escript à Compiègne, le 28° jour de juillet.

« Le tout vostre,

« Y. DE SCEPEAUX [1]. »

Ainsi le premier président du Parlement de Paris s'inscrivait déjà parmi les amis de Bourré, et, dans une lettre de six lignes, il l'appelait jusqu'à trois fois « très-cher et espécial ami. » Le fils du bour-

---

[1] Mss. f. fr. 20486, f. 54.
« Le 25 juillet, le Parlement de Paris envoyait à Louis XI une députation conduite par les trois présidents et le procureur général. » (Legeay, I, 252.)

geois de Châteaugontier revenait d'exil flatté, presque puissant[1].

Le premier usage que Louis XI fit de la royauté, fut de récompenser les compagnons de son exil, et avant tous, Jean Bourré. Dès le 29 juillet, avant même de rentrer en France, et se trouvant encore à Avesnes, en Hainaut, le nouveau roi nomma Bourré clerc notaire et secrétaire royal, motivant en ces termes cette première faveur :

« Loys..., pour la bonne et entière confiance que nous avons de la personne de nostre ami et feal maistre Jehan Bourré, et de ses sens, suffisance, loyauté et diligence, aussi pour considération des bons et agréables services qu'il nous a par longtemps faitz, tant en l'exercice de l'office de nostre secrétaire et mesmement par avant nostre advénement à la couronne, que autrement en plusieurs manières, en grant cure et diligence, icellui avons aujourd'hui créé establi et ordonné..... de nostre auctorité roial nostre clerc, notaire et secrétaire, pour nous servir d'ores en avant audit office. Et lui

---

[1] Dès les premières années du règne de Louis XI, le duc d'Alençon écrivait à peu près dans les mêmes termes à Jean Bourré :
« A Monseigneur du Plessis de Vent.
« *Très cher et grant amy* j'envoi devers le roy Guillaume Latry pour mes affaires, lesquelz je luy ay chargez vous dire bien au long. Si vous prie que le vueilles ouyr et vous emploier a ceste foiz pour moy ainsi que jay en vous ma parfaite fiance et a jamais j'en seray tenu à vous. *Très cher et grant amy*, nostre S. vous ait en sa sainte garde. Escript à Pouancé le XIe jour de janvier.
« Le duc d'Alençon, JEHAN. »
(Bibl. nat., Mss. fr. 6602, f° 67.)

avons donné et octroié... les gaiges ordinaires de six solz parisis par jour, et dix livres parisis par an pour manteaulx, avec les bourses ordinaires, et des collacions audit office appartenant, telz que les ont accoustumé avoir et prendre... noz autres notaires et secrétaires de feu nostre très cher seigneur et de nous. Donné à Avesnes en Haynau, le XXIX° jour de juillet l'an mil CCCC soixante et ung, et de nostre règne le premier [1]. »

La fonction de clerc notaire et secrétaire royal offrait à ceux qui en étaient revêtus de beaux avantages : outre leurs appointements, outre les droits qu'ils prélevaient, les secrétaires royaux jouissaient de privilèges considérables. Voici les principaux, tels qu'ils furent confirmés ou établis par une ordonnance de Louis XI, du mois de novembre 1482.

Les secrétaires du roi étaient déclarés ses commensaux et officiers ordinaires; ils étaient exempts de tous les impôts ou subsides; ne devaient payer aucun droit, à l'occasion de jugements rendus par quelque tribunal que ce fût; ils pouvaient posséder fiefs ou terres nobles sans devoir aucune indemnité. Dans les villes qu'ils habitaient, il était défendu de les faire contribuer aux aides levées, soit pour des présents offerts au souverain, soit pour les réparations des murailles et édifices de la cité; en temps de guerre, ils n'étaient point convoqués pour

---

[1] Ce document se trouvait dans l'*Extrait des titres du Plessis-Bourré*, dressé par Gaignières, et conservé longtemps à la Bibliothèque nationale, Cabinet des Titres, dossier Bourré. Nous en devons la communication à M. Marchegay.

les bans ou arrière-bans, ne recevaient pas de gens de guerre à loger et n'avaient à fournir aucun « avitaillement. » Aussi choisissait-on avec soin les personnes à qui l'on donnait ces beaux privilèges : elles devaient être « feables personnes, bien renommées en toute vérité, justice, diligence, et loyaulté prouvée. » Elles formaient une corporation dont le roi était le premier membre, et dans laquelle Louis XI établit une confrérie religieuse. Ce roi voulait que ses secrétaires fussent « honnestement vestuz, sans porter d'habits dissolus, et avecques ce qu'ils ayent et portent leurs escriptoires honnestement. » Il leur défendait « de non jouer à jeux deffendus, mener vie deshonnête, ne eulx trouver en compaignie ou lieux dissolus. » Les fonctions des notaires et secrétaires royaux consistaient, d'après les ordonnances, à « rediger et mectre à perpétuelle mémoire par escrit, en honnête langage, orné, stylé et convenable, les haults, nobles et louables esdicts perpétuels et généraux, styles et establissements de justice, loix, chartes, arrêts, constitutions, ordonnances et lectres royaux [1]... »

Parmi les secrétaires royaux, deux étaient attachés à la chancellerie, l'un avec le titre de garde minute, l'autre de contrôleur [2]. Bourré reçut du roi l'office de contrôleur [3]. La chancellerie royale était

---

[1] *Recueil des Ordonnances des Rois*, t. XVI, p. 335 ; t. XIX, p. 62 et suiv.

[2] Chéruel. *Dictionnaire historique des Institutions*. Art. secrétaires du Roi.

[3] Bibl. Nat. Titres originaux, dossier Bourré.

le lieu où l'on scellait les édits, déclarations, lettres d'anoblissement, de légitimation, de naturalisation, de privilège, etc..... Elle comprenait, outre les deux secrétaires royaux dont nous venons de parler, le chancelier, deux maîtres des requêtes et le chauffe-cire. Les lettres à sceller étaient apportées à la chancellerie et lues publiquement ; le chancelier et les maîtres des requêtes prononçaient sur les difficultés qui pouvaient s'élever à leur sujet ; puis, sur l'ordre du chancelier, le chauffe-cire apposait sur les lettres le sceau royal, où était représenté le roi siégeant sur son trône le sceptre en main. Une fois scellées, les lettres étaient remises au contrôleur qui en vérifiait le nombre. Ces divers officiers étaient payés sur les droits perçus pour l'apposition du sceau [1].

Pour mieux honorer son fidèle secrétaire, Louis XI lui donna le privilège spécial de faire et de signer toutes les lettres de nomination aux offices. A lui seul, dit T. Bazin, il était permis de signer et de rendre valables les lettres de collations de tous offices [2]. Les grands seigneurs qui avaient le droit de disposer de diverses charges dans leur province, devaient obtenir de Bourré qu'il mît sa

---

[1] Tessereau. *Histoire de la Chancellerie.* 2 vol. in-fol., 1706, passim.
Cheruel. *Dictionnaire des Institutions.* Art. Chancelier et Chancellerie.

[2] « Illi soli licebat litteras collationis quorumcumque officiorum signare et conficere. » Th. Bazin, publié par M. Quicherat, t. II, p. 23.

signature au bas de leurs lettres de nomination [1]. Le frère du roi lui-même, le duc de Guyenne, si jaloux de son indépendance, n'était point exempt de cette mesure, et il écrivait une fois à Bourré : « Monsieur maistre Jean Bourré, mon serviteur, que ar soir j'envoyay par devers vous, m'a rapporté que vous lui avez dit que ce matin vous signerez les lettres de mes officiers estans à ma nomination. *Vous prie le plus que je puis que ainsi le veuillez faire*, et que expédiez ceulx dont les noms s'ensuivent cy après. Et vous me ferez grant plaisir, car il les me convient emmener avec moy et je suis sur mon partement; monsieur maistre Jehan Bourré si riens voulez que je puisse, ne m'épargnez. Charles [2]. »

Bourré sut tirer profit de cette faveur. La coutume était reçue d'abandonner aux secrétaires du roi un droit sur les nominations ; Bourré n'avait garde d'oublier la coutume. Les lettres patentes par lesquelles il avait été pourvu de sa charge lui avaient du reste « donné et octroyé... les gages or-

---

[1] « Plaise à Monseigneur maistre Jehan Bourré signer les lettres des officiers estans à la nomination de monseigneur le comte de Nevers qui s'ensuivent :
La lettre de messire Jehan darmes esleu de rethelois;
Et autre lettre pour lui du contreroleur de Saint-Saulge;
La lettre de Pierre le Gousat, grenetier de Saint-Saulge;
La lettre maistre Estienne Chevalier, grenetier de Nevers ;
La lettre maistre Orart le breton, esleu de Nevers..., etc.
(Bibl. Nat. Mss. fr. 20491.)

[2] Bibl. Nat. Mss. fr. 20427. fol. 7. Voir aussi Mss. fr. 20491, fol. 48.

dinaires... avec les bourses ordinaires et les collacions audit office appartenant[1]. » Mais, s'il faut en croire Thomas Bazin, il usait de son droit avec peu de réserve : « Comme tous ceux qui se croyaient gratifiés d'un office, avaient recours à lui pour l'expédition de leurs lettres de nomination, il leur arrachait, pour la signature d'une seule lettre, parfois cinquante, parfois cent écus, même davantage, et tant qu'il pouvait[2]. Pour le plus petit office, il ne réclamait pas moins de dix écus d'or, sans préjudice des honoraires à payer aux commis qu'il avait sous ses ordres, et qui, semblables à des loups mourant de faim, enlevaient tout ce qu'ils pouvaient prendre. » Th. Bazin rapporte encore une plus monstrueuse iniquité : Bourré trouvait-il un second personnage dont la libéralité surpassât celle du premier, vite il déchirait les premières lettres et en rédigeait d'autres. Ces faits, continue l'historien, avaient lieu publiquement, nullement à l'insu du roi, et Louis XI passait pour avoir inventé ce genre de profits, et pour en prendre sa part[3].

[1] Quicherat, édition de Th. Bazin, t. II, p. 24, note 3.
[2] Ad quem (Bourré), cum illi qui sibi donata putabant officia, pro suarum expeditione litterarum, concurrerent, pro signeto unius litteræ interdum quinquaginta scuta, interdum centum et amplius, quantum poterat extorquebat; nec minus pro minimo officiolo decem aureis exigebat, præter honoraria quæ ministris, quos sub se assumpserat, etiam dari oportebat, qui, luporum more famis rabie prætereuntium, omnia quæ capere poterant, assumebant.
[3] Porro majus aliud malum et longe iniquius et intolerabilius inferebatur multis, qui, cum magni auri fondo redemptis litteris, quas, vel pro veteribus quæ sub defuncto rege tenuissent, vel etiam

Faut-il admettre pour vrai tout ce que rapporte en cet endroit Thomas Bazin ?

Nous ne croyons point que Jean Bourré ait toujours usé avec une parfaite réserve de son privilège ; car une scrupuleuse honnêteté ne distinguait pas les personnages du xv° siècle, spécialement les personnages administratifs, dont on devait, en maintes occasions, réclamer la signature. On ne pouvait triompher de la lenteur systématique, ou du refus formel des officiers royaux, qu'au moyen de présents ou de sommes d'argent. Ainsi, les habitants d'Amboise ayant obtenu des lettres d'affranchissement pour leur ville, les portèrent à l'un des généraux des finances pour qu'il les vérifiât, comme c'était l'usage. Eustache de Sansac, auquel ils s'adressèrent, ne voulait pas leur donner des lettres d'attaches valables pour plus de dix ans, et à toutes leurs supplications il opposait cette raison péremptoire « qu'il n'était pas en son pouvoir de faire davantage. » Alors, sur le conseil d'Étienne le Loup, les habitants d'Amboise envoyèrent au sire de

---

pro novis officiis expediri procurassent, cum se existimarent securos, decursis paucis diebus, se frustratos delusosque turpissime inveniebant. Sæpe enim, vel per importunitatem precum regi porrectarum, potissime ab illis qui ejus comites in Brabantia et terris Burgundiorum ducis exstitissent, eadem officia aliis donabat ; vel idem Bourre, superveniente qui priorem in muneribus evinceret, prioribus cassatis litteris, posteriori de ipso officio, pro quo litteras jam alteri expediverat, alias conficiebat... Quæ cum ita agi, quæ passim publice gerebantur, ignorare regem nullus potuisset æstimare, communiter ferebatur talium emolumentorum ipsum regem inventorem et participem fore. » (Th. Bazin, loc. cit. p. 24.)

Sansac « deux traverciers de vin affin qu'il fust plus enclin à leur donner lectres d'attache amples. » Dès le lendemain, ils obtenaient leurs lettres, à condition toutefois de payer encore au clerc du général, M⁰ Thomas, un écu d'or de 32 s. 6 d.; aux élus du roi à Tours la même somme; et au greffier des élus 15 s. t.; le tout uniquement pour les lettres d'attache; les lettres d'affranchissement avaient déjà valu au clerc qui les avait grossoyées III escuz d'or valant IIII l. 17 s. 6 d. « pour la minute, façon et escripture d'icelles [1]. »

Que Bourré ait, lui aussi, exigé quelques écus d'or pour les signatures qu'il donnait, nous le croyons sans peine; il se conformait à l'usage, ne demandant après tout qu'un salaire pour un service. Mais, à notre avis, les reproches de Thomas Bazin vont bien au delà de la réalité et nous ne pouvons, en présence du silence de tous les chroniqueurs contemporains, admettre tout ce qu'il rapporte sur les habitudes peu honnêtes de Jean Bourré. Malgré l'autorité que donne à la parole de Thomas Bazin son titre d'évêque, on doit être en garde contre tous ses jugements relatifs au règne de Louis XI. Autant il loue et glorifie le règne de Charles VII, autant il rabaisse et dénigre le gouvernement de son successeur, dans lequel il ne trouve rien à louer. Son Histoire de Louis XI, conçue dans un esprit de haine et de vengeance, n'est trop souvent qu'une satire ardente,

[1] Arch. comm. d'Amboise. CC 104, fol. 39 et 40.

un pamphlet passionné. Lorsqu'il parle de ce roi, ou de quelques-uns de ses familiers, il exagère toujours de parti pris leurs vices ou leurs défauts [1].

Ces prétendus abus nous semblent du reste contredits par un ordre qui, écrit pendant les premières années du règne de Louis XI, fut, selon M. Quicherat, certainement exécuté : « Que les commissaires facent crier à son de trompe que, s'il y a aucuns qui ayent donné argent pour estre avancés aux offices, qu'ilz le révèlent, sur peine de perdre leurs offices; et s'ilz le cèlent, et il se puisse scavoir par autres, ceulx qui le révèleront auront les offices de ceulx qu'ilz auront révélé [2]. »

Enfin, une réponse moins directe, mais à notre avis non sans valeur, aux accusations de Thomas Bazin, se présente d'elle-même à l'esprit lorsqu'on considère toutes les charges accumulées par Louis XI dans la première année de son règne sur la tête de son secrétaire. Aucune d'elles assurément ne manquait d'être lucrative, et leur rapport était

---

[1] M. Quicherat apprécie en ces termes l'historien dont il a édité les œuvres :

« Robert Gaguin l'appelle le contempteur de Louis XI; on pourrait dire qu'il en est le détracteur. Il prend à peine le temps de raconter, dans le besoin qu'il éprouve de blâmer tout, d'incriminer sur chaque chose. Rien ne trouve grâce devant lui, pas même les incontestables qualités du tyran, car un tyran peut-il avoir des qualités? Il lui refuse l'esprit, le talent de convaincre, celui de discerner les hommes. C'est là de l'inimitié personnelle, la marque d'un esprit qui ne se possède pas. » (*Bibliothèque de l'Ecole des Chartes*, 1re série, vol. 3, p. 371.)

[2] Bibl. Nat. Mss. Legrand, t. IX, cité par M. Quicherat, *Histoire de Th. Bazin*, t. II, p. 24, note 4.

bien suffisant pour expliquer la rapide fortune de maître Jean Bourré [1].

Nous sommes loin, en effet, d'avoir terminé l'énumération des faveurs que Bourré reçut de Louis XI, à son avènement. Sur un état des dépenses de la recette générale de Normandie pour l'année commençant au premier jour de janvier 1462 (n. v.), Bourré est inscrit comme contrôleur aux gages de six cents livres tournois par an [2]. Les grandes ordonnances de Charles VII sur les finances avait donné dans chaque province à des officiers, nommés receveurs généraux, le soin de percevoir le produit des impositions extraordinaires, tailles, aides, gabelles, etc.... A chacun de ces receveurs généraux était adjoint un contrôleur, qui surveillait l'administration, puis un greffier chargé des écritures de la recette.

[1] Jean Bourré ne recevait pas seulement du roi de beaux offices ; la pièce suivante montre qu'on lui « octroyait » parfois de bons deniers comptant :

« Nous, Loys par la grâce de Dieu roy de France, promettons à maistre Mathieu Beauvarlet receveur général de noz finances, lui bailler acquit souffisant de la somme de six cens soixante huit escuz d'or et douze solz six deniers tournois en monnoie qu'il avait baillé par nostre ordonnance et commandement à maistre Jehan Bourré nostre secrétaire ou mois d'aoust derrain passé à notre partement de Saint-Thierry-lez-Reims, en nous rendant ces présentes. Donné à Paris, le... jour de septembre l'an mil CCCC soixante et ung. »

(Gaignières, 375. Mss. fr. 20490, f 76, année 1461.)

[2] Bibl. Nat. Mss. fr. 20499, f. 106-107, année 1462. « A maistre Jehan Bourré notaire et secrétaire du Roy, nostre seigneur et controleur de ladite recepte générale, la somme de six cens livres tournois que ledit seigneur lui a ordonné tant pour ces gaiges à cause de sondit office de contrerolleur, comme pour ses voyages et chevauchées de ceste présente année... »

Peu de temps après avoir été nommé contrôleur général et dès le 7 septembre 1461, Bourré était appelé à siéger en la chambre des comptes, en « qualité de conseiller et maistre ordinaire. » Voici les lettres de nomination :

« Loys... pour la grant confiance que nous avons de nostre ami et féal notaire et secrétaire et contre-rolleur de l'audience de nostre chancellerie, et de la recette géneralle de nos finances de Normandie, maistre Jehan Bourré, et en faveur et en considération des bons, agréables et continuels services qu'il nous a par cy devant faiz par moult longtemps, tant à l'entour de nous et en nos affaires que aultrement en plusieurs manières fait chascun jour et espérons que plus face au temps avenir, icelui... pour ces causes et aultres à ce nous mouvans, créons et establissons nostre conseiller et maistre ordinaire lay de noz comptes, du nombre des huit conseillers et maistres ordinaires clercs et laiz qui ont accoustumé estre d'ancienneté en nostre chambre de noz comptes et au lieu que tenoit maistre Pierre Doriole comme vacant à présent parce que depuis nostre nouvel advènement à la couronne n'y avons aucunement pourveu... [1]. »

Comme on le voit par cet exemple, Louis XI dépossédait, en faveur de ses compagnons d'exil, les

---

[1] Ce document se trouvait il y a une trentaine d'années à la Bibliothèque nationale, Cabinet des Titres, dossier Bourré, dans l'*Extrait des titres du Plessis-Bourré*, fait par Gaignières. M. Marchegay l'y a copié et nous lui en devons communication.

anciens officiers du royaume. Un jour pourtant devait venir où maître Pierre Doriole, qu'il faisait sortir en 1461 de la chambre des comptes pour laisser place à Jean Bourré, serait par lui mieux apprécié, et deviendrait en même temps que l'un des plus dévoués serviteurs du roi, l'un des meilleurs amis de Bourré.

La chambre des comptes, dont Bourré faisait maintenant partie[1], était principalement chargée de juger, clore et apurer les comptes des financiers; elle connaissait en outre des dons et dépenses ordinaires et extraordinaires du roi, vérifiant et enregistrant les édits et déclarations concernant les lettres d'anoblissement, naturalité, légitimation, dons et pensions, etc...[2]. Les conseillers maîtres étaient chargés de prononcer les jugements. Dans les premières années du règne de Louis XI, ils siégeaient au nombre de huit, dont quatre avaient le

---

[1] « Role des parties et sommes de deniers ordonnées par le roy notre sire estre paiées baillées et délivrées par maistre Nicolas Erlant, conseiller dudit seigneur, trésorier et receveur général de ses finances au pays de Languedoc, sur la somme de V m. V c. XXVI l. t. octroyée et accordée par manière d'espèces par les gens des trois estatz du pays de Languedoc assemblez à Montpellier ces mois de juillet et aoust derrains passez... pour icelle somme de V m. V c. XXVI l. t. estre distribuée aux personnes pour les causes et en la manière qu'il s'ensuit . . . . à maistre Jehan Bourré, conseiller et maistre des comptes du roy notre sire pour plusieurs lectres et autres escriptures qu'il a faites au long de l'année pour les affaires dudit pays, la somme de...... C l. t. » (Mss. fr. 23263.)
La pièce est datée du 10 février 1466.

[2] Cheruel. *Dict. hist. des Institutions*. Voir aussi Michel Lechanteur : *Dissertation sur la Chambre des Comptes*, Paris 1765, in-fol.

titre de « conseillers clers; » les quatre autres portaient celui de « conseillers laiz. » Bourré, comme on l'a vu, par les lettres citées plus haut, prit place parmi les « laiz. » Les charges de conseillers maîtres en la chambre des comptes étaient fort estimées sous le règne de Louis XI; les amis du roi sollicitaient de lui cette faveur pour récompense : Louis, qui n'était pas avare de dons envers ses favoris, augmenta plus d'une fois le nombre des conseillers. Plus d'une fois aussi il changea les titulaires; et les conseillers maîtres des premières années du règne durent céder la place à d'autres plus fidèles ou plus agréables au monarque. Bourré ne connut pas cette disgrâce : il devait rester jusqu'à la mort du roi comme aux premiers jours de son avènement au trône, « conseiller et maistre ordinaire [1]. »

Notaire et secrétaire du roi, contrôleur de la chancellerie royale, contrôleur de la recette générale des finances de Normandie, conseiller maître en la chambre des comptes de Paris : tels étaient les titres qui dès le mois de septembre 1461 s'étaient accumulés sur la tête de Jean Bourré. Des envieux eussent pu croire Bourré trop bien récompensé de ses années d'exil; aux yeux de Louis XI ces beaux offices n'étaient encore ni assez nombreux, ni assez variés, car quelque temps après il y ajouta le gouvernement du château de Langeais [2].

[1] Bibl. nat., Mss. fr. 20430, f° 55.
[2] Bibl. nat., Mss. fr. Titres originaux, dossier Bourré.

Le château de Langeais appartenait à la couronne de France depuis le xiii° siècle. A cette époque, Pierre de Broce qui l'avait fait reconstruire était le ministre favori de Philippe III, fils aîné de saint Louis ; mais en 1278, Pierre de Broce, accusé de trahison, fut jugé à Vincennes et condamné aux fourches publiques ; ses biens confisqués et réunis au domaine royal. Depuis lors, la seigneurie de Langeais avait été administrée par des gouverneurs ou capitaines nommés par le roi de France.

Situé en Touraine, sur les confins du territoire angevin, le château de Langeais était au xv° siècle une place importante pour le roi de France, car elle lui permettait de surveiller et de menacer les provinces de l'Ouest restées féodales, et parmi elles principalement l'Anjou. Si Louis XI songeait déjà à réunir un jour le duché d'Anjou à la couronne de France, le château de Langeais pouvait lui être utile : à coup sûr il serait un poste avantageux, en cas d'une ligue des grands vassaux, pour résister aux troupes venant de la Bretagne et de l'Anjou.

Depuis le xiii° siècle, et surtout pendant la guerre de Cent ans, la citadelle construite par Pierre de Broce avait été plus d'une fois assaillie et endommagée par des troupes ennemies. Pour la remettre en état de défense, Bourré y fit exécuter d'importants travaux. Selon l'auteur d'une notice historique sur Langeais [1], le château actuel serait encore celui

[1] Notice historique et archéologique sur le château de Langeais, par Baron, Paris 1854, in-8°.

qui fut bâti par Pierre de Broce; mais les manuscrits contemporains prouvent qu'il y fut fait au xv° siècle, sur les ordres de Bourré, plus que de simples réparations. Le Mss. du chapitre de Jarzé dit expressément que Bourré fit *construire* de grands et importants châteaux, entr'autres celui de Langeais[1]. En outre nous avons trouvé parmi les papiers de Jean Bourré, conservés à la Bibliothèque Nationale, une lettre que lui adressait Jean Briçonnet, dans laquelle ce dernier lui parle de sa « commission pour faire reconstruire Langeais[2]. » Le magnifique château qu'on admire encore de nos jours sur les bords de la Loire dans un étonnant état de conservation, doit donc, en grande partie, être attribué au secrétaire de Louis XI, qui tout au moins en surveilla et en dirigea la reconstruction[3].

[1] Archives de Maine-et-Loire. Chapitre de Jarzé.
[2] Bibl. nat., Mss. fr. 6602, f° 111.
[3] Bourré ne devait pas longtemps conserver la capitainie de Langeais. Louis XI ne se gênait pas avec son secrétaire; il n'hésitait pas à lui enlever les offices qu'il lui avait une fois donnés, lorsqu'il croyait pouvoir en disposer d'une manière plus avantageuse. En 1466, il accorderait à François d'Orléans, comte de Dunois, le domaine de Langeais, pour garantie de 40,000 écus d'or promis en dot à sa belle-sœur Agnès de Savoie. Bourré, du reste, ne pourrait se plaindre, car le roi lui octroyerait 6,000 écus d'or « en récompense de la capitainie de Langeais dont il a disposé ailleurs à son plaisir. » (Bibl. Nat. Titres originaux, dossier Bourré.)
Louis XI agit de même à l'égard de Bourré pour son office de contrôleur de Normandie.
Sur un compte de dépenses de la recette de Normandie pour l'année commençant le 1er janvier 1481 et finissant le 31 décembre 1482, on voit :
« A maistre Jehan Bourré, conseiller du roy notre d. seigneur et trésorier de France, la somme de IIII c. IV livres tournois qui lui

Jamais roi ne battit en tous sens son royaume comme fit le roi Louis XI. « A peine roi, il prit l'habit de pèlerin, la cape de gros drap gris avec les housseaux de voyage, et il ne les ôta qu'à la mort[1]. » Dans les premières années de son règne, Bourré l'accompagna presque partout; sa vie fut une course continuelle. Il allait ainsi de province en province, entendant sur son passage les cris d'enthousiasme dont on saluait le nouveau roi, recueillant aussi les plaintes et les prières qu'on adressait au monarque.

En 1463, il avait obtenu un congé du roi, et se reposait au pays d'Anjou de ses longues courses, lorsqu'il reçut une lettre de maître Étienne Chevalier, trésorier de France. « Monseigneur, lui disait le trésorier, je me recommande à vous par ma foy du fond du cœur. Le roy a voulu et ordonné que l'amiral [2], vous et moy, alissions devers monseigneur de Bourgogne, et lui portissions II C M. escuz, qui lui sont deuz pour les terres engaigées comme vous scavez... [3] »

---

a esté ordonnée par led. seigneur pour et en récompense de l'office de contrerolleur général des finances de Normandie qu'il souloit tenir et dont led. seigneur a disposé ailleurs à son plaisir; pour ce cy lad. somme de... IIII c. IV livres tournois. » (Mss. fr. 23266.)

Sur le compte de l'année suivante, Bourré est encore porté pour la même somme, toujours en récompense de son office de contrôleur.

[1] Michelet, *Histoire de France*, t. VI, p. 13.
[2] L'amiral Jean de Montauban.
[3] Mss. fr. 20428, fol. 92.

Depuis le traité d'Arras, les villes de la rivière de Somme, Abbeville, Amiens et Saint-Quentin, étaient entre les mains du duc de Bourgogne. Le duc Philippe y tenait comme « au plus beau de son bien [1]. » car elles constituaient pour lui la défense de l'Artois. Mais Louis XI désirait ardemment en recouvrer la possession, car elles assureraient ses frontières du Nord, et deviendraient pour la Picardie le plus sûr rempart. Au reste, le duc Bourguignon n'avait reçu ces villes qu'à titre provisoire, et s'était engagé à les restituer « toutes et quantes fois qu'il plaira au roy et aux siens faire ledit rachapt [2]. » En 1463 Louis XI avait résolu d'user de son droit et chargeait l'amiral de Montauban, maître Étienne Chevalier et Jean Bourré de réunir le payement pour le porter au duc de Bourgogne. La mission était difficile à remplir : Louis XI venait d'acheter le Roussillon, et le trésor était vide. Il fallait réunir quatre cent mille écus. Le duc de Bourgogne s'était bien engagé à recevoir le payement en deux fois, mais il avait aussi promis de ne pas rendre la moindre ville ou terre avant qu'il eût reçu « le dernier denier des quatre cens mille escus [3]. »

En vain, Étienne Chevalier avait-il dit au roi « que il estoit impossible qu'il peut faire payement à mondit seigneur de Bourgogne desdits

---

[1] Michelet, *Histoire de France*, t. VI, p. 45.
[2] Lenglet du Fresnoy, *Mémoires de Commines*. Preuves, t. II, p. 401.
[3] Idem, *ibid*.

deux cens mille escus. » Louis avait répondu qu'il avait confiance en Bourré, qu'il savait bien qu'il ne lui manquerait pas et lui prêterait ce qu'il aurait. Au reste, ils trouveraient des gens qui leur prêteraient. « Et pour abréger, » écrivait Etienne Chevalier, « c'est tout ce que j'en ai peu tirer de luy, et lui semble que lesdits XXXV m. livres d'une part et X m. livres d'autre part se doivent trouver en ung pas d'asne [1]. » Là-dessus, le roi l'avait « despesché tant légièrement et à si petit délibération » qu'à peine avait-il « eu loisir de prendre ses houseaulx [2]. »

Les quatre cent mille écus ne se trouvèrent pas aussi facilement que Louis XI avait semblé le croire : Étienne Chevalier et Bourré durent, comme ils l'avaient prévu, « bien user de leurs cinq sens naturels, » et plus d'une fois, ils eurent à « tirer au collier. » Pour les aider dans leur mission, le roi avait demandé, selon Bazin, aux évêques et aux abbés qu'il croyait possesseurs de quelques biens, à certains particuliers et même à des villes, plusieurs milliers d'écus en prêt [3]. Mais Étienne Chevalier et Jean Bourré durent eux-mêmes aller frapper à bien

---

[1] Bibl. Nat. Mss. fr. 20438, fol. 92. Cette pièce a été imprimée par Lenglet du Fresnoy, t. II, p. 399.

[2] Bibl. Nat. Mss. fr., loco citato.

[3] « A prælatis enim totius regni, tam pontificibus quam abbatibus, qui rem aliquam habere putarentur, missis ad singulos suis epistolis, mutuas pecunias exegit, ab uno mille, ab alio duo millia, plus vel minus prout cujusque facultates subficere putabantur. A civibus etiam locupletioribus et civitatibus, certas summas habere poposcit. » (Th. Bazin, II. 70.)

des portes ; Louis XI leur avait signé des lettres de demande sans adresse, et propres à être utilisées par eux suivant les circonstances :

« De par le Roy,

« Notre aimé et féal pour aucunes choses qui grandement nous touchent et que nous avons tant à cuer que plus ne pourrions, mesmement qu'elles touchent grandement le bien de nous et de notre S⁷ⁿᵉ nous envoyons présentement par delà nos aimés et féaulx conseillers Mᵉˢ Estienne Chevalier et Jehan Bourré ausquelz avons chargé se adresser à vous et vous requerir de par nous que vous veillez prester la somme de troys mil escuz, et vous prions tant affectueusement que pouvons et sur tout le plaisir et service que faire nous désirez et surtout que voulez que soyons contens de vous que nous veillez prester ladite somme et icelle délivrer promptement à nosd. conseillers pour en faire ce que ordonné leur avons et sur ce les oyr et croyre de ce qu'ils vous diront de par nous comme nous mesmes. Donné à Bayonne, le... jour de May [1]. »

Pour augmenter leur recette, Bourré et ses compagnons durent puiser au fond de leur propre bourse : le roi qui semble avoir disposé des richesses de ses compères comme d'une fortune dont il était la cause, n'avait-il pas dit qu'il comptait sur Bourré et sur ses deniers? Malgré cela, la

---

[1] Bibl. Nat. Mss. fr. 20486, f. 38.

somme ne se pouvait parfaire. On fut obligé de prendre un quartier sur la solde des gens de guerre. Le compte n'y était encore pas. A bout d'expédients Louis eut recours aux deniers consignés sur ordre du Parlement et du Châtelet[1]. Suivant Thomas Bazin, le roi, en agissant ainsi, aurait commis un vol, presque un sacrilège. Ayant appris, dit l'évêque de Lisieux[2], que la cathédrale Notre-Dame renfermait des sommes d'argent, déposées sur ordre des cours

[1] *Recueil des Ordonnances*, t. XVI, 20 août 1468. Lenglet du Fresnoy-Commines, t. II, p. 395.

[2] « Cum vero intellexisset in æde sacra, ecclesia scilicet majore Parisiensi, servari deposita ex ordinatione justitiæ curiarum supremarum regni ad magnam auri quantitatem, pro his depositis tollendis Parisios accessit.

Ad quam urbem cum codiversis regni provinciis prælati concurrerent, ad quos rex epistolas direxerat quatenus illuc summas ab ipsis petitas vel deferrent, vel transmitterent, æsmitabat vulgus aliquod magnum parlamentum, seu concilium, pro ordinando regni statu in meliorem formam, per regem debere celebrari ac teneri. Sed qualis exstitit sui adventus intentio, paulo post ipse declaravit manifestumque fecit. Nam cum per dies plurimos, per villas, sylvis propinquiores, diversa accepisset hospitia cum suis venatoribus sylvas venando a mane usque ad vesperam collustrans, quasi ad nihil aliud cogitare deberet, urbem postea est ingressus. In qua duos aut tres, aut plures dies commoratus, explorans quanam via commodiore aurum hujusmodi, pro viduis, pupillis, litigatoribus aliisque variis causis, apud ædem sacram publice depositum, iț se tolleret, eo tandem sublato, ad suas iterum venationes (quibus supra modum ac mensuram deditus erat), est ingressus.

Fuerant quidem nonnulli de curia Parlamenti et aliqui ecclesiastici prælati, qui ab illa depositarum ablatione eum retrahere bonis et salubribus monitionibus conarentur. Quos ita parvo æstimavit ut nihil prorsus, nisi de sua exsequenda cupiditate, curare videretur. An vero postmodum eamdem summam restituerit; nobis non satis est compertum. Hoc scimus quod, licet a quibus mutua conoscebat, eadem legaliter eis reddere polliceretur, quibusdam tamen nihil, aliis vero cum diminutione et fœnore everso fuisse restituta. » (Th. Bazin, t. II, p. 70-71.)

souveraines, le roi, désireux de s'en emparer, se serait dirigé vers Paris. Dissimulant ses projets, il aurait pendant plusieurs jours chassé du matin au soir dans les forêts voisines. Puis, il serait soudain entré dans la capitale, aurait enlevé les dépôts de l'Église métropolitaine, et serait retourné à ses chasses. D'après Michelet, le roi n'aurait guère été plus délicat [1].

Or Louis XI agit tout autrement : Il ordonna au chancelier, au président de la chambre des comptes et à quelques autres magistrats puissants de se transporter au Parlement, puis dans les autres cours, et d'y demander qu'on l'autorisât à prendre ces sommes, en promettant pour leur restitution « toute telle seureté qu'il semblera à icelle nostre cour estre à faire et convenable en ceste partie [2]. »

---

[1] « Il ordonna à ses trésoriers de trouver l'argent, disant que sur une telle affaire on prêterait sans difficulté ; s'il manquait quelque chose, il semblait qu'on dut le trouver en un pas d'âne. Ce pas, c'était d'aller à Notre-Dame, d'en fouiller les caveaux, d'en tirer les dépôts de confiance que l'on faisait au Parlement et qu'il déposait lui-même sous l'autel, à côté des morts. »
(Michelet, *Histoire de France*, t. VI, p. 46.)

[2] « Vous mandons..... que vous vous transportiez en nostre cour de Parlement, et illec, toutes les chambres d'icelle assemblées, remontriez nosdictes nécessités et affaires, et les grans désir et affection que avons de recouvrer lesdites terres ; et qu'à ce ne pourions fournir sans prendre lesdictes sommes consignées et déposées, tant ès mains du greffier de ladite cour, que d'autres personnes; et les exhortiez que..... ilz veuillent consentir que icelles sommes..... nous soient baillées et délivrées, en leur offrant de par nous, pour la restitution d'icelles et de les remettre ès mains et lieux où elles sont de présent, toute telle seureté qu'il semblera à icelle nostre cour estre à faire et convenable en ceste partie. » Commission donnée par Louis XI, le 25 août 1462. (Lenglet du Fresnoy, Commines, t. II, p. 395.)

Afin de mieux convaincre les cours souveraines de son « *très-grand et bon vouloir de bien et loyaument et entièrement restituer,* » les sommes qu'on lui prêterait; Louis XI alla même jusqu'à engager comme garantie « sa parole de roi[1]. » Le Parlement eut confiance, et permit l'emploi des deniers confiés en dépôt à sa garde. Par ce moyen, la somme due se trouva enfin complète, et le roi put l'envoyer, sous bonne garde, au duc de Bourgogne : le 12 septembre 1463, à Hesdin, le duc Philippe donnait quittance d'un premier versement de 200 mille écus; le second eut lieu le 8 octobre, et les terres engagées furent rendues au roi de France, le premier novembre suivant[2]. Étienne Chevalier et Jean

---

[1] *Ordonnances des Rois*, t. XVI, p. 56. Dans les lettres données le 25 juin, Louis s'exprime ainsi :

« Scavoir faisons que, afin que un chascun soit acertonné et assuré du très grand et bon vouloir que nous avons de bien et loyaument et entièrement restituer et rendre tous lesditz depostz, promectons par ces présentes, et en parolle de Roy, toutes les sommes et depostz ainsi consignez en nostre court de parlement et de par icelle..... rendre, restituer et remettre ès mains et ès lieulx dont sont yssuz et esté baillez, des premiers deniers qui seront receuz par ledit Colombel des deniers qui viendront et ystront des assignations que avons faictes et ferons pour la restitution desditz despotz et avant tous autres emprunts et despotz..... »

[2] *Ordonn. des Rois*, t. XVI, p. 57, note.
La remise des terres engagées eut lieu le 1er novembre 1463. Les commissaires délégués par le roi à la réception étaient : Pierre de Morvillier, chancelier de France; Bertrand de Beauvais, président de la chambre des comptes; Guillaume Jouvenel des Ursins; Charles de Melun, bailli de Sens; Pierre Berat, trésorier de France; Etienne Chevalier, aussi trésorier de France. (Lenglet du Fresnoy, p. 394 et 395.)

Bourré avaient contribué à rassembler « la rançon de la France [1]. »

Aucune des fonctions financières dont Bourré portait le titre en 1463, ni la charge de contrôleur au pays de Normandie, ni celle de conseiller en la chambre des comptes, ne le désignait pour remplir la mission précédemment rapportée : il commençait ainsi, en dehors des attributions propres à ses offices, une carrière toute spéciale dans les affaires financières du royaume ; il devenait un de ces agents employés par Louis XI, qui, suivant les divers besoins, et sans titre officiel répondant à leurs missions, s'occupaient des plus grands intérêts du monarque. M. Quicherat a mentionné un comité des finances, travaillant sous la direction de Louis XI, l'accompagnant souvent dans ses voyages et s'occupant de l'examen comme de l'expédition des affaires financières portées directement au roi [2]. Bourré sans doute faisait partie de ce comité, car il résulte de documents conservés aux archives municipales d'Amboise que, dès l'année 1463 (v. s.), Bourré avait compétence pour régler, même en Touraine, des questions relatives à la taille. Les habitants d'Amboise, désirant être déchargés d'une somme de 520 livres, inscrite à leur charge pour l'année 1461, avaient recours à lui. Le capitaine d'Amboise, M. de Baugy, et le conseil de ville lui

---

[1] Michelet. *Histoire de France*, t. VI, p. 46.
[2] Bibliothèque de l'École des Chartes, 4e série, 1er vol.

écrivaient deux lettres à ce sujet, adjoignant même à leurs missives « quatre traverciers de vin du meilleur qu'on pourra trouver pour ladite cause [1]. » En 1464, les habitants de cette même ville, désirant voir diminuer les impositions qui pesaient sur eux, faisaient porter à Bourré « troys charrestées de foing... ad ce qu'il voulsist toujours avoir le fait de ladicte ville pour recommandé et pour nous estre aidant à avoir l'apetissement de la ville [2]. » Leur requête et leurs dons ne furent point inutiles ; et, quelque temps après, le conseil de ville apprenant que les femmes de Jean Bourré et de Guillaume de Varie venaient à Amboise, délibérait sur les présents à leur offrir, « actendu que leurs ditz mariz se sont employez pour le fait de la ville, touchant la franchise des tailles et aultres choses [3]. »

Tandis que Bourré prenait ainsi chaque jour une nouvelle influence, et augmentait ses richesses de manière à exciter l'envie, les affaires du roi, son maître, allaient en tout point de plus en plus mal. Pour acquérir le Roussillon et recouvrer la possession des villes de la Somme, Louis XI avait été contraint de lever de lourdes impositions qui avaient mécontenté le peuple. Dès la première année du règne, deux révoltes, à Rouen et à Angers [4], avaient

[1] Arch. communales d'Amboise. BB. I, fol. 13.
[2] Arch. comm. d'Amboise. CC, 84, fol. 19.
[3] Arch. comm. d'Amboise, BB. I, fol. 14.
[4] *Revue de l'Anjou et du Maine*, manuscrit de Guillaume Oudin, t. 1, première livraison, p. 2.
« La Tricquocterie fut faite en la ville d'Angers les premier,

éclaté contre des officiers de finance. Les villes révoltées s'étaient bientôt soumises, mais elles n'en payaient pas moins à regret les nouveaux impôts, et peu à peu une hostilité muette contre le nouveau gouvernement s'étendit par tout le royaume. La noblesse, adversaire directe de la royauté au xv° siècle, inquiète et jalouse d'un pouvoir qui menaçait de la détruire, aspirait à secouer le joug de l'autorité royale et à ressaisir sa vieille indépendance. Pour réduire à l'impuissance les tentatives des seigneurs féodaux, et ruiner sans retour leurs ambitions, Louis XI devait, sans distinction de classe, appuyer son pouvoir naissant sur tous ceux qui étaient prêts à servir la royauté ; mais il commit la faute grave de destituer, à son avènement, les principaux officiers de l'ancien règne : politique maladroite dans un nouveau gouvernement, bien propre à le priver de loyaux services, et à doubler le nombre de ses adversaires. Aussi fut-il facile aux ducs de

---

second et tiers jours de septembre l'an 1461. C'est à scavoir que le pauvre peuple de la ditte ville, fauxbourgs et champs, s'esleva et soy rebella contre les officiers de notre sire le roy pour ce que les receveurs qui estoient venus ex-mandements de par le roy notre sire pour payer les tailles, impositions, appetissages, et quyets dont ledit pauvre peuple disait qu'il n'en pouvait plus, et de fait ledit peuple alloit en communité, par lesdits trois jours, de maison en maison, chez les officiers du roy et ès-maisons des bourgeois, prestres et autres, et desrompoient et desgastoient tout ce qu'ils trouvoient, et en emportoient les biens des bonnes maisons, portant avec eux tricquots et austres bastons y nuisibles, et en tuèrent plusieurs à mort; mais, bien petit de temps après, plusieurs en furent bien punis pour ledit forfait, car les uns furent noyez, les autres descollez, bras et jambes couppez, et les corps mis au gibet et en la rivière. »

Bourgogne et de Bretagne de réunir un grand nombre de partisans dans une ligue organisée contre le roi sous prétexte de bien public.

Par bonheur, Louis était habile « pour soy tirer d'ung mauvais pas », et il avait parmi les serviteurs auxquels il donnait sa confiance, des gens d'un entier dévouement. Bourré était au nombre de ces dévoués compères, et pour aider le roi à triompher de ses ennemis, il ne ménagea point sa peine. Pendant tout le temps que Louis XI fut en danger il ne le quitta pas : les lettres qu'il signa nous permettent de le suivre, et toujours on le voit aux côtés du roi. Il remplissait alors au conseil royal, la charge de greffier audiencier [1], ce qui l'initiait à toutes les intrigues et le mettait au courant de tous les évènements politiques. Sans cesse, il fallait envoyer messages et courriers pour raffermir la fidélité ébranlée des uns et diriger le dévouement des autres ; donner des instructions aux capitaines ; réclamer des grandes villes amitié et loyauté. Un agenda de Bourré, conservé à la Bibliothèque nationale, donne bien l'idée de ses occupations multiples.

« Mes lettres au conseil de Dijon pour les marchans de Tours que le sire de Conches a prins ;

« *Item*, mes lettres à Mons. le mareschal Jouachim, à Mons. le chancelier, à Mons. de Torcy, [à Mons.] le bailli de Vermandoys.

[1] Documents historiques inédits. Mélanges, t. II. Lettres mémoires relatifs à la guerre du Bien-Public, publiés par M. Quicherat.

« *Item*, à Mons. de Nevers, au bailli de Sens, Balue, maistre Étienne [Chevalier]; Mons. de Treguel; Colinet de Louviers; Mons de la Mote.

« *Item* à Mons. du Maine, à Mons. le grant seneschal, au roy de Secille;

« *Item*, à maistre Loys Toustain pour aller devers Mons. de Croy;

« *Item*, François de Tiersan pour le Dauphiné, et maistre Guillaume Picart avec lui.

« *Item* escripre à Madame la grant seneschalle;

« *Item* à Olivier Guerin, pour les cappitaines qui sont en frontière contre Bretaigne;

« *Item*, mes lettres à la ville de Paris, et unes à la ville de Rouen;

« *Item* à ceulx de Lyon;

« *Item* unes lettres à Michelet Juvenel et à ceulx de Troyes;

« *Item* unes lettres à l'evesque de Langres et à ceulx de la ville;

« *Item* à Laon;

Item aux villes désengaigées de Picardie;

« *Item* mectre à la ville de Lyon, de Paris, de Rouen, et Bordeaulx et ceulx semblables « nos loyaulx subgectz », et les villes désengaigées « et amys [1]. »

Bourré n'était pas seulement chargé de rédiger

---

[1] Gaign. 374, fol. 9, publié par M. Quicherat, dans les *Documents inédits de l'Histoire de France*. Mélanges, t. II, page 203, sous ce titre : « Agenda de Jean Bourré, greffier audiencier du grand conseil. Mars, 1465. »

ces nombreuses missives, et de régler les détails de cette importante correspondance, il devait encore veiller à ce que le roi ne manquât pas d'argent. A cette époque, encore plus qu'à toute autre, le trésor royal était fort pauvre; la guerre augmentait les dépenses, et comme une partie du royaume était au pouvoir des princes ligués, les recettes étaient bien réduites. Pour fournir de l'argent, Bourré devait emprunter; et comme le roi n'avait d'autre garantie à donner aux prêteurs qu'une promesse de restitution fort aléatoire, son secrétaire s'obligeait personnellement à rembourser la somme empruntée [1].

Le 5 septembre, le traité de Conflans, puis, quelques jours plus tard, celui de Saint-Maur, terminaient enfin cette guerre : la ligue du Bien Public dont les prétentions ne semblaient d'abord viser que l'intérêt général du royaume, aboutissait pour la noblesse à un partage de pensions et de bénéfices; pour le peuple, à une augmentation d'impôts; pour la royauté, à la perte de villes importantes et d'une belle province. Ceux qui avaient été dans cette guerre à la peine et à l'honneur, n'avaient rien à gagner dans ces traités; Bourré y perdit son office de contrôleur des finances. En donnant le duché de Normandie en apanage à son frère, Louis lui avait cédé « tous les proffitz, revenus et esmolluments ordinaires et extraordinaires dudit duché, tant en greniers, gabelles que aydes,

---

[1] Mss. fr. 6603, fol. 53, v°

impositions, tailles... ¹ » avec droit de nommer les officiers qui lui conviendraient pour percevoir ces revenus : Charles de Guyenne n'avait garde de conserver parmi les officiers de finances de son nouveau duché, le fidèle secrétaire de son frère. Aussi voyons-nous figurer dans les comptes de la recette de Normandie au nom et place de Jean Bourré, comme contrôleur des finances pour les mois d'octobre, novembre, décembre 1465, « Jehan du Bec, secrétaire de monseigneur le duc de Guyenne ². »

Mais, au mois de novembre de la même année, Louis XI, reconnaissant des services rendus, donna à Bourré une insigne récompense, il l'anoblit ³.

---

¹ *Ordonnances des Rois.*
² Bibl. Nat. Mss. fr. 23262.
Louis XI avait signé le traité de Conflans, contraint par la force : son engagement était nul. D'ailleurs la France ne pouvait ratifier un semblable abandon; les nations, pas plus que les individus n'ont le droit de se suicider. Or, c'était un vrai suicide, a dit M. Michelet, que d'abandonner à un duc indépendant la belle et riche province de Normandie. A peine libre, Louis XI déchira le traité et remit le duché en ses mains. Bourré recouvra alors son office de contrôleur.
³ « Nobilitatio pro magistro Johanne Bourre. — Ludovicus, dei gratia francorum rex..... notum igitur facimus universis presentibus et futuris quod nos actendentes magna, continuaque et grata servitia a longo tempore citra per dilectum et fidelem consiliarum nostrum, magistrum compotorum nostrorum, magistrum Johannem Bourre nobis facta et impensa et que cothidie in nostris arduis negotiis facere non defuit neque cessat, ac etiam vitam laudabilem morum honestam fidelitatemque et alia quam plurium virtutum meritaque in dicto consiliario nostro novimus suffragari, proquibus non immerito gratum apud nos se reddidit et acceptum, nos personam et prolem... honorare volentes..., etc.
« Datum Parisiis in mense novembris, anno domini millesimo CCCC^{mo} LXV et regni nostri quinto. » (Arch. Nat. JJ. 194, n° 103. fol. 56 v°.)

Les lettres d'anoblissement rappelaient les
« grands, continuels et agréables services que nous
a faits et rendus depuis longtemps déjà notre aimé
et féal conseiller, maître de nos comptes, maître
Jehan Bourré, lesquels il n'a cessé et ne cesse de
nous faire chaque jour dans nos difficiles affaires;
et aussi sa vie louable, l'honnêteté de ses mœurs,
sa fidélité et autres très nombreux mérites et vertus
que nous savons réunis en notre dit conseiller, et
qui nous l'ont à juste titre rendu cher et
agréable. »

Jean Bourré n'avait point gagné ses lettres de
noblesse par de hardis ou courageux faits d'armes;
je ne sais même pas s'il avait jamais tiré l'épée.
Mais alors que les grands seigneurs du royaume
trahissaient sans honte la royauté, lui, fils d'un
bourgeois, avait montré envers son roi l'honneur
et la fidélité d'un vrai gentilhomme : n'était-ce pas
assez mériter la noblesse?

CHAPITRE III

LES MISSIONS DE JEAN BOURRÉ

Bourré est envoyé en Anjou pour faire lever le ban et l'arrière-ban contre le duc de Bretagne. Instructions qu'il reçoit du roi à ce sujet. — Il est chargé de fournir la solde aux troupes royales. Difficultés et dangers de cet emploi; sévérité de Louis XI pour le bon entretien de ses armées; exigence des gens d'armes. — Pendant la guerre et les négociations qui la terminent Bourré sert d'intermédiaire entre le roi et ses capitaines. — Conduite de Bourré pendant que le roi est à Péronne. Son effroi d'aller à Liège — Compte rendu de l'entrevue de Péronne d'après une lettre écrite à Bourré par un des témoins. — Bourré reçoit le serment du duc de Guyenne sur la vraie croix de Saint-Laud. — Il assiste à la réconciliation du roi et de son frère au Puy-Reveau. — Institution de l'Ordre de Saint-Michel. — Bourré en est nommé trésorier. — Le comte de Warwick, fugitif, arrive en Normandie chargé de prises faites sur les Bourguignons. — Bourré et le sire de Concressault vont le recevoir et lui fournissent de l'argent. En même temps Bourré offre au nom du roi restitution aux Bourguignons pour ce que Warwick leur a pris. — Long séjour du comte anglais en Normandie; ses dépenses; embarras de Bourré; sa correspondance avec le roi. — Départ de Warwick.

Enhardis par le premier succès de la guerre du Bien-Public, qui leur avait valu des seigneuries et des pensions, les grands vassaux ne tardèrent pas à conspirer de nouveau contre Louis XI. Le frère du roi, Charles, privé du duché de Normandie, réclamait un apanage; les ducs de Bretagne et d'Alençon le soutenaient ouvertement. Charles-le-

Téméraire, occupé à réprimer les révoltes de ses sujets, ne pouvait envoyer son armée, mais adhérait de tout cœur à la ligue.

Dès le commencement de l'année 1467, le roi se préparait à la guerre, et le 15 mars il écrivait de Blois à Bourré : « Monsieur du Plessis-Bourré pour ce que j'entens partir d'ici après Pasques, pour tirer là où mon affaire le requerra, je vous prie que vous mettez ordre en vos affaires, et vous veniez monté et armé, et en estat de me servir à la guerre en la ville d'Orléans le 10° jour d'avril prochain venant, et n'y veuillez faire faulte [1]. »

Au mois de novembre les troupes bretonnes, conduites par le duc d'Alençon, se jetèrent sur la basse Normandie, et Louis XI envoya contre elles le maréchal de Lohéac. La guerre fut d'abord vigoureusement menée, mais bientôt les négociations succédèrent aux combats. Les premiers mois de l'année 1468 se passèrent à conclure des trèves et à les renouveler.

Le 21 juillet, Guiot Pot revenait de Bourgogne à la cour, apportant une prolongation jusqu'au 3 août. Cette trève devait être soumise à François II, mais Louis ne savait pas si ce prince l'accepterait. Il pensait même qu'elle serait refusée, car le duc venait, avec Charles de Valois, de quitter Nantes et de se transporter à Rennes, comme pour reprendre les hostilités. Afin de pouvoir, au premier moment, envahir la Bretagne, Louis envoya

---

[1] Bibl. Nat., Mss. fr. 6973, fol. 183.

Bourré en Anjou, lui donnant les instructions suivantes [1] :

« Instructions et mémoire à Bourré, conseiller et maistre des comptes du Roy de ce qu'il a à faire et dire de par le Roy, en Anjou où icellui seigneur l'envoie :

Premièrement baillera à mons. de Sicille, à mons. le marquis du Pont, et à Mss. de Creil, de Craon, de la Forest, de Crussol, les lectres que le roi leur escript.

Item leur dira comment le Roy a sceu que mons. Charles son frère et le duc de Bretagne sont partis de Nantes pour tirer à Rennes et de là en Normandie comme on dit.

Item leur dira que s'ils fussent entrez en Bretaigne incontinent le XV de ce moys de juillet passé que faillit la derrenière trève mond. seigneur Charles ne le duc ne fussent point partiz de Nantes et s'atendoit le Roy que ainsi le deussent faire.

Item leur dira que ce n'est pas signe qu'ils veullent tenir la trève que présentement Guiot Pot a apportée puiz qu'ils tirent esdites marches de Normandie, et pour ce fera que incontinent et à la plus grant diligence que possible leur sera ils avancent tout le ban et arrière ban de Saintonge, Poitou, Touraine, Anjou et le Maine, aussi les francs-archers de Mess. Pierre Comberel et tout ce qu'ilz pourront finer de gens. Et qu'ils se mectent en Bre-

---

[1] Gaign., 306, Mss. fr. 20,430, f. 33, 21 juillet 1468.

taigne et y facent la guerre le plus à force qu'ilz pourront tant par siéges ou places légères à prandre et autrement ainsi qu'ilz verront et congnoistront que seurement faire se devra et qu'ilz y facent si bien la besongne qu'ilz donnent à petit à mond. sieur Charles et aud. duc de Bretaigne de retourner et qu'ilz ne cessent pour chose qui adviengne, si non qu'il leur appareust clerement et bien au vray que icellui mond. Charles et le duc eussent accepté icelle trève apportée par led. Guiot Pot.

Et pour ce que lad. trève ne dure que pour tout ce mois dont nous n'avons plus que huit jours entiers, et qu'il est à croire que jamais ou mieulx venir ils n'auront nouvelles s'ils l'auront acceptée ou non, qu'il ne soit la fin d'icelle ou au moins bien près, leur dira que de l'eure qu'ils auront nouvelles certaines par Guienne, lequel le Roy a envoyé avec Toyson d'or, qui est alé notiffier icelle trève en Bretaigne de par mons. de Bourgoigne qu'ilz la auront acceptée, si icelle trève dure encores à l'eure qu'ilz en seront certiffiez par icellui Guienne, qu'ilz la tiennent et cessent tous exploits de guerre durant icelle, sans toutes voies faire retirer leurs gens car ils n'en sauroient avoir si tost nouvelles quelle sceut durer un jour ou deux après icelles nouvelles eues et que incontinent cette dite trève faillie, ilz poursuivent leur entreprise et facent la guerre ainsi que Dieu leur conseillera jusques à ce qu'il leur apparesse d'autre prolongement de trève et qu'ilz aient autres nouvelles du Roy.

Et en tout et partout sera ledit Bourré tendant à la fin du Roy et aussi à la distribution de l'argent le mieulx qu'il lui sera possible et advertira le Roy souvent de ce qu'il surviendra. Fait à Compiengne, le 21 jour de l'an 1468.

Loys, DE LA LOERE. »

Ces instructions furent rédigées le 21 juillet; quelques jours après, Bourré quittait le roi à Senlis et se rendait en Anjou. Le ban et arrière-ban fut crié dans toute la province, et dans les pays environnants. De tous côtés, des armées furent levées, équipées, et se dirigèrent vers la Bretagne. Mais la mission de Bourré ne s'arrêtait point là. Les troupes étaient armées et prêtes à combattre : il fallait pourvoir à leur entretien, à leur solde, et Bourré avait été chargé de leur distribuer l'argent. Au XVe siècle, et surtout sous le règne de Louis XI, la charge de payer les gens d'armes était pleine de difficultés et de dangers. Pour tout ce qui regardait les troupes, plus encore que pour tout le reste, Louis XI était un maître difficile à contenter : il faisait surveiller avec soin ses capitaines et ne pouvait souffrir que leurs compagnies fussent incomplètes[1]. Sa sévérité était plus grande encore envers

---

[1] Voici une lettre qu'il écrivit à l'un d'eux :

« Poncet, je suis adverti pour vray que vous n'avez pas tout le nombre de voz gens, qui est à vous une bien grant faulte, s'il est ainsi, car vous savez que je paye le nombre entier et seroye grandement desceu, et pour ce gardez sur peine d'estre déposé de la charge que vous avez que s'il vous en fault aucuns que

ceux qui devaient faire les payements : « Et si voulait que ses gens d'armes fussent bien payez de leurs stipendies, sans y faillir par ses trésoriers sur peine de la corde [1]. » Les gens d'armes eux-mêmes ne se montraient pas moins exigeants pour l'exactitude de leur paye; presque toujours ils voulaient la recevoir d'avance, et refusaient de marcher, si la distribution tardait trop.

A peine les troupes pour la guerre de Bretagne étaient-elles rassemblées que Bourré fut aux prises avec les difficultés dont nous venons de parler. Les gens d'armes de l'arrière-ban de Poitou et de Saintonge, sous la conduite du marquis de Penthièvre et du seigneur de la Forest, se rendaient au siège de Champtocé. Le 17 août, ils étaient arrivés aux Ponts-de-Cé, lorsqu'ils refusèrent d'aller plus loin, « sinon qu'ilz fussent payez d'un mois et qu'on les assurat de l'advenir. » Or, le roi avait donné à Bourré l'ordre de ne faire le payement que pour huit jours. Pour les ramener au devoir, le seigneur de la Forest se rendit vers eux; mais ils « se montrèrent si déraisonnables qu'oncque homme ne fut

---

vous les y mectez, car vous estes ou pays où vous pourrez trouver bons personnalges tant hommes d'armes que archers et en ce ne faictes faulte. Car je vous asseure que si je scay qu'il en faille ung à vous ne à aultre cappitaine que jamaiz il ne me servira en ceste charge. Si y pourvoiez par telle manière qu'il ne faille point que autre y mecte de remède que vous. Car vous ne me sauriez faire chose dont je feusse si desplaisant, comme de ceste cy. Donné à Montluçon, le XXVI° jour de may. »

(Bibl. Nat., Mss. fr. 20,485, fol. 20.)

[1] Jean Bouchet, p. 290. — Bibl. Nat., Mss. fr. 6975, fol. 23.

en plus grand danger que fut monsieur de la Forest. » Enfin, grâce à l'intervention de MM. de Bressuire et de Penthièvre, les troupes consentirent à continuer leur route. Bourré, connaissant ces dispositions des soldats, s'acquittait de sa mission avec une grande prudence. Porteur des deniers royaux, il avait de justes motifs pour craindre le voisinage des gens d'armes, et il évitait, autant qu'il lui était possible, de se trouver près d'eux. Mais parfois les capitaines jugeaient sa présence nécessaire; ils le priaient de venir, tout en prenant bien soin de le rassurer sur les dispositions des troupes. Le sire de la Forest lui parlant de sa « venue par delà, » ajoutait : « et ne sont pas maintenant nos gens si esmeuz qu'ils souloient; par quoy pourrez plus seurement venir [1]. » Quelque temps après, le sire de Crussol, l'appelant près de lui pour distribuer la solde aux gens d'armes, lui disait : « Je croy que vous viendres, ainsi qu'il fust hier conclus, et seres homme de guerre; et n'ayies peur de rien, car au plaisir de Dieu nous vous garderons bien [2]. »

Les instructions que Louis XI avait données à Bourré, en l'envoyant en Anjou, se terminaient par ces mots : « Et advertira le roy souvent de ce qu'il surviendra. » Louis XI, qui désirait connaître tout ce qui se passait en son royaume, envoyait

---

[1] Bibl. Nat., Mss. fr. 20488, fol. 29.
[2] Bibl. Nat., Mss. fr. 20488, fol. 9.

toujours sur le théâtre d'événements importants un de ses compères, pour surveiller à sa place, et le tenir au courant de toutes choses. Ainsi dans l'ancienne Grèce, le Sénat de Sparte envoyait les éphores pour surveiller les rois; ainsi la Convention devait plus tard placer auprès des généraux ses terribles commissaires. Dans cette guerre de Bretagne, Bourré ne fut pas seulement un comptable, chargé de donner aux troupes leur solde, ou, comme nous dirions de nos jours, un trésorier militaire; il joua le rôle d'intermédiaire entre le roi et ses capitaines. Lorsqu'il avait été témoin lui-même des événements, il informait le roi de ce qui avait eu lieu; était-il absent, les sires de Crussol ou de Beaumont lui transmettaient des nouvelles. De son côté, le roi instruisait Bourré de ce qu'il faisait, lui envoyant même le double des lettres qu'il écrivait à ses capitaines [1]. Lorsque le duc de Bretagne, effrayé par les succès des troupes royales qui avaient pris Champtocé et Ancenis, délégua son chancelier Chauvin, pour parler de la paix, Bourré, sans prendre une part directe au traité, servit le roi pour les négociations. Il fut chargé de faire et de signer, au nom du roi absent, toutes les lettres dont aurait besoin le duc de Calabre, commis par Louis XI à conclure la paix [2]. Le 22 août une trêve était signée

---

[1] Bibl. Nat., Mss. 20488, fol. 9.
[2] « Bourré, j'envoye par delà Monsieur de Calabre pour les causes que verrez par le double que je vous envoye cy enclos des lettres que j'escrips à Monsieur de la Forest, Monsieur de

à Châteaubriand; et, le 10 septembre, le traité d'Ancenis terminait la guerre de Bretagne [1].

La paix restait à faire avec le duc de Bourgogne. Louis XI crut qu'il obtiendrait davantage en discutant lui-même les conditions du traité avec Charles-le-Téméraire, et, muni d'un sauf-conduit signé de la main du duc, il se rendit à Péronne. Bourré ne l'accompagna pas dans ce voyage. Sans doute il était au nombre des conseillers du roi qui n'approuvaient pas la hardiesse de leur maître; à tout le moins devait-il attendre avec anxiété la nouvelle de ce qui se passait dans la vieille tour de Charles le Simple, où déjà un comte de Vermandois avait fait mourir un roi de France. Aussi fut-il fort joyeux de recevoir une lettre écrite, dès le 13 octobre, par maître Jehan Reilhac :

« Monsieur le controlleur, je vous certiffie que j'ay ce matin esté présent que mons. de Bourgogne et le roy, sur la croix de Saint-Charlemagne, tous deux ont juré la paix et en très bonne et honneste façon et en bon vouloir comme il me semble [2]. »
Mais sa joie dut bientôt disparaître et faire place à

Craon, Monsieur de Bueil et le sénéchal du Poitou. J'ay baillé à mondict sieur de Calabre, un pouvoir pour besongner ès matières avec un blanc pour faire un autre pouvoir s'il en est besoing, lequel blanc vous emplires ainsi que par mondit sieur de Calabre sera advisé et se ils ont à besongner de lettres closes de moy ou de blancs signez pour en faire, fournissez les en, et me faictes souvent savoir des nouvelles. Donné à Senlis, le XXI° jour d'aoust 1468. »
(Bibl. Nat., Mss. fr. 6975, fol. 49.)
[1] Bibl. Nat., Mss. fr. 6961, fol. 35..
[2] Bibl. Nat., Mss. fr 6975, fol. 263.

une nouvelle inquiétude, lorsqu'il lut à la suite :
« Le roy s'en va demain avec mons. de Bourgogne
en Liège, et y va de très bon cueur, et incontinent
qu'il y ara apparence que mons. de Liège soit las-
ché, qui est prisonnier, le roy s'en retournera et
par ce que je puis entendre ny a nul doubte en sa
personne. Demain à Bapaumes, et de là en Liège.
Au regard de vous sur mon âme, je ne vous conseille y venir. Je vous feray savoir des nouvelles
plus à plain et sur ce vous dy à Dieu. Escript à Péronne, ce vendredy XIII d'octobre. Vostre serviteur,
Reilhac [1]. »

Ainsi le roi s'en allait à Liège ! Lui qui avait
excité les Liégeois à se révolter contre le duc, il
irait assister, prendre part à la répression de leur
révolte ! Peut-être réclamerait-il son secrétaire
Bourré, pour l'emmener avec lui devant cette ville
de Liège ! Bourré avait une peur terrible de « s'en
aller au Liège. » On peut s'en convaincre par cette
curieuse lettre, écrite à monsieur du Plessis, le 16
octobre, en réponse à l'une des siennes :

« Monsieur Duplessiez, je me recommande à vous
tant comme je puis. J'ay reçu vos lettres, et en
effet touchant ce que m'escripvez que feisse envers
le roy qu'il ne vous mandasse point venir devers
luy, je luy dit au soir ces paroles à son retraict, et
n'y avoit présens que mons. de Craon, Jehan Daunay,
Navarroy et le Barbier. — Sire, mons. Duplessiez

---

[1] Bibl. Nat., Mss. fr. 6975, fol. 263.

m'a envoyé un homme, m'a rescript comment il avoit entendu que vous en aliez au Liège, dont il est en la plus grant perplexité que fut oncques pour ce homme; toutesfois, sire, il ne vous vouldroit faillir de corps ne de biens, et dit que si vous en avez nécessairement à besongner et deust-il mourir se viendroit-il, mais il set de vray que s'il vient que il est mort, et pour ce, sire, si vostre bon plaisir estoit qu'il vous alast atendre à Meaulx ou à Paris, il le feroit très voulentiers, et s'il vous plaisoit luy donner quelque charge, il le feroit très diligemment. — Le roy fut bien content de vous et dit qu'il veoit bien que s'il vous mandoit, vous vendriez et fust-il au bout du monde; mais que s'il vous mandoit vous mourriez de paour en chemin, et pour ce, que vous allessiez attendre à Paris ou à Meaulx, où mieulx vous sembleroit, et que incontinent que sarez qu'il sera à Meaulx, si vous ny estes, que y venez [1]. »

Quelle raison avait donc Bourré de tant craindre? Pourquoi, si le roi lui eût demandé de l'accompagner, serait-il mort de peur en route? Pourquoi encore Reilhac, en lui annonçant que le roi marchait contre les Liégeois, ajoutait-il : « Au regard de vous, sur mon âme, je ne vous conseille y venir »? Peut-être Bourré avait-il, quelques mois plus tôt, porté à Liège, au nom du roi, des excitations à la révolte, et des promesses de secours [2]; et

---

[1] Bibl. Nat., Mss. fr. 6975, folio 272.
[2] « Le roy, en venant à Péronne, ne s'estoit point advisé qu'il

redoutait-il que les Liégeois, en le retrouvant dans le camp des Bourguignons, ne lui fissent un mauvais parti. Toutefois, ce n'est qu'une conjecture, et nous devons dire qu'aucun document ne permet de l'établir.

La scène de Péronne a été diversement racontée par les historiens : en voici le récit véritable, tel qu'un des compères du roi l'écrivait à Bourré, le 16 octobre 1468 : « Je vous assure que jusques vendredy environ deux heures, le roy faisoit très piteuse chère, et avoit grant paour d'estre aresté, et si avoit toute la compagnie. Car mons. de Bourgogne vint environ neuf heures du matin devers luy et luy dist qu'il l'avoit trompé et l'avoit amusé là; et cependant avoit fait tuer mons. du Liège et ses gens, et que incontinent qu'il partiroit pour aler au Liège, ses gens estoient touz pressez pour lui donner à la queue. A quoy le roy respondit saigement sans s'effrayer, et luy dit qu'on avoit menti et que pour riens il ne le vouldroit avoir faict faire et que, s'il le vouloit bien assurer en jurant la paix finalle, qu'il l'y iroit en personne à l'encontre des Liégeois pour luy donner à cognoistre qu'il n'estoit pas ainsy qu'on luy auroit rapporté. Mons. de Bourgogne l'accorda très voulentiers et fut la paix jurée d'une part et d'autre sur la vraie Croix, et sur ce point s'en vinrent au Liège [1]. »

avoit envoyé deux ambassadeurs au Liège, pour les solliciter contre ledict duc : et neantmoins lesdictz ambassadeurs avoient si bien dilligenté qu'ilz avoient ja faict ung grant amas... »
(Commines. Mémoires, liv. II, chap. vii, p. 159.)
[1] Bibl. Nat., Mss. fr. 6975, fol. 272.

Ainsi, Louis XI, pour se justifier aux yeux de Charles le Téméraire, proposa au duc de l'accompagner contre les Liégeois, et le duc « l'accorda. » Disons toutefois que Louis avait été prévenu, par Philippe de Commines, des projets terribles que le duc semblait près d'adopter, et de la nécessité pour lui, afin d'échapper au danger, de passer par les plus humiliantes conditions. Ajoutons encore que les serviteurs du roi, et sans doute le roi lui-même, croyaient que les Liégeois n'oseraient affronter l'armée de Bourgogne, mais déposeraient les armes, ce qui permettrait à Louis XI de retourner en son royaume, sans coup férir [1]. On sait qu'il en fut tout autrement et que Louis ne revint en France qu'après avoir lui-même combattu, sous les murs de Liège, ses amis de la veille.

Quand le roi fut enfin libre, Bourré alla le rejoindre : dans les premiers jours de novembre, il était près de lui à Senlis. Il trouva son maître furieux d'avoir été joué par son rival de Bourgogne, méditant sa vengeance et déjà même l'entrevoyant. Il rapportait avec lui la cédule écrite et signée de la main du Téméraire, par laquelle le duc l'assurait sur son honneur qu'il n'attenterait point à sa

---

[1] « Je cuyde que avant qu'il soit troys ou quatre jours que on aura nouvelles qui (les Liégeois) s'en sont fuiz, car ilz ne sont pas puissants pour attendre l'armée que Mons. de Bourgogne a ja de devers ledit pays, et ce fait s'en retournera le roy par Notre-Dame-de-Liesse et de là à Meaulx.... »

Lettre écrite le 16 oct. à Jean Bourré, par un des personnages qui accompagnaient Louis XI. La signature manque.

(Bibl. Nat., Mss. fr. 6975, folio 272.)

liberté. Le gentilhomme avait été parjure à sa foi ; il s'était montré traître et félon envers son roi ; la cédule même en faisait foi, et pourrait un jour établir la félonie. L'heure n'était encore pas venue de se venger : mais Louis saurait attendre, et voulant être bien sûr de retrouver, au moment voulu, la fameuse cédule, il la confia à Jean Bourré [1].

Après avoir rejoint le roi à Senlis, Bourré revint avec lui en Touraine, et y demeura pendant les derniers mois de l'année 1468 et les premiers de 1469. Le roi passait presque toutes ses journées à la chasse ; Bourré remplissait les obligations de son double contrôle des finances et de la chancellerie. La grande lutte entre le roi et les seigneurs apanagistes semblait pour un instant interrompue : mais Louis qui savait à merveille utiliser les trêves, profita de celle-ci pour détacher de la ligue féodale son jeune frère Charles : au lieu de la Champagne et de la Brie, il lui fit accepter pour apanage la Guyenne, avec une pension de 80,000 livres. Puis, voulant rendre cette paix définitive et assurer pour l'avenir ses bonnes relations avec son frère, il résolut de le lier par un serment, seul lien qui lui inspirât quelque confiance.

Dans ce but, le 6 août 1469, il envoya Bourré en Anjou, vers les religieux de l'église Saint-Laud, avec cette lettre :

---

[1] Voir au chapitre suivant, la lettre par laquelle Louis XI lui réclame la cédule qu'il lui avait confiée.

« Chiers et bien aimez nous envoyons présentement par delà notre aimé et féal conseiller et maistre de nos comptes, maistre Jehan Bourré, et lui avons chargé vous dire aucunes choses de par nous, et vous prions que le veillès croire de ce qu'il vous dira de notre part, comme nous mêmes, car c'est chose qui touche grandement notre bien, et dont nous savons que serez bien joyeulx. Donné à Benays, le 6ᵉ jour d'aougst ¹. »

La mission de Bourré était d'emprunter aux chanoines la « vraie croix de monseigneur sainct Lô, » pour faire prêter serment au duc de Guyenne. On sait la confiance que Louis XI attachait à cette sainte relique : ceux qui avaient une fois juré sur elle et violaient leur serment devaient, croyait-il, mourir dans l'année ².

Les religieux de Saint-Laud consentirent à la demande que leur adressait Bourré au nom du roi, et la vraie croix fut portée, par deux d'entre eux, en la ville de Saintes. Le 19 août, en l'hôtel épiscopal, le duc de Guyenne prêta serment. Il s'engagea à ne

---

[1] Arch. de Maine-et-Loire, G. 913, folio 6.
[2] En 1471, Louis XI fit une enquête ; des témoins furent entendus, et nous avons encore leurs dépositions.

« La quatrième de ces dépositions, dit M. Bodaire, constate que les cheveux du maître d'école Pierre Giquel blanchirent en se parjurant sur la vraie croix.

« La sixième parle d'un homme dont le bras levé sur la vraie croix, se roidit tout à coup sans qu'il pût jamais s'en servir. Il mourut dans l'année.

« La huitième mentionne un parjure qui expira au pied même de l'autel, la langue noire et tirée. »

Revue d'Anjou. 3ᵉ série, 1ʳᵉ année. *Les dévotions de Louis XI en Anjou.*

point tuer ni faire tuer son frère, et il renonça à tout projet de mariage avec Marie de Bourgogne. Bourré, avec trois autres compères de Louis XI, Dammartin, Doriole et du Bouchage, reçut le serment au nom du roi ; il rédigea même un acte constatant que le serment avait été prêté en la forme voulue, et l'envoya au roi [1].

Louis XI, rassuré par cette promesse, et bien sûr de n'être ni pris, ni tué par son frère, sentit son affection plus confiante, et résolut d'aller lui-même le trouver. L'entrevue eut lieu au Puy-Reveau « sur la rivière de Broil, à l'endroit du chastel de Charon » Au milieu de la rivière, on avait établi un pont « et au milieu du pont estoit une loge de bois, dedans laquelle loge avoit une barrière par le milieu à une fenestre où estoient douze barreaulx de fer [2]. » Le 8 septembre, les deux frères se rencontrèrent ; chacun d'eux n'avait amené avec lui que douze serviteurs dans la loge ; Bourré était avec le roi [3]. Il fut témoin d'une scène fort touchante : le duc Charles implorait son pardon ; Louis l'assurait de sa bonne amitié. « Là furent maintes larmes pleurées par ceux qui les regardoient et virent ainsi concorder ensemble [4]. » Le lendemain, une nouvelle entrevue eut lieu, et l'on décida que l'on se rendrait à Maigny, chez M. de Malicorne. Bourré y

---

[1] Bibl. Nat., Mss. fr. 20430, fol. 35.
[2] Lenglet du Fresnoy, Commines. Preuves, t. III, p. 107.
[3] Commines. Edit. Dupont, t. III, p. 26.
[4] Lenglet du Fresnoy. Preuves, t. III, page 107.

accompagna le roi, et prit part aux négociations qui amenèrent le traité de Coulanges [1].

Au mois d'août de la même année, Louis XI qui avait grande confiance dans les liens religieux pour établir de solides unions, avait institué, sous le patronage du gardien et du protecteur du royaume, l'Ordre de Saint-Michel [2]. Dans la pensée de Louis XI, cette institution était surtout politique; elle devait être l'un des réseaux de cette trame immense que Louis, « l'universelle araignée », travaillait sans relâche à étendre autour de ses adversaires. Chaque membre devait jurer de défendre de tout son pouvoir les droits de la couronne et l'autorité du souverain. Le roi avait ainsi trouvé le moyen d'enchaîner ses ennemis, en leur conférant une dignité que beaucoup n'oseraient refuser. Il n'exigeait point, comme l'avait fait pour son Ordre du Croissant, René d'Anjou, ce roi chevalier, que chaque membre fut gentilhomme de quatre lignées [3]; le récipiendaire devait seulement être gentilhomme de nom et d'armes; peu importait l'ancienneté de sa noblesse; et Louis XI confia, dès les premiers jours, le titre de grand officier de l'Ordre à son compère, Jean Bourré, le fils du bourgeois de Châteaugontier, depuis hier à peine seigneur du Plessis.

---

[1] Bibl. Nat., Mss. fr. 20497, folio 85.
[2] L'institution eut lieu à Amboise, le 1er août 1469, dans la chapelle du château, construite par Charles VII, et dédiée à l'archange saint Michel.
[3] Lecoy de la Marche. *René d'Anjou*, t. I, p. 532.

Les grands officiers de l'Ordre de Saint-Michel étaient au nombre de quatre : un chancelier qui portait la parole dans les assemblées; un greffier chargé de consigner dans les registres de l'Ordre les hauts faits et les félonies des chevaliers; un trésorier, dépositaire des revenus et chargé de toutes les dépenses de l'Ordre; enfin un héraut qui devait parcourir les provinces et s'informer de la conduite des chevaliers [1].

Bourré, fort au courant de toutes les questions de finances, avait reçu du roi l'office de trésorier [2]. Il avait en garde les chartes, privilèges et mandements relatifs à la fondation de l'Ordre, ainsi que tous les joyaux, ornements ou reliques lui appartenant. Il conservait les manteaux servant aux chevaliers pour les assemblées et les cérémonies. Tous les dons faits à l'Ordre étaient reçus par lui : il devait les inscrire pour en rendre compte chaque année. Tous les chevaliers étaient tenus de porter chaque jour « un collier fait de coquilles lascées l'une avec l'autre d'un double lacs, assises sur chaisnettes ou mailles d'or, d'où pend une médaille dans laquelle la figure de saint Michel seroit emprainte, combattant et foulant aux pieds le Dragon [3]. » A la mort d'un chevalier, ses héritiers devaient, dans les trois mois, renvoyer le collier du

---

[1] Ordonnances des rois, t. XVII, p. 25.-253.
[2] Marchegay. *Bourré, gouverneur du Dauphin*, p. 41. — *Le Maine et l'Anjou*. Art. Plessis-Macé, p. 4.
[3] Anselme. *Palais d'honneur*. Edit. 1668, p. 126.

défunt au trésorier qui en délivrerait récépissé. C'est ainsi que le 19 février 1476, Jean Bourré déclarait avoir reçu « le collier que feu monsieur de la Forest, qui naguères est allé de vie à trespas, portoit au col en son vivant [1]. »

Lorsqu'il entrait en fonctions, le trésorier devait prêter serment « que bien et deuement il gardera, conservera et gouvernera à son pouvoir les joyaulx, meubles, cens, rentes, revenus et biens quelzconques de l'Ordre, qu'il aura en gouvernement, sans en rien distribuer, fors à usaiges à quoy ilz seront par le souverain de l'ordre appliquez et ordonnez; que bien et loyaument distribuera aux gens d'église ce qui leur sera donné pour le divin service, aux officiers de l'ordre pour l'exercice de leurs offices, et à toutes autres personnes, ainsy que par le souverain sera ordonné; et de ce fera diligence, sans en rien retenir ne retarder, et rendra bon et loyal compte, tant des rentes et revenus appartenans audict ordre, comme des dons, laiz, biens faiz et largesses qui faiz y seront, sans rien en recéler ne retenir; et en toutes choses exercera bien deuement et loyaument ledict office de trésorier à son povoir [2]. »

Jean Bourré avait déjà reçu la noblesse; il faisait maintenant partie d'un ordre de chevalerie, et

---

[1] Marchegay. Art. Plessis-Macé dans *le Maine et l'Anjou*, de M. de Wismes. Louis de Beaumont, seigneur de la Forest, avait été le premier chevalier nommé dans l'ordre de Saint-Michel. V. Port, *Dict. Hist.*, art. Plessis-Macé.

[2] *Recueil des Ordonnances*, XVII, 253.

portait le titre de grand officier dans un corps où les plus grands seigneurs du royaume n'étaient que simples chevaliers. Il pouvait dès lors marcher de pair avec les plus vieux gentilshommes : aussi ne serons-nous pas surpris de le voir traiter d'égal à égal avec le chef de l'aristocratie anglaise, le fameux *faiseur de rois*, le comte de Warwick.

Louis XI évitait avec le plus grand soin toute lutte avec les puissances extérieures ; ses ennemis en France étaient assez nombreux, et il avait assez à faire de les soumettre. Mais il savait qu'il ne les réduirait pas, tant qu'ils pourraient compter, au delà des mers, sur une puissance étrangère toujours prête à s'unir à eux. L'Angleterre, cette vieille ennemie de la France, voyait avec plaisir les embarras que suscitaient au roi ses grands vassaux, et elle ne manquait point d'occasions de leur venir en aide. Louis XI connaissait les menées secrètes des Anglais, leurs alliances continuelles avec ses adversaires ; et il cherchait à détacher ce pays de la cause des seigneurs rebelles [1].

A la cour d'Édouard IV, deux partis se dispu-

[1] Dès l'année 1462, il avait compris de quelle utilité serait pour lui un prince ami sur le trône d'Angleterre ; et la reine Marguerite d'Anjou, chassée de son trône, avait trouvé en France un bon accueil : des subsides et des troupes, avec un vaillant capitaine, Pierre de Brezé, avaient été mis par le roi à sa disposition. Il est démontré par un acte du Trésor des Chartes, J. 648, n° 2, que Louis prêta 20,000 livres, dont Calais devait être le gage, et Chastellain, qui raconte les préparatifs de l'expédition d'après un récit qu'il tenait de Brezé lui-même, attribue au roi la fourniture d'un contingent de 800 hommes. V. Th. Bazin, t. II, p. 44. Notes de M. Quicherat.

taient le pouvoir; celui des Rivers, parents de la reine, et celui de Warwick. Le comte de Warwick jouissait à Londres d'une grande popularité, grâce à sa magnificence et à son affabilité qui séduisaient la foule. Sa prodigalité lui avait attiré un grand nombre de créanciers, par suite autant de gens intéressés à sa fortune, autant de dévoués partisans. Enfin « il étoit maître des cinq ports d'Angleterre, où il soufferoit grand dommage faire, et jamais de son temps on ne fit droit en Angleterre à aucun étranger de perte qui lui fut faite; par quoi il étoit aimé par les pillards d'Angleterre qu'il vouloit bien entretenir[1]. » Louis XI qui distinguait bien vite, même en pays étrangers, « les gens qui lui pouvoient servir, » s'était fait du comte anglais un « très spécial et singulier ami. » Quand Warwick, en 1467, était venu en France, sous prétexte de captures opérées sur les commerçants anglais par le vice-amiral Coulon, le roi l'avait admirablement accueilli, lui et tous ses gens. Depuis lors, Louis avait en Warwick un serviteur tout dévoué, combattant pour sa cause à la cour d'Édouard IV et l'avertissant de toutes les intrigues et ambassades du duc de Bretagne. En 1470, Warwick, jaloux des Rivers qui l'emportaient sur lui, et mécontent d'Édouard IV, peu docile à ses conseils, s'était éloigné de la cour et avait équipé une armée pour combattre ses adversaires. D'abord vainqueur, il s'était

---

[1] Olivier de la Marche, II, ch. I.

emparé de la personne d'Édouard IV; mais ayant soulevé contre lui le peuple par ses cruautés, il avait été contraint de rendre la liberté au roi, et de s'enfuir du royaume. Comme l'entrée de Calais lui avait été refusée [1], il s'était dirigé vers la Normandie, et, au commencement du mois de mai, s'était établi, avec ses quatre-vingts navires, à l'embouchure de la Seine [2].

Louis XI désirait de tout son cœur fournir à Warwick les moyens de repasser en Angleterre, et d'y mettre tout « en brouillis. » Mais le comte arrivait chargé de dépouilles bourguignonnes; « en une seule journée il avait enlevé quarante-quatre vaisseaux marchands aux armateurs des Pays-Bas [3]. » Le recevoir, n'était-ce pas violer le traité de Péronne? Car Louis avait juré sur la vraie croix de saint Charlemagne de ne point secourir ni recevoir les ennemis du duc de Bourgogne. Afin de mettre d'accord sa conscience et son intérêt, il envoya, le 12 mai, Bourré et Monsieur de Concressault [4] vers l'amiral de France, avec des ins-

---

[1] A Calais commandait pourtant une de ses créatures, John Wenlock. L'entrée lui fut refusée, non par mauvais vouloir du capitaine, mais parce qu'il n'aurait pas été en sûreté dans cette ville. (V. Comm., liv. III, ch. IV, édit. Dupont, p 234 et 238; Dupuy. *Histoire de la réunion de la Bretagne à la France*, t. I, p. 262.)

[2] Bibl. Nat., Mss. fr. 6961, folio 521. Th. Bazin, édit. Quicherat, t. II, pages 219 et suiv. J. de Troyes. Mémoires, collect. Petitot, p. 396.

[3] Dupuy. *Hist. de la réunion de la Bretagne à la France*, t. I, p 262. Archives de la Loire-Inférieure. E. 107.

[4] Meny Peny, sire de Concressault, seigneur écossais, vint probablement en France avec Marguerite d'Ecosse, première épouse de

tructions sur la conduite à tenir envers Warwick. Qu'on assure le comte du bon vouloir du roi et qu'on lui dise « comme le roy de tout son pouvoir luy aidera à recouvrer le royaume d'Angleterre. » Mais aussi qu'on l'avertisse que Louis XI ne peut lui donner asile dans ses ports, tant qu'il conservera les dépouilles des Bourguignons. Non pas qu'il doive rendre ses prises; mais qu'il conduise ses navires dans les îles Normandes; le roi se rendra en pèlerinage au Mont Saint-Michel; Granville n'en est pas éloigné, et là ils pourront s'entretenir à loisir. Le roi a envoyé vers la reine Marguerite; elle viendra vers lui; et il lui semble bien qu'elle « fera ce qu'il voudra [1]. »

Le 12 mai 1470, Bourré et Monsieur de Concressault partaient d'Amboise avec ces instructions. Il ne semble pas que Warwick se soit hâté d'accomplir les désirs du roi et de mettre un terme à ses inquiétudes. Le 19 mai, Louis XI envoyait à ses agents de nouvelles et plus pressantes recommandations. Le duc de Bourgogne s'est plaint au roi; son mécontentement est extrême et il prépare des armées; on ne peut laisser plus longtemps les vais-

---

Louis XI. Sous le règne de Charles VII, il avait rempli plusieurs missions importantes en Angleterre et en Flandre. En 1467, il avait fait partie d'une ambassade chargée de conclure la paix entre la France et l'Angleterre. En 1473, le roi devait lui confier le titre de sénéchal de Saintonge, avec le gouvernement de La Rochelle. (Biographie Didot).

[1] Lenglet du Fresnoy. Preuves de Commines, t. III, p. 124. Instructions du roi sur l'arrivée de Warwick avec quelques vaisseaux pris sur les sujets du duc de Bourgogne.

seaux du comte anglais dans la Seine. « Je ne seray jamais à mon ayse, écrit le roi à Bourré, tant que je sache que tout le navire de mondict sieur de Warwick soit hors de Seyne ; et quand il sera ou bas païs, je pourrai dire que c'est monsieur l'admiral qui les soustient et qui les a mis en ses hables, et non pas moy. Et s'ils estoient en Seyne, je ne le pourrois faire pour ce que comme savez monsieur de Bourgongne le sauroit tous les jours par les gens de monsieur le conestable [1]. »

Il est fort curieux de remarquer combien Louis XI craignait de mécontenter son redoutable voisin de Bourgogne. Il le tromperait volontiers ; le duc a trop souvent agi de la sorte envers lui, pour que le roi ne considère pas comme un droit de le payer en pareille monnaie ; mais il tient au moins à sauver les apparences. Il se rappelle le serment de Péronne et ne veut point que le duc puisse commencer la guerre en s'appuyant sur la violation d'une promesse sacrée : il aurait peu confiance en l'issue d'une guerre entreprise sous de tels auspices. Aussi pour apaiser le duc, charge-t-il Bourré de lui offrir réparation de tous les dommages que les marchands Bourguignons ont pu éprouver par la perte de leurs navires : « ... Monsieur du Plesseys, lui écrit-il le 19 mai, je vous charge d'envoyer incontinent devers les gens de

---

[1] Bibl. Nat., Mss. fr. 20427, fol. 52. « Lettre de Loys XI à Monsieur de Concressault et à Monsieur du Plesseys. »

monsieur de Bourgongne, et leur mandez que je vous ay envoyé par della pour recouvrer tout ce que vous pourrez des biens des subjects de mondit seigneur de Bourgongne. Et pour ce, que s'ils veulent envoier devers vous, que vous leur ferez rendre tout ce que vous en pourrez trouver, et s'il y en a aucune chose, faictes le faire, et je le feray incontinent paier à mondit seigneur de Warwick [1]. »

En présence de ces dispositions pacifiques du roi, et bien que le duc eût, le 10 juin précédent, fait saisir et mettre sous le sequestre toutes les marchandises apportées à la foire d'Anvers par les sujets français [2], les Bourguignons répondirent qu'ils ne voulaient pas faire la guerre au roi de France, mais seulement au comte de Warwick. Louis XI n'accordait pas à ces protestations plus

---

[1] Bibl. Nat., Mss. fr. 20427, folio 52.
En même temps, il envoyait en Normandie Yvon du Fou, « pour faire restitution aux Bourguignons des navires qui puis naguères avoient été prinses sur la mer par les gens du comte de Warwick anglois. » (Arch. curieuses de l'Histoire de France, t. I, p. 94.)
La restitution ordonnée par le roi dut avoir lieu, si nous en jugeons par cette lettre que Louis XI recevait, le 14 juin, d'un de ses agents en Normandie, soit Bourré, soit Yvon du Fou :
« Sire, hier environ douze heures, je sceu nouvelles à Montfort que Monsieur de la Vaire et l'armée du duc de Bourgongne estoit au chief de Caux et incontinent men veins en ceste ville (Honefleu) et trouvay que le général avoit desja envoyé devers eulx leur signifier que toutes les prinses que les Anglois avoient fait sur les subjects de Monsieur de Bourgongne, estoient en vostre main et que vous m'envoiez pour faire tout restituer, et qu'ilz envoyassent homme devers moy pour voir la restitution qu'on en feroit. » Bibl. Nat., Mss. fr. 20485, folio 101. Lettre sans signature.

[2] Thomas Basin. *Histoire de Louis XI*, liv. III, ch. I.

de confiance qu'elles n'en méritaient : il craignait à tout instant de voir la guerre éclater, et désirait vivement le retour de Warwick en Angleterre. Le 22 juin, il écrit à Bourré de faire en sorte que Warwick parte « le plus prestement que faire se pourra. » Mais qu'il prenne bien garde de le mécontenter en le pressant trop, et qu'il agisse sur lui « par toutes les plus douces voyes..., et en manière qu'il n'aperçoive que ce soit pour autres fins que pour son avantage. » S'il ne veut partir seul, que Bourré fasse apprêter des navires du roi pour le conduire. « Vous savez, dit Louis XI en terminant, que ces Bretons et Bourguignons n'ont d'autre but que de rompre la paix, sous couleur de la demeure du comte de Warwick par deçà, laquelle ne voudrois voir commencer sous cette couleur ; et comme vous connoissez mes affaires plus que nul aultre, et que j'ai toute ma fiance en vous, je n'écris présentement qu'à vous cette matière. Si vous prie que y travailliez en manière que je connoisse l'envie que vous avez de me servir en mon besoin [1]. »

Suivant les ordres du roi, Bourré s'efforça de hâter le retour de Warwick en Angleterre : ce fut d'abord peine perdue. Le comte anglais ne semblait point pressé de quitter la France. « A ce que je puis entendre, écrivait Bourré au roi, le 29 juin, je ne voys pas que Messieurs de Clarence et de Warwick soient si tost prestz pour aller en Angleterre [2]. »

[1] Cette lettre se trouve dans Duclos. Edit. 18..., t. II, p. 296.
[2] Bibl. Nat., Mss. fr. 20489, fol. 23.

La mission de Bourré devenait difficile. Le roi l'avait chargé de fournir à Warwick l'argent nécessaire à son expédition, mais de ne le remettre entre ses mains qu'au moment du départ. Le séjour des Anglais se prolongeait et chaque jour leur entretien exigeait de nouvelles dépenses. Le comte de Warwick était si peu économe des deniers royaux que Bourré disait de lui : « Autant en aroit, autant en despendroit[1]. » Bourré devait-il lui donner l'argent qu'il avait entre les mains, ou devait-il toujours attendre, comme le roi le lui avait dit, que le comte fût monté sur son vaisseau? Le roi, auquel il demandait conseil[2], lui répondit de ne rien donner au comte, à moins qu'il ne vît « qu'autrement faire fust cause d'abréger la matière... et qu'il en fust nécessité. » Au reste, la reine d'Angleterre et le comte devaient bientôt se voir ; après cette entre-

---

[1] Bibl. Nat., Mss. fr. 20489.
[2] « Sire, je me recommande très humblement comme je puis à vostre bonne grâce. Sire, Monsieur l'admiral vous escript et envoye des nouvelles qui lui ont esté mandées. Et à ce que je puis entendre, je ne voys pas que MM. de Clérence et de Warwick soient si tost prestz pour aller en Angleterre. Pour ce mandez moy s'il vous plaist comme je me doy gouverner touchant l'argent, car comme hier vous escripvy je ne suis pas délibéré d'en rien bailler sinon quant je verré quils sont pour monter en leur navire, aussi vous le m'avez ainsi commandé. Et si la chose prenoit long train, mandez moy si vous voulez que je me retire devers vous, ou à Chartres, où n'a que deux journées d'ici, ou à Paris, ou semblablement nen a que deux, ou à Rouen, ou si vous voulez que j'actende ycy avec ledict argent. Car je fere ce qu'il vous plaira me commander.

« Escript à Honnefleu, le XXIX° jour de juing. »
(Bibl. Nat., Mss. fr. 20489, fol. 23.)

vue, Warwick n'aurait aucun motif de demeurer davantage[1].

Ainsi que l'écrivait Louis XI à Bourré, Marguerite d'Anjou et le comte de Warwick eurent ensemble une entrevue ; ils se rencontrèrent à Angers, et leur réconciliation ne fut pas l'un des moins étonnants succès remportés par l'habile Louis XI. Jamais peut-être deux personnes n'eurent de plus nombreux et plus justes motifs de se haïr que le comte et la reine. Warwick s'était toujours montré le plus grand ennemi du roi Henri : c'était lui qui l'avait fait destituer « comme inutile et inhabile de régner. » Il n'avait pas épargné davantage la reine Marguerite : il avait « fait prescher publiquement par Londres..... comment elle estoit femme ahontée de son corps, et que l'enfant qu'elle faisoit accroire estre filz du roi Henry estoit ung enfant de fornication, emprunté en péchié avecques ung bas homme, un baveur, par quoi n'estoit digne de succéder à la couronne, ne à royal estat[2]. » Louis XI sut faire

---

[1] « Monsieur du Plessis, j'ai reçu vos lettres faisant mention des causes pourquoi vous semble que Monsieur de Warwick n'est pas si près d'aller en Angleterre comme je l'entens ; pourquoi, comme vous avez à vous gouverner touchant l'argent ; vous avez déjà sçu comme la reine d'Angleterre et ledit de Warwick se doivent assembler au Mans, là où ils auront tôt fait ou failli, pourquoi ledit de Warwick n'aura cause de faire plus long séjour par deça ; mais, au regard de l'argent, je crois votre avis, sinon que vissiez qu'autrement faire fust cause d'abréger la matière, et que connussiez qu'il en fust nécessité. Je réponds à Monsieur l'amiral de tout le surplus. Donné à Tours, le IIIe jour de juillet. Louis... » (Duclos, t. II, p. 298.)

[2] Georges Chastellain, 3e partie, ch. ccv.

taire la haine au fond du cœur de ces deux anciens ennemis. Warwick s'agenouilla devant la reine, « se confessant menteur et faux injurieux, et demandant merci et pardon [1]. » Pour rendre la réconciliation plus complète et plus durable, un mariage fut décidé, et, le 25 juillet, dans la ville d'Angers, furent célébrées les noces du prince de Galles, fils de Marguerite d'Anjou, avec la seconde fille du comte de Warwick [2].

Bourré était demeuré en Normandie, attendant le résultat de la politique royale; le jour même où le mariage fut célébré, Louis se hâta d'annoncer à son fidèle agent le succès de ses intrigues :

« Monsieur du Plessis, n'a guères ai envoyé messire Yvon du Fou par delà pour mettre le fait de monsieur de Warwick en sûreté, et présentement lui mande qu'il mette telle provision et ordre que les gens dudit monsieur Warwick n'ayent point de nécessité jusqu'à ce qu'il soit par delà. Aujourd'hui avons fait le mariage de la reine d'Angleterre et de lui, et demain espère l'avoir du tout depêché prêt à s'en partir. Dieu merci et Notre-Dame, avons les scellés de Bretagne, et sommes de tout point amis, monsieur de Lescun et moi; et par ainsi sommes surs de ce côté; vous verrez ce que j'écris audit messire Yvon. Je vous prie que vous faites ce

---

[1] Chastellain. 3ᵉ partie, ch. CCVI.
[2] Bibl. Nat., Mss. fr. 6961, fol. 539. — Thomas Bazin. *Hist. de Louis XI*, liv. III, ch. II. — Lingard. *Hist. d'Angleterre*, t. II, p. 71. — Bourdigné. *Chroniques d'Anjou*, t. II, p. 220.

qu'il vous dira et que n'y épargniez rien, en manière que les gens dudit Warwick n'ayent aucune disette ou nécessité et qu'ils ne se malcontentent ; et vous y employez, vous et le général, ainsi que j'en ai en vous ma fiance. Escrit au Pont de Cé, le 25 juillet. Louis [1]. »

Louis XI était satisfait : il voyait Warwick prêt à retourner en Angleterre sans que son séjour en France eût amené la guerre, et il était tout disposé à se montrer généreux. Le départ du comte n'était pourtant pas si prochain que le roi l'espérait : de nouveaux embarras allaient survenir qui mettraient la patience du roi à l'épreuve, et seraient pour Bourré, chargé de fournir aux dépenses des Anglais, une source continuelle de difficultés.

Le duc de Bourgogne, inquiet de l'expédition préparée en Normandie, ne s'en était point tenu aux protestations. Il avait équipé une flotte de « beaulx et grans navires..... tous fort avitaillez et garniz d'artillerie et gens de guerre [2], » et l'avait envoyée surveiller les côtes normandes pour barrer le passage aux troupes anglaises [3]. Epié par la flotte ennemie, Warwick n'osait partir et restait en Nor-

---

[1] Publié par Duclos, t. II, p. 298.
[2] Jean de Troyes. Mémoires, collection Petitot, p. 399.
[3] Le 21 août Tanneguy du Chatel écrivait à Jean Bourré :
« Fort me esmerveille que Messieurs du Lude et du Fou ne mont riens mandé de la venue des Flamans à la Hogue ; mais à l'avanture n'ara que biens que vous faciez savoir à mess. Capdorat qui est à Bayeux qu'il face serrer ce qu'il a de ses gens sur le pays, affin de venir prestement s'il lui est mandé. »
(Bibl. Nat., Mss. fr. 6977, f. 197.)

mandie. Bourré avait déjà fourni de fortes sommes pour payer l'artillerie que Warwick faisait prendre, soit à Rouen, soit à Paris [1]. Les deniers royaux diminuaient : à tout instant, Warwick pressait Bourré de lui envoyer de l'argent pour payer ses soldats prêts à quitter sa cause. Les commissaires royaux, eux-mêmes, demandaient pour le comte anglais [2]. Bourré ne savait comment se conduire : s'il refusait, les gens d'armes abandonnaient Warwick; l'expédition échouait et Louis XI s'en prenait à lui; s'il accordait, il risquait encore de mécontenter le roi par cet excès de dépenses [3].

---

[1] Bibl. Nat., Mss. fr. 20490, fol. 52, 1470, 13 août.
« S'ensuit le nombre de l'artillerie que mons. de Warwic a fait retenir à Rouen. »

[2] « Mons. du Plessis à ce matin Mons. de Warwic nous a envoyé requérir de vous escripre comme il vous prye bien fort que vous delivrez à ung de ses gens qu'il envoie devers vous jusques à mil escuz pour payer une nef qu'il a achetée de Mathelin de Dieppe, et il a promis envoyer à Honnefleur le payement avant que ladite nef parte, laquelle y est présentement; et se actent que elle soit icy en ceste sepmaine pour partir quant et lui. Il vous en envoye sa quittance pourquoy ne pouvez faillir à faire ce qu'il requiert...

« Mons. du Plessis en nous recommandant à vous prions Dieu qu'il vous garde de mal. Escript ce mardi 4e de sept.

« Les touz vostres :

« TANNEGUY, DE DAILLON, DU FOU. »
(Gaignières, 372, Mss. fr. 20487, f. 19.)

[3] Une lettre de Tanneguy du Chatel, écrite le 21 août, montre bien la situation embarrassante où se trouvait Bourré :

« Monsieur du Plessis, il est besoing que vous envoyez devers le roy pour savoir si son plaisir sera que vous bailles encore trois ou quatre mil escuz à Monsieur de Warvic, oultre les quatre mille que lui avez darrainièrement bailles, lesquelz il a distribuez entre ses marivaulx; car aujourd'huy, ainsi que il a fait en ceste ville cryer que tous ses gens eussent à eulx retirer à Barfleur, une grant partie deulx en plaine rue disoient quils ne iroient

Enfin Warwick partit; le 13 septembre il rentrait en Angleterre. Une tempête ayant dispersé la flotte bourguignonne, les vaisseaux anglais avaient trouvé la route libre[1]. Louis XI fut fort heureux de ce départ, car il avait « grans fres sur ses bras et grandes coutances. » Le duc de Bourgogne n'eut pas lieu d'en être fort satisfait, et « il eust bientoust ris son saoul. » Le plus content dut être Bourré ; il était enfin délivré des demandes continuelles du comte de Warwick, et il avait mené à bien l'entreprise délicate dont le roi l'avait chargé.

Le récit que nous venons de faire des rapports de Jean Bourré avec Warwick en 1470, et surtout les passages cités des lettres échangées, tant entre le comte anglais et Bourré, qu'entre ce dernier et Louis XI, nous permettent de déterminer d'une

plus combattre pour luy, se il ne leur bailloit de l'argent, et que plus ne les paistroit de parolles. Vous voyez que, par ce moyen, nous chéons en de deux inconvéniens l'un. Le premier, si on ne leur baille argent, et ils faillent à servir au besoing à ceste cause, je ne scay comment nous serons excusez du dommaige que lui en pourra advenir, et au roi par conséquent. L'autre est que si vous baillez argent, avant son partement, et il se despende par deçà, le roi dira que nous y arons besoigné contre son commandement, et partant si domaige lui en avient, il pourra dire que nous en sommes causes... » (Bibl. Nat., Mss. fr.)

[1] « Je vous ay dict devant comment ceste armée de monseigneur de Warwic, et ce que le roy avoit appresté pour le conduire, estoit prest à monter, et celle de monseigneur de Bourgongne preste pour les combatre, qui estoit au Havre au devant d'eulx. Dieu voulut ainsi disposer des choses que, ceste nuict, sourdit une grant tourmente, et telle, qu'il fallut que l'armée dudict duc de Bourgongne fuyst; et coururent les unz des navires en Escosse, les aultres en Hollande ; et à peu d'heures après, se trouva le vent bon pour ledict conte ; lequel passa sans péril en Angleterre. » (*Mémoires de Commines*, édition Dupont, 1848, t. I, p. 222.)

façon exacte l'importance du sire du Plessis à la cour du roi de France, et sa place dans la confiance royale. On a pu remarquer en effet que Louis XI avait envoyé alors en Normandie un grand nombre de ses plus dévoués et plus habiles compères, entre autres Yvon du Fou, Tanneguy du Chatel, surtout Jean de Daillon, le fameux « maître des habiletez » du roi. Or, au milieu de tous ces personnages, Bourré joue le rôle le plus important : il est l'intermédiaire direct entre le roi de France et le comte de Warwick ; c'est à lui que Louis XI écrit, l'informant de ses projets, de ses désirs et de ses craintes, et le chargeant spécialement de les transmettre à Warwick. A peine a-t-il, à Angers, conclu le mariage du prince de Galles et de la fille de Warwick, qu'il s'empresse d'en faire part à son compère Bourré. Enfin, c'est à lui qu'il adresse, dans une lettre confidentielle, cette phrase bien significative : « Pour ce que vous cognoissez mes affaires plus que nul autre et que j'ai toute ma fiance en vous, je n'écris présentement qu'à vous cette matière. »

CHAPITRE IV

LES MISSIONS DE JEAN BOURRÉ

(*Suite*)

~~~~~~

Bourré est envoyé en Picardie pour *surveiller*. — Mort du duc de Guyenne. Impression que cette mort produit dans le royaume. — La guerre recommence. Bourré envoie l'argent aux troupes qui combattent contre le duc de Bourgogne. Lui-même, attaché aux armées royales en Bretagne, fournit les deniers nécessaires à la guerre. — Insurrection à Perpignan. Bourré est envoyé avec le sire de Gaucourt pour secourir et ravitailler l'armée du roi; il emprunte les fonds nécessaires et garantit les prêteurs; il lève sur les villes des impositions. La paix est signée. — Bourré en Anjou. Saisie temporaire de cette province par Louis XI. Etablissement de la mairie d'Angers. Rôle prêté en cette circonstance à Bourré par les historiens angevins. Ce qu'il faut en croire. — Commission donnée à Bourré d'avitailler Bordeaux et Bayonne. — Mort de Charles le Téméraire. Politique du roi pour réunir la Bourgogne à son royaume. Bourré reçoit à Lens les ambassadeurs Flamands. Détails sur cette réception. — Bourré à Hesdin et à Arras. — Procès intenté à la mémoire du Téméraire. Conseil de Bourré au roi au sujet du sauf-conduit de Péronne. Preuve de l'authenticité de ce sauf-conduit.

Après le départ du comte de Warwick, Bourré était allé se reposer en son « beau mesnage ». A peine y avait-il passé quelques semaines, que ses amis de la cour le rappelaient : le roi le réclame en toute hâte ; les ambassadeurs du Dauphiné l'attendent depuis un mois. Le 15 octobre, Jean Leclerc, un des secrétaires du roi, lui envoie un messager :

« Le roy, dit-il, m'a chargé vous escripre que comment que ce soit vous vous en venez incontinent, quelque congié que vous ayez[1]. » Le lendemain, Jean Briçonnet lui écrit : « Le roy nostredict seigneur manda hier maistre Gilles le Flameng. A ce matin est retourné qui m'a dit que ledit seigneur a expressément commandé qu'on vous envoie quérir[2]. » Le 17 octobre, le général Doriole le presse de revenir en ces termes : « Aujourd'hui encores il (le roi) a escript à monseigneur de la Fourest et à moy, que l'on vous envoyast quérir, par quoy, monsieur, tout considéré, me semble qu'il sera bon que vous en viégnez, car jusques cy le maistre a esté et est bien content, et me semble que avant que plus actendit le mieux est que venez[3]. » Doriole semblait dire que la patience du roi ne serait pas de longue durée ; Bourré hâta son retour.

Le comte de Dammartin avait été nommé lieutenant du roi en Beauvaisis ; le connétable de Saint-Pol et le maréchal Joachim Rouhaut, envoyés sur les marches de Picardie. En même temps, le roi avait fait partir maître Hesselin, pour Auxerre, afin d'amener cette ville à se donner à lui ; mais il voulait avoir, comme toujours, sur le théâtre des événements un agent fidèle qui le renseignât. Cette mission de confiance était réservée à Bourré. Le 13 décembre, le roi lui écrivait : « Informez-moi

---

[1] Bibl. Nat., Mss. fr. 20429, fol. 25.
[2] Bibl. Nat., Mss. fr. 6602, fol. 108.
[3] Bibl. Nat. Mss. fr. 20429, fol. 26.

de tout ce qui vous surviendra; faites surveiller ceux d'Auxerre, et vous en allez à Beauvais, car monsieur de Torcy s'en ira demain[1]. »

Lorsque les armées eurent commencé la guerre, le roi quitta la Touraine et vint lui-même surveiller les opérations. Bourré était alors chargé, avec Pierre Doriole, de pourvoir aux besoins des troupes; ils avaient entre leurs mains et devaient distribuer, suivant le besoin, les deniers du trésor royal[2].

La guerre ne dura pas longtemps; le 9 avril, une trêve était signée pour trois mois, et, quelque temps après, prolongée pour une année entière.

Les hostilités reprirent l'année suivante; la mort du duc de Guyenne, survenue au mois de mai 1472, en fut le prétexte. On se souvient qu'en 1469, Bourré avait reçu du prince Charles le serment qu'il ne ferait point alliance avec les ennemis de son frère, et qu'il ne chercherait jamais à épouser la fille du duc de Bourgogne. Charles, léger et frivole, avait vite oublié sa promesse. Il avait renoué des intrigues avec le Téméraire et recherchait ouvertement la princesse, sa fille, en mariage. Louis XI, irrité d'être encore une fois trahi par son frère, au mépris d'une promesse solennelle et sacrée, avait voulu en demander vengeance à Dieu. Le 1er mars, Bourré rédigeait, au nom du roi, l'ordre à l'évêque de Valence de se transporter en

[1] Cité par Legeay. *Hist. de Louis XI*, t. II, p. 40.
[2] Bibl. Nat., Mss. fr. 20487, fol. 34.

l'église Saint-Laud, d'Angers, d'y déposer les preuves écrites de la trahison du duc de Guyenne, et de « requérir à Dieu, nostre dit saulveur et rédempteur, qu'il lui plaise par sa grâce nous en faire la raison en l'honneur et révérence de la dicte vraye Croix, sur laquelle a été fait ledit serment par notre dit frère [1]. »

Cet appel à la justice divine fut-il entendu, et Dieu vengea-t-il l'injure faite à la « vraie Croix de Monseigneur Saint-Lô ? » L'année suivante, le frère du roi mourait.

En France, sa mort ne surprit, nous pourrions ajouter n'attrista personne. Un des compères du roi, Guillaume Picart, annonçait, en ces termes, la nouvelle à Bourré : « Monsieur du Plessis, je me recommande à vous, tant que je puys ; nous avons sceu par deçà les nouvelles de la mort de M. de Guyenne, dont beaucoup de gens ont esté bien joyeulx, car il estoit et est cause de tout le mal qui est advenu au royaulme. Plus de morts, moins d'ennemis. Après lui, si Dieu plait, il en y a d'autres de la sorte [2]. »

Charles le Téméraire n'apprit point la mort de son jeune allié de Guyenne avec la même insouciance que les compères du roi de France. Il écrivit contre le roi un manifeste rempli de haine et de colère, où il accusait, à tort, Louis XI d'avoir été

---

[1] *Revue d'Anjou*, 3e série, t. II. *Les dévotions de Louis XI en Anjou*.
[2] Bibl. Nat., Mss. fr. 6979, fol. 64.

le meurtrier de son frère [1] ; puis, à la tête de ses troupes, il envahit la Picardie.

Le comte de Dammartin et le connétable de Saint-Pol s'y trouvaient pour lui résister. Bourré fut encore chargé de faire parvenir aux troupes du roi l'argent nécessaire [2], mais sans se rendre cette fois dans les pays envahis par l'armée bourguignonne. Le service du roi le retenait ailleurs. Le duc de Bretagne avait pris les armes, et Louis avait envoyé contre lui une nouvelle armée sous les ordres de Tannegui du Châtel. A Bourré revenait le soin

---

[1] « Le duc de Guyenne fut six mois malade sans qu'on songeât à accuser le roi, lorsqu'on cherchait par tous les moyens possibles à le mettre dans un mauvais cas. Il résulte de plusieurs pièces imprimées à la suite de Commines, de Lenglet Dufresnoy, (t. III, p. 279) que Louis XI fit de vives démarches auprès du duc de Bretagne, pour que les prévenus fussent jugés à Nantes par l'archevêque de Tours, assisté de commissaires au choix du duc. Ni cette offre ne fut acceptée, ni le jugement n'eut lieu ; on laissa mourir Jourdain Faure en prison ; on ne sait pas ce que l'autre devint. » (Quicherat. Edit. Th. Bazin, II, 287, note.)

[2] « Monsieur du Plessis, vous scavez comme je vous chargeai dès Tours, de faire incontinent partir le clerc du trésorier des guerres avec l'argent que j'avais ordonné pour les gens d'armes à mon frère, Monsieur le connétable ; toutes voyes il m'a écrit qu'il n'a nulles nouvelles dudit clerc, ni de l'argent, dont je ne suis pas content de la diligence qu'y a été faite ; et pour ce, envoyez incontinent après pour le faire hâter, et ne vous en excusez pas, disant que vous l'auriez dit au trésorier des guerres ; car se faute y a, je m'en prendrai à vous ; car par votre faute et celle dudit trésorier vous me pouvez faire un grand dommage que vous ne me scauriez réparer.

« Je vous envoye les lettres que ledict monsieur le connétable m'en a écrites. Escrit à Notre-Dame de Selles, le IIIe jour de juin.

« LOYS.   TILMART. »

(Imprimé par Duclos, t. II, p. 299.)

d'assurer l'entretien de cette armée ; il ne s'en acquitta pas sans difficulté. Tantôt les voituriers et marchands de vivres étaient maltraités et Bourré devait y remédier : « Monsieur du Plessis, lui écrivait le roi, j'ai sceu par maistre Guy Pierre comme les marchans et voicturiers qui fournissent mon armée de vivres ont esté très-mal traictez pour le commencement. A quoi est besoin donner prompte provision. Si vous prie que incontinent le chancelier et vous y donnez ordre et faictes despescher à maistre Gilles Flameng toutes les choses nécessaires touchant fait de finances, auquel j'ay fait commandement ainsi le faire. Outre plus qu'il n'y ait point de faulte qu'on ne pourvoye auxd. voicturiers quelque part qu'on doye prendre l'argent, ou aultrement je n'en seroy pas content. Car cela seroit cause de rompre lesd. vivres, et de mettre en avanture tout mon fait. Si gardez que en ce n'ait faulte [1]... »

Une autre fois, les gens d'armes réclamaient leur solde et le roi les envoyait trouver Bourré : « Monsieur du Plessis, je vous envoye les gens d'armes qui cryent après moy pour leur appoinctement ; je ne sçay comment vous en avez fait, et pour ce incontinent que vous aurez achevé ce dont vous ay donné charge de faire, et pour quoy vous estes allé par della venez vous en devers moy et me apportez l'appoinctement que vous leur avez fait et amenez

[1] Bibl. Nat., Mss. fr. 6602, fol. 53.

le trésorier des guerres quant et vous pour savoir comment il en va [1]... »

Enfin, le roi lui-même réclamait de l'argent pour fortifier Ancenis ; et les deniers pour la guerre étaient depuis longtemps consommés. Il fallait avoir recours aux emprunts ; mais les prêteurs n'avaient plus confiance et gardaient leurs écus [2].

Heureusement la guerre dura peu : le 13 octobre, le duc breton signait une trêve qu'une paix définitive confirma bientôt.

Bourré ne demeura pas longtemps en repos. Le Roussillon que Louis XI, dès les premières années de son règne, avait acquis à prix d'argent, de Jean II, roi d'Aragon, voulut rejeter la domination française. Au commencement de l'année 1473, une insurrection éclata à Perpignan ; dans la nuit du

---

[1] Bibl. Nat., Mss. fr. 20427, fol. 65.
[2] « Monsieur Duplessis, nous nous recommandons à vous tant comme nous pouvons. Ceste nuict, le roy nous a envoyé unes lectres adressans à vous et à nous ensemble lesquelles vous envoyons et par icelles nous mande envoyer incontinent à Ancenys XVIII francs tant pour la fortification de la place que pour rompre l'ysle, ainsi que voyerez par lesdictes lectres, et pour ce que comme savez n'avons point d'argent, nous envoyons ce porteur par devers vous pour adviser à l'expédicion de la matière, laquelle ne se peut expédier sans prandre les deniers sur ce qu'on a peu recouvrer des emprunts et d'ailleurs. Monsieur du Plessis, nous prions Dieu qu'il vous doint ce que désirez. Escript à Laval, ce dimanche XVIe jour d'avust.

« Il nous semble que vous devez parler au roy se jà ne l'avez fait de ceulx de Paris qui se sont excusez de prester, de quoy vous et nous autrefois avons escript au roy, car comme vous scavez, s'il ne vient de là, nous ne savons lieu dont argent se puisse promptement recouvrer.

« Vos frères, Doriole, Charles Hébert. »
(Bibl. Nat., Mss. fr. 20487, fol. 81.)

2 février, les habitants ouvrirent leurs portes au roi d'Aragon, et le sire du Lau qui gardait la ville pour le roi de France, fut obligé de se retirer avec ses troupes dans le château [1]. A cette nouvelle, Louis XI envoya une armée pour secourir du Lau et reprendre la ville. Les Aragonais se défendirent vaillamment; au mois de juin, l'armée française était encore devant la ville. La chaleur était accablante et les maladies décimaient les soldats [2]. Le Roussillon était devenu, suivant l'expression d'un chroniqueur, « le cymetière aux français [3]. » Une trève fut conclue et, de part et d'autre, on chercha à se fortifier. Louis XI chargea Bourré et le sire de Gaucourt de porter secours à son armée de Roussillon. « Et pour y mettre le siège et fournir de vivres ledit ost, le roy y envoya monseigneur de Gaucourt, maistre Jehan Bourré et le changeur du trésor, pour prendre vivres et les payer partout où recouvrer en pourraient pour mener audict Perpignan [4]. »

Pour « prendre vivres et les payer » les commissaires royaux ne pouvaient compter sur les ressources du trésor royal, car il était vide. Ils empruntèrent : Jean de Beaune et Jean Briçonnet, riches marchands de Tours, prêtèrent 30,000 livres, que Bourré et de Gaucourt s'engagèrent en leur

---

[1] Thomas Bazin. *Hist. de Louis XI*, p. 304-308. — Jean de Troyes. Mémoires. Collection Petitot, p. 433.
[2] Thomas Bazin. Edit. Quicherat, t. II, p. 311.
[3] Jean de Troyes. Mémoires, p. 448.
[4] Jean de Troyes. Mémoires. Collection Petitot, p. 435.

« propre et privé nom » à restituer, du moins en partie [1]. Puis quelques villes du royaume furent taxées : à Lyon on demanda un subside de 20,000 fr., réduit d'abord à 8,000, enfin à 4,500, grâce à l'influence de Jean Bourré [2].

Ainsi munis, les sires du Plessis et de Gaucourt arrivèrent en Roussillon où ils s'acquittèrent avec honneur de leur charge. « Furent envoyés pour secours, dit un chroniqueur angevin, le seigneur de Gaucourt et messire Jehan Bourré, lesquels si vaillamment y besoignèrent, que le roi d'Aragon envoya en France ses ambassadeurs pour demander la paix, laquelle en brief fut accordée [3]. »

[1] « Le 7º jour de juillet 1473, en la court du Roy, notre Sire à Amboise noble homme maistre Jehan Bourré, seigneur du Plessis, conseiller du Roy n. dit seigneur et trésorier de France, lequel a promis payer en la ville de Tours à Jean de Beaune, argentier de M. le Daulphin et à Jehan Briçonnet le jeune marchant la somme de 2250 l. tourn. à 2 termes, à la Toussaints prochain la moitié et l'autre moitié à Noel ensuivant, et ce pour partie de 30000 l. t. que lesd. de Beaune et Briçonnet avancent comptant au Roy pour fournir au payement et entretenement des gens de guerre, estant de present au pays de Roussillon. » (Bibl. Nat., Mss. fr. 6980, fº 140.) Louis XI par lettres données à Amboise, le 7 juillet 1473, déclare « pour ce que à notre requeste notre ami et feal conseiller et chambellan Charles seigneur de Gaucourt s'est obligé en son propre et privé nom et constitué principal debiteur envers nos chiers et bien aimez Jehan de Beaune et Jehan Briçonnet, marchans et bourgeois de Tours, en la somme de trois mille livres tournois, pour partie de trente mille livres tournois qui par eulx nous a été esté prestée et avancée pour fournir au paiement et entretenement des gens de guerre et autres affaires de nostre armée estant présent en nostre pais de Roussillon..... » ordonner que les 3 mille livres soient restituées à Gaucourt pour qu'il s'acquitte de son obligation. (Bibl. Nat., Mss. fr. 26490, fol. 86.)

[2] Archives de Lyon. Document communiqué par M. Vaesen.

[3] Bourdigné. *Chroniques d'Anjou*. Edit. de M. de Quatrebarbes, t. II, p. 229.

Le roi d'Aragon, en effet, se résolut à faire la paix. Des négociations s'ouvrirent, dirigées, pour le roi de France, par Jean de Daillon, sire du Lude, chef de l'armée qui assiégeait Perpignan. Elles aboutirent à un traité signé le 17 septembre, par le roi d'Aragon. Toutefois, Louis XI ne le signa que le 10 novembre. Durant cet intervalle, les armées restèrent en présence et la mission de Bourré se prolongea; le 3 octobre Daillon lui écrivait, le pressant d'envoyer des vivres et de l'argent; le sire du Lau, disait-il, qui vient de sortir de prison, ne peut partir faute d'argent, et les garnisons des châteaux de Perpignan et de Collioure doivent être payées[1]. Louis XI, enfin, signa la paix[2] et Bourré quitta le Roussillon.

La suite chronologique de notre récit nous a amené à l'année 1474, époque à laquelle Louis XI, par la saisie temporaire du duché d'Anjou, réunit de fait, mais non encore d'une façon légale et irrévocable, la province d'Anjou à la couronne royale. S'il fallait ajouter foi au récit des historiens de l'Anjou, Jean Bourré aurait joué un rôle important, sinon au moment même de la main-mise, du moins lors des intrigues secrètes qui l'auraient, selon eux, précédée et préparée. Il semblerait même que la fidélité de Bourré au roi, dont il fut le compère,

[1] Bibl. Nat., Mss. 6961, fol. 839.
[2] Le traité du 7 mai 1462 était confirmé; Louis promettait de restituer le Roussillon et la Cerdagne, dès que le roi d'Aragon lui aurait remboursé les sommes qu'il lui devait.

ait nui à son dévouement à sa province natale, et qu'en servant Louis XI, il ait trahi la cause de ses compatriotes. Nous espérons montrer que cette opinion est peu conforme à la vérité, et que le sire du Plessis n'a jamais joué le rôle qu'on lui prête.

L'auteur de « l'Anjou et ses Monuments, » parlant des hommes que Louis XI employa pour réunir l'Anjou à la couronne, s'exprime ainsi sur Jean Bourré : « Louis XI, dont la politique constante se tournait contre les grands, choisit en Anjou un personnage de basse condition pour l'élever aux premières charges de l'État. Appréciant le mérite du fils d'un cordonnier de la paroisse de Bourg près Soulaire, il se l'attacha dans le but, sans doute, de l'employer à ses desseins d'usurpation sur l'Anjou[1]. » Nous savons ce qu'il faut croire de la « basse condition » de Bourré, du lieu de sa naissance et de la profession remplie par son père. Le prétendu dessein qu'aurait eu Louis XI, en prenant Bourré à son service, nous semble aussi peu admissible que les renseignements qui précèdent. Sans doute, Louis XI voyait de loin et préparait de longue main les intrigues dans lesquelles il enlaçait ses adversaires. Mais nous ne pouvons admettre qu'en 1443, alors jeune dauphin, bien éloigné du trône par l'âge même de son père, il eut déjà songé à réunir à la couronne la province d'An-

---

[1] Godard-Faultrier. L'*Anjou et ses Monuments*, t. II, p. 357.

jou. Nous nous refusons encore plus à supposer qu'il ait choisi, pour l'employer à ses desseins d'usurpation sur l'Anjou, un jeune homme de vingt ans, étudiant le droit canon à l'Université de Paris.

L'auteur d'un récent article publié dans un recueil périodique de l'Anjou, a donné plus de détails sur le rôle qu'aurait rempli Bourré dans l'usurpation de l'Anjou.

« En 1464, dit-il en parlant de Louis XI, il vient à Angers et, sous prétexte d'une visite à son oncle, il prépare son plan. Il y avise deux compères, Jean Balue, trésorier de l'église d'Angers, et Jean Bourré, fils d'un bourgeois de Châteaugontier, qu'il fait seigneur du Plessis-Bourré... Ces deux personnages, Jean Balue et Jean Bourré enlacent tellement de leurs intrigues le pauvre roi René, que, en 1471, ils le forcent à s'éloigner d'Angers, séjour si manifeste de sa prédilection [1]. » Sans nous arrêter à faire remarquer combien il est peu exact de dire qu'en 1464 Louis XI « avise » à Angers, Jean Bourré, qui était à cette époque, depuis vingt années, son intime secrétaire, nous voulons étudier cette prétendue complicité de Balue et de Bourré, « enlaçant de leurs intrigues le pauvre roi René ». Remarquons d'abord que l'accusation devrait au moins porter sur Bourré seul, car en 1471

---

[1] Mémoires de la Société d'agriculture, sciences et arts d'Angers, t. XX, p. 155-156.

Balue était, depuis deux années, enfermé dans une cage de fer au château de Montbazon, et dès l'année 1469, Bourré avait été chargé de « faire les despens du cardinal, » aux frais du roi [1]. Le « seigneur du Plessis-Bourré » ne menait donc point, de concert avec le « trésorier de l'église d'Angers, » l'entreprise dont on l'accuse.

Rien ne porte à croire qu'il la conduisit à lui seul. L'auteur de l'article mentionné plus haut, ne cite aucune pièce et nous n'avons trouvé aucun document qui révélât, non seulement la participation de Bourré à une intrigue de ce genre, mais encore l'existence même d'une intrigue contre René pour le chasser, en 1471, de son duché. La détermination que prit le duc d'Anjou de se retirer en Provence, ne fut point le résultat subit de menées secrètes, conduites par les agents du roi Louis XI, mais d'une résolution bien arrêtée dans son esprit, et dont les motifs étaient de différente nature. La duchesse Jeanne de Laval avait pris en affection le séjour de la Provence, et René qui l'y avait laissée l'année précédente, éprouvait le désir de la rejoindre. Il voulait aussi se rapprocher de l'Espagne pour relever en ce pays « la bannière

---

[1] « Monsieur du Plessiz, envoyez incontinent ces lectres veues, homme propre avecques argent à Montbazon, devers François de Doins, pour faire les despens du cardinal, depuis ledict lieu jusques à Onzain, et gardez comment que ce soit qu'il n'y ait faulte. Donné à Amboyse, le XXVIe jour de janvier. Loys. — Leclerc ». (Bibl. Nat., Mss. fr. 6602, fol. 52.)

d'Anjou presque tombée », et de l'Italie, où le revirement des esprits donnait à sa cause une nouvelle chance de succès. Sans doute aussi il n'ignorait pas que Louis XI, d'après les insinuations du duc de Bretagne, le soupçonnait de pactiser avec les adversaires de la royauté, et il jugeait prudent de se réfugier en lieu sûr. Mais Louis n'intervint pas d'un façon directe en cette affaire, et Bourré n'eut à nouer aucune intrigue.

Peut-on accuser plus justement Bourré d'avoir été un mauvais Angevin en 1474, et d'être devenu l'agent d'une injuste spoliation au détriment du roi René ? Non, à notre avis et pour plusieurs motifs. D'abord que fit Louis XI, en 1474, aux dépens de la liberté des Angevins ? Confisqua-t-il, comme on l'a dit, la province d'Anjou ? Nullement. Il n'y eut, en 1474, qu'une saisie temporaire dont les effets furent annulés, moins de deux ans après [1]. Si l'Anjou fut réuni à la couronne royale, ce ne fut point en 1474, par suite d'une confiscation opérée au mépris des droits d'un prince légitime ; mais seulement en 1480, par suite d'un accord avec la maison d'Anjou et du consentement de l'héritier naturel [2].

---

[1] Lecoy de la Marche. *René d'Anjou*, t. I, p. 380.

[2] « L'opinion reçue au sujet de la réunion de l'Anjou et de la Provence au royaume de France, n'est pas exacte en tous points. La première de ces provinces ne revint pas à la couronne, comme on l'a dit quelquefois, au moyen d'une confiscation opérée en 1474 par Louis XI : la confiscation ne fut qu'une saisie temporaire, et moins de deux ans après ses effets furent complètement annulés, sauf quelques modifications dans les rapports du duc et du suzerain. Le duché ne rentra même pas dans le domaine

Sans doute pendant la saisie, Bourré fut chargé en qualité de trésorier de France de « faire le bail de l'imposition foraine et traicte de 20 sols tournois dudict pays d'Anjou » dont le roi René avait l'habitude de percevoir les profits; mais cette commission cessa dès le 16 sept. 1476 lorsque Louis XI ordonna de percevoir au profit de René, comme avant la main mise, les impôts qui lui étaient dus [1].

Blâme-t-on alors Bourré d'avoir pris part en 1474 à la réduction de la ville d'Angers en municipalité ? Aucun document ne montre qu'à cette époque le sire du Plessis ait été appelé à jouer un rôle important. Mais eût-il même contribué à l'établissement de la mairie d'Angers, nous n'aurions qu'à l'en louer. Habitués à prendre part au gouvernement de leur ville, autorisés même à élire six d'entre eux pour régler les comptes et « mener à fin tous les négoces de leur ville [2], » les Angevins. ne pouvaient manquer d'accepter de bon cœur la création d'une municipalité. Suivant Guillaume Oudin, ils auraient même prié le roi « qu'il leur donnât congé d'avoir maison de ville, c'est à savoir maire et échevins; laquelle demande et requeste le roy leur

royal en raison de la mort du possesseur et de l'extinction de sa lignée..., mais ce retour se produisit en 1480, par suite d'un accord avec la maison d'Anjou, et du consentement de l'héritier naturel. »

(Lecoy de la Marche. *René d'Anjou*, t. I, p. 411.)

[1] Arch. Nat., p. 1334, fol. 54, v°.

[2] Port. *Dict. Historique*, Angers, p. 38. *Notes et Notices*, p. 148. Lecoy de la Marche. *René d'Anjou*, t. I, p. 442.

octroya[1]. » La charte municipale, du reste, imposée ou octroyée par Louis XI, donnait à la ville des franchises et des privilèges, et, suivant le jugement d'Augustin Thierry, « était pour le fond parfaitement libre[2]. » On pouvait reprocher à Louis XI d'avoir, contre le gré des Angevins, établi dans la ville un maire étranger, un de ses compères ; mais ce seul fait blâmable ne saurait en aucune façon rejaillir sur la mémoire du sire du Plessis, car nous verrons, qu'après la mort de Louis XI, il modifia lui-même la charte municipale et rendit aux Angevins la libre élection de leur maire.

En 1474 la grande lutte soutenue par Louis XI, avec l'aide constante de Jean Bourré, contre les grands vassaux de son royaume n'était encore point terminée. Le duc de Bourgogne qui ne pouvait longtemps respecter les traités et vivre en paix avec son trop puissant voisin le roi de France, avait, par une ligue conclue le 25 juillet, renoué les anciennes alliances des Bourguignons avec les Anglais. Cette fois, la coalition devait être la moins terrible de toutes. Louis XI avait déjà épuisé ses ennemis ; et leurs forces étaient trop faibles pour le mettre en échec. Aussi, lorsque les ambassadeurs du roi d'Angleterre étaient venus sommer le roi de France de rendre la Normandie et la

---

[1] Guillaume Oudin. Manuscrit de la Bibliothèque d'Angers, publié dans la *Revue d'Anjou*.
[2] Augustin Thierry. *Essai sur l'Histoire du Tiers-État*, in-12, p. 343.

Guyenne, le menaçant d'une descente d'Edouard en France, Louis avait-il répondu : « Dites-lui que je ne le lui conseille pas [1]. » Pourtant Edouard avait armé des troupes et équipé des vaisseaux ; au commencement de l'année 1475, la flotte anglaise était dans la Manche, et l'on ne savait où elle irait descendre. Comme le roi anglais avait fait réclamer la Normandie et la Guyenne, Louis craignait pour ces deux provinces ; il y fit passer des troupes et mit les places fortes en état de défense. Bourré reçut avec Olivier le Roux et Jean de Molins la commission de faire approvisioner de blé les villes de Bordeaux et de Bayonne [2].

Le roi avait été averti que les Anglais avaient à Bayonne « une entreprinse [3], » et le 4 février 1475

[1] Legeay. *Histoire de Louis XI*, t. II, p. 129.
[2] Bibl. Nat., Mss. fr. 20487, fol. 31.
[3] « Le roy se doubte que les Angloys aient quelque entreprise sur ladite ville de Bayonne. » Lettre des commissaires du roi aux clercs et bourgeois de Bayonne. (Bibl. Nat., Mss. fr. 20491 fol. 50.)

« Monsieur le gouverneur, je me recommande à vous tan comme je puis. Le roy a esté averti que auscuns ont pensé que ceste commission de fayre mener des blez à Bordeaux et à Baionne n'estoyt que une abusion, et qu'il n'en estoit point de besoin, dont il est fort mal content, et à ceste cause ma envoyé par decza pour en enquérir et aussy pour fayre hacter de mener le plus largement de blez esdits lieux que fayre se pourra, mesmement à Baionne, où il a esté adverti que les Angloys ont une entreprinse, et pour ce y envoye ledit seigneur iiie lances, oultre les c de Monsieur de Comminge, et ma chargé parler à vous, si je vous trouvoye, et à tous ses bons officiers afin de tenir la main à ceste commission et de y donner tout le soin et ayde que vous pourrez..... Le roy a ceste matière tant à cueur que ne pourrez croyre et n'a si bon amy s'il l'empeschoit quil ne lui feist mal ses bezongnes. » Lettre écrite au gouverneur de Poitou par un commissaire du roi. (Bibl. Nat., Mss. fr. 20487, fol. 31.)

Bourré partait de Paris avec ces lettres de créance :
« De par le roy. Cher et bien aimé, nous avons commandé une commission adressant à noz aimez et féaulx maistre Jehan Bourré, notre conseiller, maistre de nos comptes, et trésorier de France, Olivier le Roux aussi nostre conseiller, Jehan des Molins nostre notaire et secrétaire, pour faire tirer et mener à Bourdeaulx et ailleurs en nostre païs de Guienne, des blés des païs de Saintonge, Poictou et Angoulême, et sur ce leur avons, et à chacun d'eulx chargé vous dire aucunes choses ; croyez-les et y faites tout ce qu'ils vous ordonneront de par nous, et gardez que n'y faites faulte [1]. »

Pour remplir cette charge, Bourré envoya en Poitou et en Saintonge des agents pour se procurer du blé et l'amener à Saint-Jean-d'Angély [2]. Lui-même, établi dans cette ville, avec les autres commissaires du roi, veillait au chargement des vaisseaux qui conduisaient les blés à Bordeaux et à Bayonne [3]. A la fin du mois de mai 1475, il avait terminé sa tâche, car dès le 16 mai il écrivait à Louis XI :

« Sire, la ville de Bordeaux est bien provisionnée de blez; aussi est celle de Bayonne, et en avons ycy encores grant quantité pour ladicte ville de Bayonne, tous pretz pour charger si tost que les navires dudict Bayonne viendrons, que nous atendons de jour

---

[1] Bibl. Nat., Mss. fr. 20488, fol. 8.
[2] Bibl. Nat., Mss. fr. 20487, fol. 37 et 32.
[3] Bibl. Nat., Mss. fr. 20491, fol. 50.

en jour... Escript à Saint-Jehan-d'Angely, le xvi° jour de May[1]. »

Tous ces préparatifs furent inutiles ; les intrigues seules de Louis XI suffirent, et l'on sait comment Edouard, descendu à Calais, terminait sa campagne à Picquigny. La « Sirène » avait charmé ; l'or avait fait le reste.

Louis XI devait, sans contredit, ce succès à son habileté ; la fortune lui en réservait un plus important encore. Le 7 janvier 1477, son plus terrible adversaire, Charles de Bourgogne, perdait contre le duc de Lorraine la bataille de Nancy et tombait parmi les morts. Mais entre le roi de France et le duc de Bourgogne, il n'existait pas seulement une inimitié personnelle qui pût se terminer par la mort de l'un ou de l'autre. Sans doute, chacun d'eux avait mis son ambition et sa personnalité dans la lutte, mais le combat se jouait moins directement entre Louis XI et Charles le Téméraire qu'entre la France et la Bourgogne ; la soumission de la Bourgogne comme province, ou son indépendance comme royaume étaient principalement en jeu. Aussi la journée de Nancy ne termina-t-elle rien, et nous verrons la France et Louis XI continuer le combat contre la Bourgogne et les héritiers du Téméraire. Bourré servit encore la cause de la France et du roi dans

---

[1] Bibl. Nat., Mss. fr. 26489, fol. 10.

cette lutte où l'on noua plus d'intrigues que l'on ne livra de batailles.

A la première nouvelle de la défaite éprouvée par le duc, et ignorant encore ce que le Téméraire était devenu, Louis XI eut vite pris son parti : « Mons. le comte, mon ami, écrivit-il le jour même au sire de Craon qui commandait son armée sur les marches de Bourgogne et lui avait appris la journée de Nancy, j'ai receu vos lettres et les bonnes nouvelles que vous m'avez fait sçavoir, dont je vous remercie autant que je puis. Maintenant il est temps de déployer vos cinq sens de nature, pour mettre le duché et comté de Bourgogne en mes mains. Pour ce, avec votre bande et le gouverneur de Champagne, si avisé est que le duc de Bourgogne soit mort, mettez-vous dans lesdits pays et gardez-les[1]... »

Le même jour, le sire de Commines et l'amiral de France, le bâtard de Bourbon, partaient vers la Picardie et l'Artois afin d'engager ces provinces à se donner à la France[2]. Aussi, quand le lendemain, un message apporta au roi la nouvelle certaine que le Téméraire était mort, Louis XI avait-il déjà tout mis en ordre pour devenir avant peu maître de la Bourgogne, et détruire enfin cet apanage devenu trop redoutable à la royauté. Le moyen était

---

[1] De Barante. *Histoire des Ducs de Bourgogne*, 1826, t. XI, p. 182.
[2] Idem, *Ibid.*, p. 184.

simple : reprendre ce que les rois, ses prédécesseurs, avaient donné, restituer au domaine royal ce qui en avait été détaché. Mais avait-il le droit d'agir ainsi ?

En 1363, le roi Jean, devenu par héritage possesseur du duché de Bourgogne, jadis aliéné par un de ses prédécesseurs, avait fait donation de cette seigneurie à son fils Philippe. L'acte de donation déclarait le duché hors du domaine royal et l'en séparait absolument, le rendait dorénavant la propriété de Philippe et de ses héritiers, ne réservant aux rois de France que « la suzeraineté et le ressort... ainsi que la foi et hommage, » et le droit de reprendre la Bourgogne, au cas où Philippe ou ses successeurs mourraient sans héritiers directs [1]. Si Charles le Téméraire n'avait point de descendance masculine, il laissait une fille, Marie, que la loi de Bourgogne appelait à recueillir sa succession et déclarait son héritière. Sans doute on pouvait alléguer que l'ordonnance de Charles V de 1374 avait déclaré que les apanages seraient restreints à la ligne masculine ; mais cette ordonnance ne pouvait s'appliquer à la Bourgogne, car la cession au duc Philippe était antérieure à sa promulgation. Si l'on contestait que la Bourgogne fût un fief féminin, il fallait la remettre entre les mains du comte de Nevers, Philippe, petit-fils du duc Jean-Sans-Peur. Mais en tous les cas, le roi de France

---

[1] De Barante. *Ducs de Bourgogne*, édit. Gachard, I, 34.

faisait fausse route en voulant établir sa prétention sur ce fait que les successeurs de Philippe-le-Hardi étaient demeurés sans héritier. Est-ce à dire que le roi n'avait aucun titre pour remettre entre ses mains le duché de Bourgogne, et qu'il ne pouvait en justice réclamer autre chose que l'hommage et le serment de fidélité? Nous ne le croyons point. La Bourgogne, avons-nous dit, avait été donnée en fief à Philippe-le-Hardi sans restriction aucune, pourtant sous la condition expresse que les ducs prêteraient au roi « foi et hommage, » et sous la condition tacite (mais de droit commun en pareille matière), qu'ils se montreraient envers leur suzerain, le roi de France, « fidèles et féaulx. » Charles-le-Téméraire avait maintes fois violé ces conditions : n'avait-il pas, à diverses reprises, refusé de prêter serment au roi? Ne s'était-il pas, par ses alliances coupables avec l'étranger, par ses tentatives criminelles contre le roi de France, montré coupable de félonie et de rébellion? Il avait par là, comme on disait alors, *commis* son fief: et son suzerain, le roi, pouvait lever contre lui une armée et s'emparer de ses terres. Charles-le-Téméraire était mort; mais sa mort n'avait pu enlever au roi de France le droit d'agir et de rendre au domaine royal les terres qui devaient lui être restituées. Enfin, à défaut même de tout argument juridique, Louis XI pouvait appuyer ses prétentions sur un principe plus haut : le droit qu'a toute nation de renverser et de détruire ce qui menace son existence et empêche son juste développement. « Ce droit, a dit M. Michelet, de réunir à la France ce que le défunt avait eu de provinces françaises, et de détruire l'ingrate maison de Bourgogne, il n'était besoin de l'aller chercher loin : c'était pour la France le droit d'exister [1]. » Le roi de France ne saurait être blâmé d'avoir voulu exercer ce droit, et les agents qui, comme Jean Bourré, l'aidèrent dans cette revendication, concoururent à une œuvre éminemment utile et fort justifiable.

Voici en quelles circonstances et de quelle manière Bourré seconda Louis XI en 1477. Au mois de février, Marie de Bourgogne et les villes flamandes avaient envoyé des ambassadeurs vers le roi de France. Louis les avait reçus à Péronne. Ils étaient venus lui offrir restitution de tous les territoires cédés par les traités d'Arras, de Conflans et de Péronne ; de rétablir partout l'appel au Parlement de Paris et de lui faire hommage, au nom de Marie, pour ses états héréditaires. Louis avait répondu qu'il était animé des meilleures intentions envers sa filleule, et était prêt à la protéger, même à lui conserver ses Etats. Mais il n'arrêterait point son armée et ne consentirait à aucune trêve, « si ce n'estoit que préalablement la cité lez Arras feust mise entre ses mains pour en jouyr comme du sien propre, et la comté de Boulenoys pour la tenir en ses dites mains au prouffit de celui qui droit y aura,

---

[1] Michelet. *Histoire de France*, t. VI.

et aussi que ouverture lui feust faite des villes et places fortes du pays d'Artois. » Il ajoutait toutefois que, si le mariage du Dauphin et de Mademoiselle de Bourgogne se pouvait conclure : « non seullement il leur accorderoit et donneroit ce qu'ils requeroient, mais du sien propre eslargiroit [1]. » Munis de cette réponse, les premiers ambassadeurs étaient retournés en Flandre, rendre compte de leur mission à Marie de Bourgogne et aux Etats-Généraux qui siégeaient à Gand. Après avoir délibéré sur les paroles et les propositions du roi, les Etats-Généraux résolurent d'envoyer une nouvelle ambassade [2]; elle partit vers les premiers jours de mars. Louis se trouvait à Arras. A la nouvelle qu'une députation flamande venait le trouver, il envoya au devant d'elle, pour la recevoir à Lens, trois de ses compères : Thierry de Lenoncourt, bailli de Vitry ; Guillaume de Cerizay, greffier du Parlement, et Jean Bourré. Le rôle de ces envoyés de-

---

[1] Kervyn de Lettenhove. *Hist. de Flandre*, 1850, t. V, p. 223.
[2] Les principaux ambassadeurs choisis par les Etats généraux pour cette nouvelle mission étaient les abbés de Saint-Pierre et de Saint-Bernardin, les sires de Ligne, de Maldeghen, de Dudzèele, de Bersele, de Welpen, maître Godefroi Hebbeline, pensionnaire de Gand, et maître Godefroi Rœlants, pensionnaire de Bruxelles. Leurs instructions, données le 28 février 1476 (v s.), portaient uniquement « que les Estas, considérant que, au moyen de la dite aliance de mariaige, tous différens entre le roy et madite damoiselle seroient apaisez et s'en ensuivroient d'autres grands biens, se sont resoluz et concluz, du sceu et bon plaisir de madite damoiselle, d'entendre et de vaquer au fait de la dite aliance de mariaige, » et elles indiquaient aussitôt après une trève comme conséquence de cette déclaration. (Kervyn de Lettenhove. *Histoire de Flandre*, 1850, t. V, p. 227 et 228.)

vait être de gagner à la cause du roi les ambassadeurs flamands : Louis préférait mille fois aux conférences publiques les intrigues secrètes ; aux entrevues et aux pourparlers officiels, les conversations intimes et les discussions sans apprêt. Aussi, avant de recevoir lui-même en grande pompe l'ambassade des Etats de Gand, avait-il envoyé au devant d'elle son adroit confident, Bourré, avec deux autres compères. Le 7 mars, les députés arrivaient à Lens ; le même jour Louis écrivait à ses envoyés [1] : « Mess. je vous envoye Guillaume Olivier qui vient tout droit d'Angleterre et avoit mené les vins au Roy, pour vous dire des nouvelles, je vous prie faictes les bien à mon avantage et en dictes aux Flamens tout ce qui vous semblera qui me pourra servir. Il dit que Mons. d'Hastingues est venu de Calais et bien mil ou xii^c Angloys, vous leur povez dire que c'est pour embler Madamoyselle de Bourgongne, et que Madame de Bourgongne mayne ceste entreprinse. Et lui faictes faire les novelles telles que vous aviserez qui vous pourront servir, et le faictes parler à eulx.

« Et adieu. Escript en la cité d'Arras, le viie jour de mars.

« Loys. »

Louis XI désirait exciter des dissensions afin de « mettre tout en brouillis » entre les communes et madame de Bourgogne. Le rôle qu'il

---

[1] Bibl. Nat., Mss. fr. 20427, fol. 56.

attribuait à madame de Bourgogne n'était pas, au reste, contraire à la vérité. « La duchesse douairière désirait obtenir la main de Marie de Bourgogne pour un prince de sa maison, et Olivier de la Marche dit que déjà, à cette époque, des ambassadeurs Anglais étaient venus à Gand, prier l'héritière de Bourgogne « qu'elle ne voulaist point prendre d'alliance de mariage avec les Franchais, ses anciens ennemis¹. »

Pour parvenir à son but, Louis XI n'était pas fort délicat sur les moyens à prendre, et ses envoyés devaient recourir à ce qu'il appelait des « habiletez. » Si les nouvelles rapportées d'Angleterre n'étaient point suffisantes pour convaincre les Flamands, les compères pouvaient en *faire* d'autres, telles qu'ils aviseraient, pourvu qu'elles fussent bien à l'avantage du roi.

Afin que Bourré et ses compagnons eussent même le loisir d'aviser aux nouvelles qu'ils *feraient*, et plus de temps pour agir sur les ambassadeurs flamands, on fit rester ces derniers à Lens pendant deux jours, attendant un sauf-conduit². Ils n'arrivèrent à Arras que le 9 mars, accompagnés des compères dont la mission n'était point encore terminée.

Dans la journée même du 9 mars, les Flamands furent reçus par Louis et lui exposèrent l'objet de

---

[1] Olivier de la Marche, II, p. 9.
[2] Kervyn de Lettenhove, *Histoire de Flandre*, t. VI. p. 228.

leur ambassade ; le roi avait dit aux premiers ambassadeurs qu'il était prêt à « accorder le mariage » du Dauphin avec Mlle de Bourgogne. Les Etats remerciaient le roi de ce bon vouloir ; eux-mêmes verraient favorablement cette alliance, en raison des grands biens qu'elle pouvait amener. Si le roi voulait envoyer en Flandre des ambassadeurs pour traiter de ce projet, ils seraient fort bien accueillis ; mais comme « de telles alliances se doivent traicter par doulceur, » ils suppliaient le roi d'interrompre la guerre et de faire retirer son armée. Quand ils eurent fini de parler, le roi se leva, fit un long discours, mais évita de répondre directement à leurs demandes, et de rien conclure avec eux ; puis il quitta la salle, disant qu'il leur enverrait « ses gens pour communiquer plus avant des affaires et charge de leur commission. » En effet, à peine étaient-ils retournés à leur logis, « en l'hostel de l'evesque, » que des compères du roi vinrent les y trouver ; c'étaient, entre autres : Thierry de Lenoncourt, Guillaume de Cerizay, le sire de Bouchage et Jean Bourré. Ils commencèrent par demander aux Flamands de faire ouvrir au roi les villes de l'Artois et de lui restituer le comté de Boulogne, « en mettant au devant beaucoup de persuasion à ces fins. » Mais les ambassadeurs répondirent qu'ils avaient exposé au roi leur mission « tout au long, » et qu'ils ne pouvaient plus traiter de rien sans excéder leur pouvoir. En vain, les compères les pressèrent-ils fort « à plus avant parler ». ils s'y refusèrent.

Les gens du roi, voyant qu'ils ne pouvaient amener les Flamands à en dire plus qu'ils ne voulaient, changèrent de système et se mirent à parler « d'assez de choses touchant la reddition de cités, aliances des subjets, lettres envoiées par aucuns grans personnages. » Ils allèrent même jusqu'à leur découvrir que le roi n'avait point « grand confidence » en eux ; et que « aucuns par delà » lui avaient fait savoir qu'ils n'étaient venus que « pour l'amuser et delayer son fait, sans pooir effectuel de besongnier. » Le but de toutes ces communications était encore de jeter la discorde entre les communes flamandes et le gouvernement de la duchesse. « Les Flamands furent « fort perplexes et esbahis » et ne prolongèrent point leur mission : le 11 mars, ils prenaient congé du roi après avoir encore entendu de sa bouche qu'il n'avait « guères de fiance... en aucuns grans personnaiges estans lez Mademoiselle, principalement Madame la duchesse à cause de la nation dont elle estoit, désirant fort qu'elle fust tirée arrière d'icelle Mademoyselle, et autres semblables langaiges... » Sur quoi, le roi les fit reconduire jusqu'à Lens par « aucuns ses gens [1]. »

Jean Bourré fut encore employé à diverses reprises à la difficile conquête de la Bourgogne. Le 26 mars 1477 (n. s.) les représentants de la ville

---

[1] Voir la « Relation de l'ambassade envoyée par les Etats généraux de *par decha* au roi Louis XI » dans Kervyn de Lettenhove, *Histoire de Flandre*. Pièces justificatives, III.

d'Hesdin faisaient leur soumission au roi de France, devant Bourré, assisté du sire de Bouchage et du bailli de Vermandois[1]. A la fin du mois de mai de la même année, Bourré recevait, en compagnie de plusieurs autres compères du roi, le serment de fidélité que les habitants d'Arras prêtaient à Louis XI[2].

Nous retrouvons enfin le nom de Bourré mêlé à l'un des derniers incidents de cette interminable lutte. On sait qu'en 1478, Louis XI, afin de mieux établir aux yeux de tous la justice de ses prétentions sur les domaines du Téméraire, voulut intenter à sa mémoire, par devant la Cour du Parlement, un procès de félonie. Les griefs ne manquaient point contre le duc ; mais le plus important aux yeux de Louis XI, était le guet-apens de Péronne, où il était venu sur le serment fait et écrit par le duc qu'il pourrait à toute heure et à son plaisir s'en retourner en France. Nous avons vu comment le duc avait tenu parole ; en 1478, Louis XI n'eut garde d'oublier le fameux sauf-conduit qu'il avait reçu et dont il avait confié la garde à Bourré ; le 11 mai, il lui écrivit en ces termes pour le lui réclamer :

« Mons. du Plessis, pour ce que pour parachever de besongner en la déclaration que faire je dois contre le feu Charles, duc de Bourgogne, il est besoing de produire et montrer en Parlement la

---

[1] Bibl. Nat., Mss. fr.
[2] Godefroy. *Mémoires de Commines*, Preuves, t. V, p. 63.

cédulle que vous avez, escripte et signée de sa main, qu'il bailla quant je allay à Péronne, par laquelle il promettoit et juroit que je men pourroye franchement retourner toutes fois qu'il me plairoit sans ce que aucun empeschement me fust donné pour quelconque chose qui peust advenir, je vous prie qu'incontinent en toute diligence vous me le envoyez par message seur et que ce soit le plustost que pourrez, et vous prie qu'il ny ait faulte. — A Arras, le xi° jour de may [1]. »

Bourré recevait cette lettre le 22 mai ; aussitôt il se hâtait d'envoyer au roi la cédule qu'on lui demandait, y joignant une lettre pour en réclamer décharge [2]. Puis, comme il était prudent et avisé, il

---

[1] Legrand. Pièces hist., t. XXI, Mss. fr. 6985, fr. 124.
[2] « Sire, je me recommande à vostre bonne grâce tant et si très humblement comme je puis. Et vous plaise savoir, sire, que présentement jay receu les lectres quil vous a pleu de m'escripre par ung des chevaucheurs de vostre escuirie qui sont d'assez vieil dacte, contenant que je vous envoie la lectre que vous envoya le duc de Bourgogne quant vous allastes à Péronne, qui est escripte et signée de sa main par laquelle il vous promectoit que vous y porriez aller et vous en retourner seurement, et laquelle, sire, je vous envoye par ce porteur, et vous suplie quil vous plaise men faire bailler lectre de recepissé pour ma descharge.

« Au surplus, sire, tout est bien par deça, et est monseigneur le Daulphin en très bon point, la grâce à Dieu qui ly veille maintenir et vous doint, sire, très bonne vie et longue et victoyre sur voz ennemis à vostre désir. Escript à Tours, le XXII° jour de may. »

Fol. 88. « Mons. du Plessis, j'ay receu vos lectres avecques la lettre escripte de la main du feu duc de Bourgongne Charles a moy adressant que vous avoye baillée en garde et vous remercye dont la m'avez si bien gardée, vous priant que me gardez bien toutes les autres que avez de moy en garde. Et adieu, Escript au Plessis du Parc, le 22° jour de may. Loys. »

(Bibl. Nat., Mss. fr. 2811, p. 186 ; 22 mai 1478.)

songea que cette cédule isolée pourrait bien ne pas rendre à Louis XI les services qu'il en attendait, et il lui écrivit le jour même une seconde lettre :

« Sire, pour ce que vous m'escripvez qu'il est besoing de produire en Parlement la lettre dudit duc de Bourgogne, qui n'est que une cédule en papier escripte et signée de sa main et que aucuns dud. Parlement par aventure vouldroient dire que l'escripture et signet d'iceluy duc de Bourgogne leur sont incongneuz, et y fere difficulté semble se sest vostre plaisir qu'il seroit bon, tant que vous avez par delà Messrs le bastart de Bourgongne, des Cordes, de Clery et autres plusieurs qui cognaissent sa lectre et signet, le fayre aprouver par eulx et fere prendre sur ce leurs depposicions en forme auctentique pour valoir en temps et lieu ce que de raison [1]. »

Bourré avait raison de se défier du Parlement. Cette cour souveraine ne s'était pas toujours empressée de complaire au roi; Commines dit que Louis « avait contre cueur plusieurs choses dont il la hayoit » et qu'il désirait « bien brider cette court de Parlement [2]. » Dès les premiers temps de son règne, quand il avait voulu abolir la Pragmatique sanction, maître Jean Balue s'était en vain présenté, au nom du roi, devant la Cour pour réclamer l'enregistrement des lettres d'abolition : les

---

[1] Bibl. Nat., Mss. fr.
[2] Commines. Ed. Dupont, II. 269.

membres avaient refusé d'obéir au roi et Louis avait dû faire enregistrer ses lettres au Châtelet. Dans la suite, elle s'était sans cesse opposée à ses volontés, et Bourré même avait, en 1471, été chargé de triompher de sa résistance : Louis XI voulant récompenser un nouveau serviteur enlevé au duc bourguignon, avait octroyé la vicomté d'Orbec au bâtard de Bourgogne et le Parlement avait refusé d'enregistrer cette donation. Louis, une première fois, avait donné mission à Bourré et Guillaume de Cerizay, de faire savoir sa « voulonté » à l'illustre Assemblée ; mais la volonté royale n'avait point paru raison suffisante au Parlement qui persista dans son refus. Irrité, le roi Louis XI avait écrit à Bourré qu'il en était « très mal content » et lui avait ordonné de se rendre avec un autre compère, le comte de Marrafin « devers la court » et de tant en faire, disait-il, « que je n'en entende plus parler, et vous me ferez grant plaisir, car je veulx que la chose se face [1]. »

[1] « Monsieur du Plèssis, j'ai sceu que ceulx du Parlement ne veulent despescher les lettres du don de la viconté d'Orbec à Monsieur le bastard de Bourgongne, quelques lettres que leur aye escripte et fait dire par vous, Ganay et Cerisay sur ce ma voulenté, et en suis très-mal content, pourquoi envoie Marrafin devers eulx pour leur dire de rechef mon entencion, et que je veulx quelque chose qu'ilz sachent dire au contraire que ycelles ilz expédient à plain sens et sans reformation nulle ; sy vous commande que faictes incontinent depescher et expédier lesdictes lettres et que avec ledit Marrafin vous trouvez devers la court, et tant en faictes de votre part que je n'en entende plus parler, et vous me ferez grant plaisir, car je veulx que la chose se face. Et je vous prie qu'il n'y ait faulte. Donné à Ham, le III⁰ jour de may. Loys. » (Bibl. Nat., Mss. fr. 20427, fol. 54.)

Bourré qui avait ainsi appris à connaître les dispositions du Parlement à l'égard du roi, voulait lui enlever, en 1478, toute possibilité de se soustraire aux désirs de Louis XI, en refusant d'admettre comme authentique la fameuse cédule. Le roi reconnut l'opportunité du conseil que lui envoyait son compère ; du 28 au 30 mai 1478, furent interrogés Antoine, sire de Crèvecœur, Antoine, bâtard de Bourgogne, le sire des Querdes et autres seigneurs jadis attachés au Téméraire, qui tous reconnurent « l'escripture et le signet » de Charles de Bourgogne [1]. La félonie du Bourguignon allait être mise en pleine lumière, si la première trêve survenue n'eût interrompu la procédure.

A propos de ce sauf-conduit de Péronne et de l'information où il fut employé, plusieurs historiens ont fait planer sur Louis XI un soupçon qui, s'il était fondé, retomberait également sur Jean Bourré. L'abbé Legrand [2], dans son histoire inédite, soupçonne le sauf-conduit soumis à l'examen des seigneurs bourguignons, de n'être point celui que Charles envoya au roi, par le cardinal Balue ; Duclos, de même, regarde cette pièce comme sus-

---

[1] V. dans Lenglet du Fresnoy, t. IV, p. 409, la « minute de l'information faite par ordre du roi Louis XI, touchant la cédule que le feu duc de Bourgogne bailla au roy, pour aller à Péronne. »

[2] L'abbé Legrand a rassemblé un grand nombre de pièces relatives au règne de Louis XI, et à l'aide de ces pièces a rédigé une Histoire de Louis en 3 volumes. Cette histoire et les recueils des pièces, restés inédits, se trouvent à la Bibliothèque Nationale, Mss. fr. 6960-6990.

pecte; M. de Barante, enfin, émet le doute suivant : « ou le duc de Bourgogne écrivit deux lettres et n'envoya que la seconde, ou le roi fit contrefaire celle qu'attestèrent les témoins [1]. » Il existe, en effet, deux sauf-conduits relatifs à l'entrevue de Péronne : l'un conservé à la Bibliothèque Nationale [2] et publié par M. Gachard, dans les *Analectes historiques* [3] est conçu en ces termes : « Mons. très humblement en vostre bonne grâce je me recommande, vous merchiant, mons. du cardinal [4] qu'il vous a pleu m'envoyer; lequel ma dist le désir qu'aves de me voir : dont mons., en toute humylité je vous remerchie. Auquel sur ceste matier et autres je ly ai déclaré mon intencion, comme par ly le porés, s'il vous plest, savoir. Et pourès seurement venyr, aler et retourner, vous suppliant, mons. qu'il vous plèse recevoir du cardinal les dites matiers par la manyère que je ly ay bailliés; laquelle il vous déclarera. Mons. je prye à Dieu qu'il vous doinst bonne vie et longue. Escript de la main de vostre très humble et très obéissant subject. CHARLES [5]. »

L'autre, également conservé à la Bibliothèque

---

[1] Barante. *Hist. des Ducs de Bourgogne.* t. XI, p. 410.
[2] Bibl. Nat., Mss. Baluze 9675 B, fol. 41.
[3] Gachard. *Analectes Historiques.* Bruxelles, 1856. Série 1re, IV, page 352. Lettre du duc Charles à Louis XI sur le désir qu'il lui a fait exprimer d'avoir une entrevue avec lui. » (Sans date. Oct. 1468.)
[4] Le cardinal Balue.
[5] Original autographe, à la Bibl. Impériale, à Paris : Mss. Baluze, 9675 B, fol. 41.

nationale[1], et publié par Lenglet du Fresnoy[2], s'exprime ainsi : « Mons. très humblement en vostre bonne grâce je me recommande. Mons. se vostre plaisir est venir en ceste ville de Péronne, pour nous entreveoir, je vous jure et promets par ma foy et sur mon honneur que vous y pourez venir, demourer et séjourner, et vous en retourner seurement ès-lieux de Chauny et de Noyon, à vostre bon plaisir, toutes les fois qu'il vous plaira, franchement et quittement, sans ce qu'aucun empeschement de ce faire soit donné à vous, ny nuls de vos gens par moy ne par autre, pour quelque cas qui soit ou puisse advenir. En tesmoin de ce j'ay escrit et signé cette cédule de ma main en la ville de Péronne, le huitième jour d'oct., l'an mil quatre cens 68. — Vostre très humble et très obéyssant subject. CHARLES[3]. »

[1] Bibl. Nat., Mss. Baluze, registre 167.
[2] Lenglet du Fresnoy, *Preuves à l'histoire de Commines*, t. III, p. 19.
[3] « Toute cette pièce est tirée des recueils de M. l'abbé Legrand sur l'histoire de Louis XI, et cotée, Registre 167, Baluze ; ce qui fait croire que cet extrait de procédure est tiré des Mss. de M. Baluze, aujourd'hui dans la bibliothèque de Sa Majesté. Je sais que M. Duclos, dans son *Histoire de Louis XI*, regarde cette pièce comme suspecte ; cependant étant reconnue par ceux mêmes qui étaient en état d'en juger, il est bien difficile de la croire supposée. Mais peut-être s'en est-il fait deux copies différentes. M. Duclos n'en disconvient pas ; et je l'ai remarqué en quelques autres pièces de ce temps, de celles mêmes qui se trouvent dans le Rec. de M. l'abbé Legrand. Et toutes les deux peuvent être véritables, mais la plus énergique aura été envoyée par le secrétaire. C'est ce qui détermina Louis XI à faire cette démarche, dont il eut tout le loisir de se repentir. Et ce fut cette pièce qui fut produite pour faire la procédure dont l'extrait est cy dessus, lorsque le roy attaqua, en 1478, la mémoire du Duc de Bourgogne. » (De Barante.)

Ce second sauf-conduit, conçu en termes beaucoup plus explicites que le premier, fut celui qu'employa Louis XI, et que reconnurent les seigneurs de Bourgogne ; c'est sur son authenticité que portent les doutes et les soupçons.

Nous avons vu qu'il résulte d'une lettre de Louis XI que Bourré avait en garde le véritable sauf-conduit envoyé au roi par le Téméraire. Il suffit donc, pour prouver l'authenticité du second sauf-conduit, de montrer que c'était bien celui dont Bourré avait la garde, celui que Louis XI demande dans la lettre citée plus haut et qu'il désigne en ces termes : « la cédulle que vous avez, écripte et signé de sa main, qu'il bailla quant je allay à Péronne, par laquelle il promettoit et juroit que je m'en pourroys franchement retourner toutes les fois qu'il me plairoit, sans ce que aucun empeschement me fust donné pour quelconque chose qui peust advenir. »

Le premier sauf-conduit porte simplement comme garantie : « Et pourrès seurement venir, aler et retourner. » Dans le second, au contraire, on retrouve presque textuellement les mots cités par Louis XI, comme devant se trouver dans la cédule du duc : « Je vous jure et promets que vous y pourrez venir.... et vous en retourner.... toutes les fois qu'il vous plaira franchement et quittement... sans ce que aucun empeschement de ce faire soit donné à vous... pour quelque cas qui soit ou puisse advenir... » La seule comparaison de ces textes établit clairement que la cédule produite au procès est identiquement celle qui fut d'abord confiée en garde à Bourré, et plus tard réclamée par Louis XI [1].

On ne peut donc accuser Louis XI d'avoir, au moment du procès intenté par lui au Téméraire, commis un faux, pour convaincre de félonie le duc de Bourgogne, ni Bourré d'avoir été le complice d'une aussi mauvaise action.

Ces faits et ces témoignages nous paraissent pleinement justifier les paroles d'un chroniqueur du xvie siècle : « *En ce temps estoit au service du roi un très prudent et très noble chevalier angevin, nommé messire Jehan Bourré, par l'ordonnance et conseil duquel se gouvernoient pour lors les plus hautx faitz et affaires du royaume, esquelles choses si discrètement se comporta que jamais n'en fut reprins* [2]. »

---

[1] L'existence de la première cédule que nous avons citée plus haut peut du reste être expliquée de maintes manières : Charles avait peut-être écrit deux cédules et n'en avait envoyé qu'une; ou bien la première citée était simplement la lettre de créance remise par le duc de Bourgogne à Balue, en même temps que le sauf-conduit. Ou bien encore, Louis XI, après avoir reçu la première cédule, trouvant qu'elle renfermait des garanties trop peu formelles, avait exigé du Téméraire une promesse plus solennelle et plus explicite.

[2] Bourdigné, t. II, p. 227.

CHAPITRE V

BOURRÉ ET LES FINANCES DE LOUIS XI

~~~~

L'administration des finances au XVᵉ siècle : finances ordinaires et finances extraordinaires. — Officiers préposés à cette administration : Trésoriers de France ; Généraux des finances ; leurs fonctions. — Bourré général des finances du Dauphiné, puis premier trésorier de France. — Autorité prééminente de Bourré pour toutes les questions financières. — Nombreuses dépenses de Louis XI ; ses libéralités continuelles. — Les impôts augmentent ; épuisement du peuple. — Bourré, ami de l'ordre et de l'économie, désapprouve le désordre des revenus publics ; fait des remontrances au roi sur la pauvreté du peuple ; diffère de contresigner les lettres de donation du roi. Inutilité de ses efforts ; Louis XI ne veut souffrir aucune autorité près de la sienne. — Bourré n'est pas un ministre des finances, mais plutôt l'homme d'affaires du roi : il paye les officiers royaux de leurs gages ; exécute les pieuses libéralités de son maître ; acquitte ses vœux ; dirige les constructions royales ; fait élever le tombeau de Louis XI. — Rôle de Bourré dans les pressants besoins d'argent du roi ; il lui prête ses deniers, emprunte en son nom en garantissant les prêteurs. Ses missions continuelles pour trouver de l'argent.

Nous avons vu qu'en Dauphiné, puis en Flandre, Bourré exerça des emplois relatifs aux finances du prince, son maître, et qu'à peine revenu en France, il fut nommé coup sur coup par le nouveau roi, contrôleur général des finances au pays de Normandie et conseiller maître en la Chambre des Comptes. A ces premières charges, la confiance de Louis XI ajouta peu à peu les offices les plus élevés ;

et Bourré conquit dans l'administration des deniers publics une place si importante que plusieurs historiens ont cru pouvoir lui donner le titre de ministre des finances du roi Louis XI. Ce titre convient-il bien à notre compère, et devons-nous voir en lui, auprès du roi de France, un véritable ministre? Il nous a semblé indispensable de consacrer un chapitre spécial à cette grande question, pour l'examiner et la discuter avec les développements qu'elle comporte.

Au xve siècle, les finances du roi, ou ce qui revenait au même, les finances du royaume étaient de deux sortes : ordinaires et extraordinaires. Sous la première de ces dénominations, on désignait les produits du domaine royal, formé du patrimoine des rois de France. Les aides et les tailles, établies d'abord pour subvenir à des besoins intermittents, pour couvrir les frais des guerres, étaient comprises sous le nom de finances extraordinaires, bien qu'elles fussent au xve siècle une source habituelle de revenus aussi bien que le domaine. L'administration supérieure de ces deux sortes de recettes était aux mains d'officiers spéciaux : les trésoriers de France pour le domaine, et les généraux des finances pour les impositions. Les grandes ordonnances de Charles VII avaient ainsi organisé leurs attributions :

Les trésoriers de France devaient réunir au domaine tout ce qui en avait été séparé, sans justes motifs ou justes titres; « forcer les non nobles ou nobles vivant non noblement, de mettre hors de leurs mains les fiefs nobles et de payer finance. » Ils visitaient les places et forteresses du domaine, faisaient délivrer les deniers pour les réparer et dressaient des états de tout ce qui s'y trouvait appartenant au roi. Ils pouvaient acquérir pour le roi des rentes ou des maisons pour les réunir au domaine. Ils avaient sur les divers officiers domaniaux un pouvoir très étendu ; le roi leur accordait le droit de suspendre ou de changer les receveurs et les élus qui remplissaient mal leur charge [1].

Les généraux des finances étaient en quelque sorte des inspecteurs extraordinaires. Ils devaient visiter les provinces pour corriger les abus et les désordres des clercs, receveurs, grenetiers et contrôleurs ; ils avaient même le droit de suspendre ou de changer ceux qui s'acquittaient mal de leurs offices. Aucune commission, touchant les finances extraordinaires ne pouvait être scellée sans qu'elle eût été expédiée par eux, et leur présence était nécessaire pour procéder à la clôture des comptes des receveurs [2].

Ces deux fonctions de général des finances et de trésorier de France furent remplies par le sire du Plessis Bourré. Plusieurs manuscrits font mention qu'il était général du Dauphiné [3]. En 1473 il était

[1] Rec. Ordonnances. XIII, 444 et suiv.
[2] Ordonnances. XIII. 10 fév. 1445.
[3] V. Bibl. Nat., Mss. fr. 6602, une lettre de Guillaume Picard à Bourré avec cette adresse « A Monsieur Duplessis, conseiller et maistre des comptes du roy, et général du Dauphiné », — et

trésorier de France, ayant succédé dans cette charge à maître Charles d'Orgemont, sire de Méry¹. Enfin, lorsqu'en 1474, Etienne Chevalier, le premier et le plus ancien en l'office de trésorier de France vint à mourir, Louis XI nomma Bourré à sa place ². Ces faveurs, si largement octroyées

Mss. fr. 20187, fol. 98, une lettre de Hugues Cot écrite de Grenoble à Jean Bourré qu'il appelle « maistre Jehan Bourré, seigneur du Plessis-Bourré, général du Daulphiné » et qu'il remercie de l'avoir « commis à la recepte générale de ce pays. »

¹ « Comme par aultres nos lettres eussions donné à nostre aimé et féal conseiller et maistre de nos comptes Jehan Bourré, seigneur du Plessis-Bourré, l'office de trésorier de France, que tenait maistre Charles d'Orgemont, seigneur de Mery... nous bien recordans et considérans les grans louables, et recommandables services que ledict Jehan Bourré nous a faitz continuellement dès son jeune âge, à l'entour de nous et en nos plus grans et principaux affaires, ou fait de nos finances et autrement ez pays de Dauphiné, de Brabant et de Flandres, et espérons que encore plus face au temps avenir, et pour la très grant confiance que avons de ses sens, souffisance, loyauté, preudomie et bonne diligence, icelui... créons et establissons en l'office de trésorier de France, ou lieu dudict maistre Estienne Chevalier, vacant par le trespas dudict maistre Estienne... »

Publié par M. Marchegay. Bourré, gouverneur du Dauphin, p. 38.

² Don de l'office de trésorier de France à Phillebert de Boutillat, vacant par la promotion de maître Jean Bourré. Du 4 septembre 1474.

« Louis, par la grâce de Dieu, roy de France à tous ceux qui ces présentes lettres verront, salut. — Comme par nos autres lettres patentes données à Dampierre le dixiesme jour du mois de novembre dernier passé, et pour les causes à plein en icelles contenues, nous eussions donné et réservé à nostre amé et féal conseiller et maistre de nos comptes Phillebert Bouthillat, escuyer Bailly de Nivernoi., l'office de trésorier de France que tenoit et possédoit lors nostre amé et féal conseiller maistre de nos comptes, maistre Jean Bourré, sitost qu'elle vacqueroit par la promotion dudict maistre Jehan Bourré à l'office de trésorier de France, que tenoit et possédoit lors feu maistre Estienne Chevalier et soit ainsi que ledit feu maistre Estienne Chevalier soit puis naguères allé de vie à trespas, au moyen duquel trespas nous avons

par Louis XI à son compère Bourré, lui donnaient une autorité prééminente sur toutes les questions financières relatives tant au domaine qu'aux impositions. Il semble que les autres gens des finances, receveurs ou généraux, l'aient regardé comme leur chef. Ainsi Briçonnet, envoyé par le roi pour présider plusieurs états provinciaux, rendait compte à Bourré de sa mission et de ses projets ultérieurs [1] :

« Mon très-honoré seigneur humblement à votre bonne grâce me recommande tant comme je puis. Depuis que vous ay escript de Tarare, je suis passé par ce pays du Daulphiné pour l'assemblée des estats d'icellui, lesquels ont libérallement octroyé au roy ce qu'il luy a pleu leur faire demande par moy, et se porte tout le pays très bien en la bonne obbéissance dud. seign. Dieu mercy. Aucuns de mesd. seign. des Estatz ont esté esleuz pour aller devers luy le veoir et visiter ainsi qu'il lui a pleu mander. Mons. je m'envoys aux estats de Languedoc qui sont mandez au premier jour de mars prouchain; de la je vous rescripré bien au long des nouvelles; s'il vous plaist par mon homme présent porteur, lequel j'envoy exprès devers led. seign. m'escriprez, et aiderez à le faire despescher et me mandez tousiours vos bons plaisirs pour iceulx

---

aujourd'huy promeu ledit Jean Bourré audict office de trésorier que tenoit ledict feu maistre Estienne Chevallier... » (Bibl. Nat., Mss. fr. 23872, fol. 222, v°.)

[1] Bibl. Nat., Mss. fr. 20488, fol. 10.

acomplir de tout mon povoir, à l'aide de Dieu qu'il vous doint bonne vie et longue. Escript à Grenoble, le XXIII° jour de février... »

« Votre humble serviteur, Guillaume BRIÇONNET. »

Le roi lui-même regardait Bourré comme le grand ordonnateur de ses comptes, et remettait à lui seul le soin de disposer des deniers de l'Etat.

Ainsi, en 1471, le comte de Dammartin, occupé à guerroyer contre le duc de Bourgogne, réclamait de Louis XI 15,000 livres tournois. Bourré se trouvait loin de la cour, en Anjou, où la mort de sa mère venait de l'appeler. Louis répondit au grand maître qu'il ne pouvait rien lui envoyer, parce que le sire du Plessis était absent. S'il s'était trouvé à la cour, déjà Dammartin aurait reçu ce qu'il demande, mais Bourré revient bientôt et, dès son retour, il enverra les 15,000 livres [1].

On peut donc, d'après ces documents, regarder Jean Bourré comme ayant été de fait le chef de l'administration financière sous Louis XI. Est-ce à dire qu'il fut vraiment un ministre des finances ? Ce titre, avec la signification qu'on lui prête lorsqu'on parle d'un ministre du XV° siècle, nous semble mal répondre à ce que fut Bourré, et lui attribuer un honneur, sinon au-dessus de son mérite, du

---

[1] « Monsieur le grant maistre, mardy au soir, j'ai receu vos lettres dont vous mercie tant que je puis. Si Bourré ne fust allé à sa mère qui est morte, vous eussiez déjà les quinze cens livres de reste ; mais je l'attends d'icy à un jour ou deux, et incontinent qu'il sera venu, je m'acquitterai en la plus grande diligence que je pourrai... » (Godefroy. Preuves de Commines, III, 209).

moins supérieur à ses services réels. Aujourd'hui, l'organisation de nos pouvoirs publics réclame auprès du chef de l'État la présence constante de personnages qui gouvernent en son nom. Au xv° siècle, les rois ignoraient encore la nécessité d'avoir des ministres, et appelaient rarement quelqu'un de leurs conseillers à ce suprême honneur. Tout chef d'une partie de l'administration publique n'était point un ministre; et l'histoire ne reconnaît ce titre qu'à quelques rares hommes dont l'initiative et la personnalité, distinctes de celles du souverain, établissaient dans l'État de sages institutions ou apportaient dans l'administration de nécessaires réformes.

Le règne de Louis XI n'est pas pour les institutions financières, une époque de renouvellement ou de perfectionnement; ni l'administration générale des impôts, ni le mode de perception propre à chacun d'eux ne sont modifiés ou améliorés. Le temps des réformes est passé; les ordonnances de Charles VII et de son ministre, Jacques Cœur, ont donné à la France une administration bien organisée. Louis XI trouve assez bonnes les institutions de son prédécesseur et ne songe point à innover. On voit bien dans une ordonnance du 27 janvier 1482, rendue en faveur de la ville de Clermont, apparaître un nouveau mode de perception d'impôt : suppression des aides dans les campages et des tailles dans les villes, de telle sorte que toute la charge de l'impôt direct pesât sur les campagnes, et que celle de l'impôt indirect retombât sur les villes. Mais ce règlement ne fut point généralisé, et le roi n'en fit point sortir un système financier [1]. Il n'y eut donc point sous Louis XI de création nouvelle ; aucune ordonnance ne révèle l'inspiration d'un ministre, et si Jean Bourré joua réellement ce rôle, ce n'est point pour ses innovations qu'il mérite d'être connu.

Bourré, qui ne fut point un fondateur, fut-il au moins un réformateur, et peut-on lui attribuer l'honneur d'avoir pris ou fait prendre au roi de sages mesures pour réformer des abus ; d'avoir, au désordre et au gaspillage, substitué l'ordre et l'économie ? Louis XI, qui comprenait si bien la puissance de l'argent, en faisait son grand moyen d'action, le ressort de sa politique et l'aliment de sa conduite privée ; aussi le dépensait-il sans compter. Il prodiguait sans réserve les dons et les pensions, en même temps qu'il multipliait les impôts, ou les aliénations du domaine royal. Son trésor se trouvait toujours vide. « Il était toujours à sec, » suivant l'expression de Michelet, « et il n'avait pas le moyen de s'acheter un chapeau. »

« Ung bien avait en lui nostre bon maistre, dit Commines, il ne mettait rien en trésor ; il prenoit tout et despendoit tout [2]. » Commines aurait pu dire que le roi « prenoit » plus qu'il ne recevait, et qu'il contractait chaque jour de nouvelles dettes.

[1] V. Clamageran, *Histoire de l'impôt en France*, t. II, p. 35 et 39.
[2] Commines. *Mém.* Edit. Dupont, II, 144.

Ses dépenses dépassaient de beaucoup ses recettes : d'après un état que les gens des finances lui envoyaient, les dépenses s'étaient élevées dans une seule année à 2,001,090 livres, 10 sols, 4 deniers, tandis que les recettes ne montaient qu'à 1,854,465 livres, 5 sols, 10 deniers, ce qui constituait un déficit de 146,625 livres, 2 sols, 6 deniers [1].

Les recettes pourtant étaient assez belles, et d'année en année, Louis XI les augmentait. Le chiffre de la taille qui, à son avènement, n'était que de 1,200,000 livres, était monté, à sa mort, à 4,400,000 livres [2]. La gabelle aussi s'était élevée ; une crue de 40 sols par muid, établie d'abord en 1467 pour six ans, fut renouvelée en 1473, puis en 1479 [3]. Sur les routes, sur les mers, sur les ponts, les péages au profit du roi étaient multipliés et leurs tarifs augmentés [4]. Epuisé par ces continuels impôts, le peuple était tombé dans la pauvreté et la misère. Un officier des finances écrivait à Bourré : « Et vous asseure, monseigneur, que c'est grant pitié que de recouvrer argent, car le peuple n'a plus riens et quelque diligence que j'en face et face faire, je n'en puis riens tirer [5]. » Une autre fois, Beauvarlet s'excusait en ces termes

---

[1] Bibl. Nat., Mss. fr. 20485 fol. 89.
[2] C'est le chiffre donné par le chancelier aux Etats de 1484. Commines dit : 4,700,000 livres.
[3] Ordonnances du 7 juillet 1467, 17 oct. 1473, 20 mars 1479.
[4] V. Cahier des Etats généraux de 1484. Chapitre de la Marchandise, p. 699.
[5] Bibl. Nat., Mss. fr. 20487, fol. 12.

de ne pouvoir envoyer à Bourré le montant des impositions : « Y a bonne excusacion sur la povreté du peuple, car sur mon âme, monseigneur, tant y a de pitié et misère que c'est chose non créable à gens qui ne le voient et espreuvent... [1]. » Louis XI avait voulu, pour épargner le sang de ses sujets, épuiser leurs bourses [2]. Il n'avait que trop bien réussi. La misère était générale ; les coffres du roi, comme la bourse du peuple, étaient vides.

Lorsqu'on étudie la vie privée de Bourré et la manière dont il administrait sa fortune, on trouve en lui deux qualités dominantes : l'esprit d'ordre et l'économie. Il tenait avec un soin méticuleux le compte de ses dépenses. Ainsi, quand il était en voyage, il faisait noter en détail tout ce qu'il payait et nous avons retrouvé, dans les manuscrits de la Bibliothèque Nationale, le compte de la dépense faite par lui pour un de ses diners à Paris [3]. Lors-

---

[1] Bibl. Nat., Mss. fr. 6602, fol. 120.
[2] Bibl. Nat., Mss. Legrand. *Histoire de Louis XI*, fr. 6960 et suiv.
[3] « Despence faicte à Paris, par monseigneur, le mercredi IIII de janvier, mil CCCC IIII^{xx} et XI :
Premièrement. — Le dit jour à disner :

En pain........................... v s. t.
En vin............................ VII s. VI d.
En demy mouton.................. x s. t.
En une pièce de bœuf............. II s. t.
En II chappons................... v s. x d.
En II coguils.................... x s. t.
En saulcisses.................... x d. t.
En choux......................... III d. t.
En poires........................ x d.
En sucre......................... VII d.
En ung fromage................... II s. II d.

qu'il quittait son château du Plessis, il prenait avec exactitude note de ce qu'il laissait en argent à sa femme, Marguerite de Feschal[1]. Bourré connaissait le prix de l'argent, et s'il fut généreux pour prêter à ses amis, il ne montra jamais une prodigalité irréfléchie dans ses dépenses. Il donnait peu d'argent à ses fils, qui se plaignaient de ne se pouvoir « entretenir » avec ce qu'ils avaient, et faisaient des dettes pour suffire à leurs plaisirs. Avec ses fournisseurs, il n'aimait point à payer au-dessus de leur valeur les objets qu'il achetait, et réclamait même d'eux qu'ils lui fissent « bon marché[2]. »

Doué d'un semblable caractère, Jean Bourré ne pouvait point approuver le gaspillage des deniers publics, et le désordre qui régnait dans l'adminis-

En sel....................................	VIII d. t.
En ung quarteron bourrée et demy-quarteron cousteretz...............	VI s. t.
En ung quarteron et demy botaux de foing..................................	XXII s. VI d.
En paille.....................................	VIII s. IX d.

(Bibl. Nat., Mss. fr. 20600, fol. 37).

[1] « Le 21e jour de mars, l'an mil IIII c LXXIX que je parti du Plessiz pour aller à Tours, je laissé à Marguerite, en monnoie, la somme de IIII c L livres X s. t. » (Bibl. Nat.. Mss. fr. 6603, fol. 25.)

[2] « Jehan de la Court, écrivait-il en 1500 à un marchand d'Angers, je vous prie, envoiez moi du drap noir, tout prest pour faire une robe et des chausses à mon petit gars, Charles, et aussi du satin violet pour lui faire ung pourpoint et ung bonnet pour lui. Aussi m'envoiez un ou deux bonnets de la fasson que savez que je les demande ; *et me faites bon marché et mandez le prix de chascune chose.* Et adieu qui vous doint ce que désirez. Escript à la hâte à Jarzé, ce mercredi, dernier jour de mars. Le tout vostre J. Bourré. *Et enveloppez tout ensemble, en manière qu'il n'y ait rien mouillé ne gasté.* » (Bibl. Nat., Mss. fr. 6603, fol. 88.)

tration financière ; s'il en eût été le maître, comme il en était le chef, il aurait réprimé les abus. Il voyait avec peine « la pauvreté et misère » du peuple, et il aurait voulu la secourir. Il se servit même parfois de la confiance qu'il avait su inspirer à Louis XI pour lui « remontrer » les souffrances du pays ; et quelques rares documents nous apprennent que ses remontrances ne restèrent pas toujours sans effet. Ainsi les Etats du Dauphiné envoyaient une lettre à Bourré pour le remercier « de la grande solicitation et travail qu'il vous a pleu prendre pour remonstrer au roy la grande et extrême pouvreté et misère dudict pays, qui est telle que nul ne la pourroit au vray bonnement exposer, par lesquelles remonstracions le roy a tourné son œil de pitié sur son pouvre pays et ses loyaulx subjectz et habitans d'icelui [1]. »

Quand Bourré était chargé de lever des subsides sur les villes, il n'était pas impitoyable. Ainsi il réduisait de 20,000 fr. à 4,500 fr. un subside demandé à la ville de Lyon pour la guerre de Roussillon ; ce qui lui valut la reconnaissance de cette grande cité et un présent de « une dozène torches à bastons » et « 4 livres dragées muscade et 8 livres dragées communes [2]. »

Jouissant du privilège spécial de contresigner toutes les lettres de dons accordées par Louis XI, Bourré avait par là une sorte de contrôle sur les

---

[1] Bibl. Nat., Mss. fr. 20427, fol. 75.
[2] Archives de Lyon. Document communiqué par J. Vaesen.

libéralités royales ; et plus d'une fois il en fit usage pour restreindre ou supprimer quelque largesse irréfléchie du roi. Quand une gratification lui paraissait excessive ou préjudiciable, il différait d'en expédier les lettres. Mais Louis XI n'aimait point qu'on résistât à sa volonté. « Monsieur du Plessis, écrivait-il à Bourré, M⁰ Jacques Mau, chevalier, m'a dit que vous différez de bailler à son père la prévosté de Beauvais que je luy ay donnée et que vous voulez qu'il preigne autre récompense : dont je m'esbahis, car vous savez quuil ma bien servy, et pour ce ne delaiez plus. Car je vueil qu'il ait cestuy là et non autre, et qu'il le ait par sa main. Si y faites en manière que je n'en oye plus parler. Escript au Plessis du parc, le 27ᵉ jour d'avril. Loys. — Tilhart [1]. »

Plusieurs autres lettres de Louis XI témoignent également que s'il eût dépendu de Bourré, les dons et les pensions eussent été beaucoup moins fréquents [2]. Mais que pouvait le fils du bourgeois de Châteaugontier, à l'encontre du très puissant et très redouté Louis XI. Hésitait-il à obéir : « Ne delaiez plus, et faites en manière que je n'en oye plus parler ». Se refusait-il à donner à un

---

[1] Bibl. Nat., Mss. fr. 20427, fol. 76.

[2] « Monsieur du Plessis, j'ai donné au conte daulphin ıı ᶜ l. t. par mois sur mon argenterie pour ses habillemens et luy en ay signé sa cédulle, *et expédiez lui ladite cédule sans y fere difficulté*, et qu'il n'y point de faulte, car mon plaisir est qu'il les ait. Donné à Amboise, le XIXᵉ jour de décembre. Loys. — Leclerc. » (Bibl. Nat., Mss. fr. 6602, fol. 44.)

seigneur nouvellement gagné à la cause royale les derniers deniers d'un trésor épuisé : « Qu'il n'y ait point de faulte, car mon plaisir est qu'il les ait. » Ainsi parlait le roi, son maître. Sous un tel gouvernement, l'initiative et l'action personnelle d'un ministre étaient impossibles : Louis voulait l'autorité royale trop indépendante, il tenait trop à sa souveraineté absolue, pour laisser s'élever à côté du trône le moindre pouvoir qui ne fût pas le sien. Tant qu'il vivait, il ne pouvait y avoir en France qu'un homme d'Etat, à la fois roi et ministre, et « portant en lui seul tout son conseil. » Sous un autre souverain, Bourré aurait peut-être été un ministre des finances ; sous Louis XI, il ne pouvait être et il ne fut que l'homme d'affaires du roi. En le montrant à l'œuvre dans ce rôle secondaire, nous prouverons mieux encore la vérité de notre thèse.

Louis XI veut-il faire payer de ses gages un de ses valets de chambre, aussitôt il s'adresse au sire du Plessis :

« Bourré, appoinctez Guillaume Cleret, notre varlet de chambre, de ses gaiges, en la manière qu'il estait l'année passée, c'est assavoir dix livres pour moys, et le faites paier de ce qu'il luy est deu de ceste présente année. Et gardez que en ce n'ait faulte, car tel est nostre plaisir. Donné à Amboise, le 9⁰ jour de mars [1]. »

Le fauconnier du roi réclame-t-il ses gages,

---

[1] Bibl. Nat., Mss. fr. 20486, fol. 94.

Louis XI en écrit incontinent à Bourré. La chose est grave ; si le fauconnier n'était pas payé, les oiseaux du roi pourraient ne pas « estre mis en mue. » Qu'incontinent Bourré écarte ce danger :

« Monsieur du Plesseys,

« Mathieu Frammery mon faulconnier ma dit qui luy est encores deu troys mois de ses gaiges de l'année passée, et avec ce que de ceulx de ceste année présente il n'est point encores appoincté ; dont je ne suis pas content. Et pour ce que j'envoye mondict faulconnier à Amboise, pour faire muer mes oyseaulx, je vous prie que le faciez entièrement paier de ses dicts gaiges de l'année passée, et de ceulx de ceste présente année, le faictes si bien appoincter sur Martin Ponchier ou autre que adviserez quil soit doresnavant paié de ses dicts gaiges de la somme de quinze francs par chacun mois, et qu'il n'y ait point de faulte. Et tant en faictes, que par deffault de ce mesdicts oyseaulx ne demeurent à estre mis en mue, et que mondict faulconnier n'ait plus cause d'en retourner par devers moy. Donné à Ham, le XII° jour de may. Loys. — Tilhart [1]. »

Les dépenses de gages pour les officiers étaient payées sur les comptes de l'hôtel ; Bourré semble avoir eu le même pouvoir de disposer des deniers affectés à l'argenterie royale. Ainsi Louis XI lui écrivait :

---

[1] Bibl. Nat., Mss. fr. 6602. fol. 30.

« Monsieur Duplessis, je vous prie que trouvez moien de prendre, tant sur le fait de ma chambre, que de mon argenterie et de mon escurie v^c xv escuz et demi pour achever le grant calice que je faiz fere à Tours, et les délivrez à Jehan Chenart de Paris, que j'ay fait venir à Tours expressément pour ce faire. Et qu'il n'y ait point de faulte sur tout le plaisir et service que me désirez fere, car je lui ai chargé n'en bouger jusqu'à ce qu'il soit du tout achevé. Escript à Tours, le tiers jours d'avril [1] »

Il ne se passait guère de jour sans que Louis XI fit quelque largesse à des sanctuaires vénérés ; et comme il n'avait jamais à sa disposition l'argent nécessaire pour accomplir ses libéralités, Bourré était chargé de fournir à ses dévotions.

« Maistre Jehan Bourré baillez et délivrez à frère Laurent Albert, prieur de Rochemore, la somme de trois mil sept cens escuz d'or pour porter à Nostre Dame de Bonne-Espérance en Brebant, pour illec l'offrir de par nous... [2] » Dans ce cas, le rôle de Bourré était facile à remplir. Mais souvent Louis XI voulait fonder dans les églises des messes perpétuelles, et pour cela, doter les religieux de belles rentes. Il demandait alors à Bourré ce que lui coûterait son vœu : « Mandez moi combien pourra couster la fondacion d'une basse messe perpétuelle que j'ay fondée à Orléans, et une autre à Notre-

---

[1] Bibl. Nat., Mss. fr. 6602, fol. 59.
[2] Bibl. Nat., Mss. fr. 20487, fol. 92. Lettre du 17 avril 1469, après Pâques.

Dame-de-Cléry, en argent comptant pour une foiz, pour acquérir rente[1]. » Bourré, rendu par l'habitude fort au courant de ces sortes d'affaires, répondait au religieux monarque : « Sire, vous m'avez escript que je vous face savoir que pourra couster la fondacion d'une basse messe perpétuelle que avez fondée à Orléans, et une autre à Nostre-Dame-de-Cléry, en argent comptant pour une fois pour acquérir rente. Sire, une basse messe perpétuelle tous les jours de l'an seroit bien fondée en XL livres tournois, de rente, qui seroit pour les deux IIII^{xx} l. t. de rente, lesquelles cousteroient bien en Anjou XVI^c ou XVII^c escuz. Mais je croy que par delà on les trouvera bien pour XII^c escuz, car leritaige ny est pas si cher qu'il est en Anjou[2]. »

Louis XI considérait les vœux et les prières comme une arme contre ses ennemis, et il avait plus de confiance en cette puissance qu'en la force de ses armées. Une ville était-elle assiégée et craignait-il de la perdre, il offrait pour la sauver, une ville d'argent à quelque église, et Bourré recevait la charge de faire exécuter cette offrande. Ainsi le 20 septembre 1472, lorsque le duc de Bourgogne était devant Noyon, le roi, qui craignait fort de se voir enlever cette place importante, écrivait à Bourré :

« Monsieur du Plessis, le maréchal Joachim m'a

---

[1] Bibl. Nat., Mss. fr. 6602, fol. 58.
[2] Bibl. Nat., Mss. fr. 20428, fol. 63.

écrit que le duc de Bourgogne se vante de venir devant Noyon et Compiègne; et pource que piéçà je voulze à Notre-Dame-de-Clery, la somme de douze cens écus, pour employer en une ville d'argent, et icelle être présentée en l'église de la dite Dame; je vous prie, sur tout le plaisir et service que jamais vous me voulez faire, que quelque part que vous doyez prendre l'argent, vous envoyez incontinent à Orléans à un bon orfèvre, la dite somme de douze cens écus, et qu'il besongne en toute diligence à faire une ville d'argent de ladite valeur, à ce que ladite Dame me sauve ladite ville de Noyon, et tout le royaume; car se faute y avoit, j'aurois grand peur qu'il m'en venoist mal[1]. »

Lorsque les intrigues de ses ennemis l'entouraient de toutes parts, et qu'il ne voyait pas les moyens d'en triompher, Louis se tournait vers Dieu et implorait son secours. Il envoyait alors à Bourré des billets comme celui-ci, écrit à la hâte, et qui trahit l'anxiété et la préoccupation de son esprit :

« A l'église de Saint Esprit de ceste ville iii^c escuz;

« A l'église de Notre-Dame de ceste ville, m escus;

« A l'église de Notre-Dame de Roncevaulx, m escus;

« Bourré, ce sont les veux que jay faiz pour

---

[1] Imprimé par Duclos, *Histoire de Louis XI*, t. II, p. 341.

eschapper de ces questions ou nous estions et pour Dieu advisez où ils se pourront trouver[1]. »

Louis attachait une extrême importance à l'exécution de ses vœux ; les promesses qu'il faisait aux saints étaient pour lui chose sacrée, et il était persuadé que s'il manquait de les accomplir, ses affaires tourneraient mal. Il redoutait tellement de manquer à ce qu'il avait promis, que souvent il mettait son premier vœu sous la sauvegarde d'un second, et promettait de ne point manger de viande jusqu'à l'accomplissement de sa première promesse. Aussi, nous semble-t-il que Louis XI montrait envers son compère Bourré une confiance peu commune, en s'en remettant à lui du soin de veiller à cette exécution si importante.

« Monsieur du Plessis, mon ami, » lui écrivait-il le 20 juillet 1472, alors que le duc de Bourgogne assiégeait Beauvais, « je vous écris que j'ai fait vœu de ne manger point de chair, jusqu'à ce que le vœu que j'ai fait d'envoyer douze cens écus pour deux cens marcs d'argent que j'ai ordonnés pour faire une ville de Beauvais, en remembrance de ce que Dieu m'a donné cette ville soit accompli, et pour ce, je vous prie, tant que je le puis, que vous faites incontinent délivrer par Briconnet lesdits douze cens écus et en faites faire une ville, et y envoyez un homme bien sur ; mais surtout qu'il n'y ait point de faute ; car, s'il y avait difficulté, mon

---

[1] Bibl. Nat., Mss. fr. 6602, fol. 9.

vœu ne serait point accompli, et vu que je suis si près du duc [1], je douterais que mes besoignes ne s'en portassent si bien [2]. »

Le pieux roi, homme fort pratique, aimait assez à tirer double profit de ses pèlerinages. Or le duché d'Anjou, gouverné par un prince apanagiste, et situé sur les limites de la Bretagne permettait à Louis XI de satisfaire en même temps sa dévotion et sa politique. Tout en se rendant prier Notre-Dame-du-Puy ou Notre-Dame-de-Béhuard, il pouvait surveiller à la fois les Angevins et les Bretons. Le duché d'Anjou recevait assez souvent ses visites, et les nombreux sanctuaires de cette province avaient acquis de grands droits à sa reconnaissance : Louis qui n'était pas ingrat les entourait de faveurs, et Bourré, fils de l'Anjou, prenait plaisir à augmenter leurs biens des libéralités royales.

Ainsi, on a conservé aux archives de Maine-et-Loire les « comptes particuliers de monseigneur messire Jehan Bourré, chevalier... commis verbalement et de bouche par feu de bonne mémoire le roy Louis XI, que Dieu absoille, à employer à la dévocion dudit seigneur la somme de xxiii^{xx} iii^c lxxi l. xiii s. iiii d. t. en rentes, héritaiges, revenues et domaines au prouffit et utillité de l'église Notre-Dame-du-Puy, en Anjou, d'une part, et v^{xx} iiii^c xxvii l. x s. t. en aultres rentes, héritaiges,

---

[1] Le duc de Bretagne. La lettre est écrite de la Guerche.
[2] Imprimé dans l'*Histoire de France*, de l'abbé Velly; t. XVIII, p. 22.

revenues et dommaines, au prouffit et utillité de l'église et chappelle Notre-Dame de Béhuart d'autre part... [1] »

Le soin de toutes ces affaires, on le reconnaîtra sans peine, ne réclamait point l'initiative d'un ministre des finances, mais bien l'intégrité et l'esprit d'ordre d'un serviteur honnête. A côté de ces attributions spéciales, mais faciles à remplir, Bourré recevait du roi d'autres occupations qui réclamaient plus d'intelligence et de capacité, sans toutefois dépasser les limites des charges confiées à un homme d'affaires : nous voulons parler de la direction et de la surveillance des constructions royales. Le sire du Plessis dut en effet, à plusieurs reprises, faire exécuter, pour le roi Louis XI, divers travaux d'architecture.

Parmi les sanctuaires que la dévotion royale se plaisait à décorer et à embellir, il n'en est pas qui ait reçu plus de libéralités que Notre-Dame-de-Cléry. Peu éloignée de Tours et d'Amboise, résidences favorites du roi, cette chapelle était pour Louis XI un lieu de pèlerinages faciles. Il avait d'abord érigé la terre de Cléry en baronnie et avait constitué les chanoines, barons et seigneurs, avec tous les droits attachés à ce titre. Bientôt la collégiale, devenue chapelle royale, avait été gratifiée de tous les droits et prérogatives appartenant à la Sainte-Chapelle de Paris [2].

[1] Arch. de Maine-et-Loire. G. 1489.
[2] Emmanuel de Torquat. *Histoire de Cléry*. Orléans, 1856, p. 20. Pour mieux satisfaire sa dévotion envers Notre-Dame de

Comme le roi venait fréquemment à Cléry et qu'il ne voulait pas toujours descendre chez les bons chanoines, il résolut de s'y faire construire une maison; Bourré fut chargé de fournir toutes les sommes nécessaires.

Il fit élever, sous la surveillance des chanoines, qui étaient heureux d'employer leurs loisirs au service du roi, deux maisons, l'une en bois, l'autre en briques. Tandis que les maçons élevaient les murs, les menuisiers faisaient « les ustenciles », et les jardiniers traçaient un verger planté de bons arbres. Le roi trouvait pourtant que les travaux n'avançaient pas, et pressait Bourré qui s'excusait de son mieux, en se plaignant des ouvriers : « c'est grand peine, disait-il, d'avoir affaire à oupvriers, s'ilz ne sont loyaulx, dont peu se trouve [1]. »

A peine ces constructions étaient-elles achevées, que Bourré recevait du roi de nouveaux ordres :

« Monsieur du Plessis, j'ay délibéré de faire accroistre l'église de Nostre-Dame de Cléry de quatre pilliers, et pource enquerez vous incontinent qu'ils pourront couster, et ce que y sera nécessaire, et le mandez à toute diligence.

« Aussi advisez comme se feront des galleries

Cléry, Louis XI avait voulu faire partie du chapitre fondé en son honneur. Il avait sollicité du Pape et obtenu des bulles qui le nommaient, lui et les rois de France, ses successeurs, premiers chanoines de Cléry. Il avait le droit de porter dans l'église la cappe et l'aumusse, ainsi que tous les autres ornements et insignes canonicaux. La première stalle dans le chœur, la première place au chapitre, même avant le doyen, lui était réservée. (Lenglet du Fresnoy. Commines. Preuves, t. III, p. 177.)

[1] Bibl. Nat., Msc. fr. 20489, fol. 20.

que je vueil faire faire céans au long de ma maison du costé du jardin, et ordonnez pour les faire faire ainsi que j'ay devisé tout incontinent [1].

« Je vueil faire faire les offices et une petite estable pour mes mulles, et pour ce ordonnez de tout diligemment et qu'il n'y ait point de faulte. Et adieu. Escript à Clery, le 9ᵉ jour de septembre. Aussi faictes qu'on plante de la vigne tout à l'entour du jardin pour faire les trellez. Loys. — Parent [2]. »

Louis XI qui avait pour Cléry et son sanctuaire vénéré une prédilection si marquée, voulut y reposer après sa mort, et il chargea Bourré de lui préparer le lieu de son dernier sommeil.

Jean Bourré fit d'abord peindre par maître Colas d'Amiens, la « pourtraicture » du roi, tel qu'il devait être sur son tombeau. Louis XI avait voulu être représenté en habit de chasseur, à genoux sur un carreau, son chien à côté de lui, son cor de chasse en écharpe, et les mains jointes [3]. Le cos-

---

[1] V. Bibl. Nat., Mss. 20493, fol. 6, le « deviz des galleries que le roy veult et entend estre faictes en ses maisons de Cléry. »

[2] Bibl. Nat., Mss. fr. 20427, fol. 101.

[3] « Maistre Colin d'Amiens, il faut que vous faciez la pourtraicture du roy, nostre sire ; c'est assavoir qui soit à genoux sus ung carreaul comme ycy dessoubz, et son chien costé luy, son chappeaul entre ses mains jointes, son espée à son costé, son cornet pendent à ces espaules par darrière, monstrant les deux botz. Outre plus fault des brodequins, non point ses ouseaulx, le plus honneste que fere ce pourra ; habillé comme ung chasseur, atout le plus beau visage que pourres fere, et jeune et plain ; le netz longuet et ung petit hault, comme savez, et ne le faictes point chauve... » (Mᵉˡˡᵉ Dupont. Edit. Commines, t. III. Preuves, p. 339.)

tume de chasseur était celui que l'on donnait sur les monuments aux chevaliers lorsqu'ils étaient morts de maladie. Il convenait bien au roi, dont il rappelait les plaisirs favoris. Louis avait ordonné de bien reproduire ses traits, même les moins corrects, « le netz longuet et ung petit hault ». Mais le peintre devait bien se garder de laisser voir sur son portrait les moindres traces de vieillesse ; et Bourré recommanda bien à maître Colin de faire au roi un visage « jeune et plain, » et surtout de ne le montrer « point chauve ».

Depuis qu'il était vieux et malade, Louis XI s'efforçait, par tous les moyens, de ne laisser voir en lui aucune trace de caducité et de faiblesse, non pas, comme on l'a dit, pour se dissimuler à lui-même son état, mais pour maintenir encore ses ennemis par une apparence de force. Lorsque ce portrait fut achevé, Bourré chercha des sculpteurs ou fondeurs pour élever le monument du roi. Plusieurs habiles artistes se proposèrent. Par marché conclu à Amboise le 24 janvier 1482, Bourré en confia l'exécution à Conrad, de Cologne, orfèvre, et à Laurens Wrine, canonnier du roi. Les deux entrepreneurs s'engagèrent à « faire une pourtreture à la semblance et de la haulteur du roy, notre sire, qui soit à genoux devant l'ymage de Notre-Dame de Clery, au bout de la tombe de pierre que ledit seigneur a ordonnée estre faicte sur la représentation de sa sépulture. Et sera ladite pourtreture de cuyvre de fonte, de l'espesseur de deux doiz et en levé, du grant et du gros, approuchant de la personne du roy le plus qu'ilz pourront, et tout vermeil doré de fin or de ducatz ; et aura dessoulz les genoulz ung coussin esmaillé de fin azur et sepmé de fleurs de lis dorés ; et aura son ordre au cou et son chapeau entre les mains jointes [1]. »

Le tombeau ne devait avoir d'autres ornements que « six escussons aux armes du roy, de cuyvre, de fonte et bien dorés ». De moins grands personnages que Louis XI ont dormi dans de plus somptueux monuments [2].

Bien qu'il fit préparer son tombeau, Louis XI redoutait la mort plus que personne. Dans les dernières années de sa vie aucune précaution, aucune mesure de sûreté ne lui semblait suffisante pour défendre sa personne ; les plus épaisses murailles lui paraissaient trop fragiles ; il craignait encore plus la vengeance irréfléchie des hommes que la justice éclairée de Dieu. Le Plessis devint une véritable forteresse armée en guerre [3].

---

[1] Melle Dupont. Edit. de Commines, t. III. Preuves, p. 342.

[2] L'œuvre construite par les soins de Jean Bourré fut impuissante à assurer aux restes de Louis XI la tranquillité et le repos. Cinquante années plus tard, le mausolée de cuivre devait disparaître « sous les coups du vandalisme des Huguenots. » (Emmanuel de Torquat. *Histoire de Cléry*, p. 62.)

[3] « Premier il n'entroit guères de gens dedans le Plessis du Parc (qui estoit le lieu où il se tenoit) fors gens domestiques et les archiers dont il en avoit quatre cens, qui en bon nombre faisoient chascun jour le guet et se pourmenoient par la place, et gardoient la porte... Tout à l'environ de la place dudict Plessis feist faire ung treillis de gros barraulx de fer et planter dedans la muraille des broches de fer, ayans plusieurs poinctes, comme à l'entrée où l'on eust peu entrer aux fossés. Ainsi fist faire quatre

Bourré semble avoir été chargé des premières fortifications, alors que Louis XI se fiait encore à la seule protection des murailles et des fossés.

« Monsieur du Plessis, lui écrivait-il, le général de Languedoc... vous baillera deux mil escuz pour faire une tour céans en la maison du Plessis du Parc, ou lieu où je vous ay monstré. Je vueil qu'elle soit voultée par bas, et une estage dessus et non plus, et bon foussé devers la court, car ceulx du cousté du parc sont bons, et ne les fauldra que aparfondir [1]. »

Plusieurs manuscrits de la Bibliothèque Nationale montrent que Bourré dirigea divers travaux au château d'Amboise [2], et la construction d'une maison pour le roi à Arras [3].

---

moyneaulx, tous de fer bien espeys, en lieu par où l'on pouvoit tirer à son ayse, et estoit choses bien triomphante et cousta plus de vingt mil francz : et à la fin y mit quarante arbalestriers qui, jour et nuict estoient en ces fossez ayant commission de tirer à tout homme qui en approcheroit de nuict, jusques à ce que la porte seroit ouverte le matin. » (Commines. Dupont, 1840, t. II, p. 226.)

[1] Bibl. Nat., Mss. fr. 6602, fol. 31.

[2] « Bourré incontinent ces lettres veues et avant votre allée en Anjou, transportez vous en nostre chatel d'Amboise, et menez avecques vous le viconte d'Evreux et faites que la petite maison et les galeries que nostre maistre des œuvres a faites à sa tâche, soient eslargies, haulcées, et refetes en la manière que autrefoiz en ay escript audit viconte d'Evreux. Si ny fetes faulte. Donné à la Mote Desgry, le XXVIIe jour d'aoust. Loys. — Toustain. » (Bibl. Nat., Mss. fr. 20491, fol. 12.)

[3] Sire, il vous a pleu de m'escripre que j'aille faire achever votre maison à Arras ou que j'y envoye homme bien entendu pour le faire faire. Sire, je y ai laissé mon clerc qui encores y est, lequel m'a aujourd'hui escript ; aussi a fait le receveur général de Picardie. . . . . Il ne s'en

Toutes ces attributions financières dont nous venons de nous occuper étaient relatives aux dépenses du roi. Pour fournir à ces dépenses, de grosses sommes étaient nécessaires, et le grand embarras de Louis XI était précisément de se les procurer, car les revenus habituels de ses prédécesseurs n'y suffisaient point. Comme tout gouvernement dans la détresse, Louis XI devait recourir à des expédients.

En Angleterre, pays où, suivant Commines, la chose publique était le mieux administrée, et où il ne se levait nulle imposition, que du consentement des Etats, Edouard IV, dans ses pressants besoins d'argent, avait recours à une « practique » fort habile. Les Anglais accordaient toujours « très voulentiers et libéralement » des aides à leurs souverains pour conduire une armée en France ou en Ecosse, « espécialement pour passer en France ». Quand le trésor royal était vide, les rois pour « amasser argent, » annonçaient une grande expédition contre les Ecossais ou les Français, et commençaient même à rassembler des troupes. Les Etats votaient des subsides extraordinaires, et le roi recevait, pour toute une année, l'argent nécessaire à l'entretien de ses hommes d'armes; cette somme une fois reçue, il payait ses soldats pour trois mois de service, puis renonçant à son ex-

fault point soucier et croy que de ceste heure ny a grande affaire. Toutes vous si c'est vostre plaisir que j'y aille, je le fere. » (Bibl. Nat., Mss. fr. 20491, fol. 12.)

pédition, licenciait l'armée et gardait neuf mois de solde. Le roi Edouard, dit Commines, « étoit tout plein de cette practique et souvent le feit[1] ».

En France, Louis XI agissait autrement à l'égard des Etats provinciaux. Parfois, il négligeait simplement de les convoquer, tout en déclarant hautement qu'il respectait en principe leurs priviléges. S'il agissait sans eux, c'était par économie pour la province, afin d'épargner les frais. Ainsi par lettres données aux Montilz-lez-Tours, le 1ᵉʳ mars 1467, il ordonne à ses commissaires en Languedoc de lever sur ce pays une taille de 12,000 l. t. en sus des autres impositions, sans assembler les Etats, « lesquelz Etatz, portent les lettres royales, pour obvier aux fraiz et despences, que pour ce conviendroit porter auxdictz subjectz d'icelui pays ne voulons pour ce estre assemblez pour ceste fois seullement, sans prendre toutes voyes de leurs priviléges ou coustumes, si aucuns en ont quant à ce[2]. »

D'autres fois, il assemblait bien les Etats, mais donnait ordre à ses commissaires de passer outre en cas de refus. Ainsi le porte une ordonnance du 28 mars 1470[3], prescrivant la levée d'une aide ordinaire de 45,000 florins, et d'une aide extraordinaire de 24,000 sur le Dauphiné.

---

[1] Commines. Dupont, I, p. 314.
[2] Arch. Nat., K. 70, n° 43.
[3] *Recueil des Ordonnances*, t. X.

Les tailles et les aides levées sur les provinces étaient pour Louis XI des ressources réelles et effectives, mais non promptes et instantanées, par suite des lenteurs inévitables du recouvrement. Or, Louis se trouvait sans cesse pressé d'avoir de l'argent; et il ne savait ni ne pouvait attendre. Le système des impôts devenait donc incapable de suffire aux besoins de son gouvernement; ce qu'il lui fallait, et ce dont il fit usage, c'était le système des emprunts. Pendant tout son règne, Louis XI emprunta : aux villes, dont il accroissait la richesse, en leur accordant des privilèges et des foires; aux marchands, dont il favorisait le commerce; à ses compères enfin, dont il aimait, pour cette raison, à voir augmenter la fortune. Jean Bourré qui avait eu l'habileté d'amasser, en peu d'années, des sommes énormes, reçut plus d'une fois du roi des demandes pressantes : « Notre aimé et féal, pour ce que nous ne pourrions satisfaire à nos grans et urgens affaires que avons de présent à supporter, sans l'ayde de nos bons et loyaulx subjectz et serviteurs, nous avons advisé vous demander par forme de prest, la somme de cinquante livres tournois, dont pour vostre récompense en avons dès à present fait lever descharge sur la valeur de noz finances de l'année prouchaine, laquelle somme est plus que requis et nécessaire de promptement la recouvrer pour l'employer en nosdictes affaires. A ceste cause nous vous prions qu'incontinent ces présentes reçues, et sans aucun delay vous delivrez icelle somme ès mains de maistre François Briçonnet, receveur général de nosdictes finances, ou de celui qui vous baillera ladicte descharge, en manière que d'icelle nous en puissions aider à nostre grant besoing et affaires, et en ce faisant, nous ferez secours agréable. Donné à Lyon, le xvi° jour de juillet. Loys [1]. »

Les sommes que Louis XI empruntait à Bourré étaient souvent considérables ; une fois, il alla jusqu'à lui demander dix mille francs : il s'agissait du payement des Suisses qui venaient d'entrer à son service et le roi n'avait pas un denier à leur donner [2].

Souvent aussi Bourré, sans prêter lui-même, garantissait de sa parole et de sa fortune les emprunts contractés par Louis XI. A Tours, le roi de France avait pour ainsi dire des banquiers attitrés, en la personne de J. de Beaune et Briçonnet [3].

---

[1] Bibl. Nat., Mss. fr. 6602, fol. 16.
[2] Bibl. Nat., Mss. fr. 20488, fol. 60.
Une autre fois Bourré avançait pour Louis XI les frais de parainage :
« De par le roy. Bourré. Nous envoyons presentement le sire de Montagu devers belle cosine la contesse de Perigord, pour tenir sur les fons et nommer ou nom de nous ung enffant dont elle est preste d'acoucher, duquel beau cosin de Perigort, son mary nous a pryé que veuillons estre compère. Si voullons et nous mandons que baillez et delivrez aud. sire de Montagu la somme de deux cens escuz laquelle nous luy avons ordonnée de donner et distribuer pour lad. comperage et d'icelle somme vous ferons rembourser incontinent. Si gardez bien qu'il n'y ait faulte. Donné au Mans le XXXI° jour de janvier l'an mil CCCC soixante et sept.   Loys. » (Bibl. Nat., Mss. fr. 6602, fol. 36.)
[3] Dans les premières années du règne de Louis XI, Jean de

Ces riches marchands de drap ne demandaient pas mieux que de prêter au roi leurs deniers pour la conquête de belles provinces : mais ils savaient Louis XI plus porté à emprunter qu'à rendre, et voulaient avoir de lui des cautions. Bourré s'engageait alors pour le roi. Ainsi en 1467 Louis XI, manquant d'argent pour assiéger la ville de Villandrant, empruntait les sommes nécessaires à Jean de Beaune et autres marchands, et faisait répondre de sa dette par son compère, le sire du Plessis[1]. De même en 1473, nous avons vu que Jean de Beaune et Briconnet avançaient au roi « pour

---

Beaune, « marchant de drap, demourant à Tours, » fournissait l'argenterie royale de draps, velours, satins et soieries. Jean Briçonnet s'était associé à lui. Bientôt ils étaient entrés dans la confiance du roi.

En 1467, Jean de Beaune était attaché à la cour du roi, et la suivait dans ses voyages. En 1469, il avait reçu du roi la garde des deniers saisis sur le cardinal Balue. L'année suivante, Louis voulant montrer aux commerçants anglais que les marchands de France étaient « puissans pour les fournir comme les autres nations, » avait faict « induire et condescendre... Jehan de Beaune et Jehan Briconnet marchans... lors riches et puissans, charger ou faire charger, transporter et mener oudit royaulme d'Angleterre, soubz la seureté et ordonnance de nous et de nosdits ambassadeurs plusieurs et très grans quantités de marchandises, tant d'espiceries, de draps d'or et de soye, tailles et autres marchandises jusques à la valeur de vingt-cinq mille escuz ou environ... »

Bourré n'était pas étranger à la rapide fortune de ces marchands, ni surtout à la faveur dont le roi les entourait. Sous Charles VIII, le général Briçonnet aimait à dire que « luy et ceulx de sa maison » seraient « à jamais tenuz » envers Bourré, et qu'il était « le commencement de leur bien, » car il avait été « cause de donner cognoissance et charge de par le feu roy Loys à son père. » (Bibl. Nat., Mss. *Titres originaux*. Dossier Briçonnet. Mss. fr. 20488, fol. 148.)

[1] Bibl. Nat., Mss. fr. 6974, fol. 150.

fournir au payement et entretenement des gens de guerre estans de présent au pays de Roussillon, » trente mille livres tournois, et Jean Bourré promettait de rembourser lui-même au banquier du roi, plusieurs milliers de livres.

Mais ni le sire du Plessis-Bourré, ni les riches marchands de drap de la ville de Tours ne pouvaient subvenir aux incessants besoins de Louis XI, et à tout moment le roi de France « se trouvait à sec. » Il s'adressait encore à son compère Bourré, non plus pour lui demander les deniers de ses coffres, mais pour le charger de trouver de l'argent. Bourré devait courir de ci, de là, frappant aux portes des bons amis du roi, s'ingéniant de mille manières, pour recueillir le plus qu'il pouvait.

« Monsieur du Plessis, j'ay icy un grand tas de Gascons et n'ay pas ung blanc pour leur donner, et mesmement au seigneur de Labatut et Guillon de Rivière, frères de M. Poncet Rivière qui estoient à messire Jehan d'Armagnac. Et pour ce je vous prye trouvez façon de me trouver quelque peu d'argent, soit à Saumur ou à Angiers, et m'en apportez mardy à Montreuil-Bellay le plus que vous pourrez, et quuil n'y ait point de faulte [1] »

Une autre fois il lui écrivait :

« Monsieur du Plessis, je vous envoye ce que monsieur de Crussol demande, allez vous en demain à Paris, et vous et monsieur le Président

---

[1] Bibl. Nat., Mss. fr. 20427.

trouvez de l'argent en la boete à l'enchanteur pour ce qui sera nécessaire, et qu'il n'y ait faulte. Escript au Puyset, le vendredi 18ᵉ jour de janvier. Loys [1]. »

Nous ne savons quels moyens employait Bourré pour se procurer de l'argent ni dans quelle boîte d'enchanteur il en prenait : toujours est-il qu'il réussissait dans ces difficiles entreprises, si nous en jugeons par la persistance de Louis XI à lui en confier le soin.

En politique, Louis avait, selon Michelet, le grave défaut d'avoir la vue trop longue. Pour les questions financières, son administration révèle le défaut contraire ; il vivait, pour ainsi parler, au jour le jour. Il ne pouvait avoir de ministre qui réglât avec prévoyance le recouvrement, à époques fixes, des sommes nécessaires à l'État, car il dépensait sans compter, et ses demandes incessantes et instantanées auraient trompé tous les calculs. Il lui fallait un homme qui, à toute heure, eût sous la main des deniers disponibles ou se montrât assez habile pour en découvrir ; qui fut à la fois un homme d'affaires et un compère : mieux que personne Jean Bourré sut satisfaire aux besoins financiers du roi son maître ; mais nous ne pouvons reconnaître en lui *un ministre des finances*.

[1] Bibl. Nat., Mss. fr. 20428, fol. 3.

CHAPITRE VI

BOURRÉ PRÈS DU DAUPHIN CHARLES

Naissance du dauphin. Sentiments de Louis XI pour son fils. — Instruction du jeune prince, ses maîtres. — Bourré reçoit le gouvernement et la garde du Dauphin. — En quoi consistait ce gouvernement : santé débile du prince, ses maladies, inquiétudes du roi. Bourré prend soin de la santé du jeune Charles ; il surveille ses occupations et ses distractions ; il renseigne et rassure le roi absent. — Bourré chargé de la garde du Dauphin : isolement du prince ; le château d'Amboise est fermé ; difficulté d'y pénétrer et d'en sortir ; Bourré lui-même ne peut s'en éloigner. — Le roi lui envoie des hôtes ; il lui confie la garde de ses oiseaux et de ses prisonniers. Lancelot de Berlemont captif à Montaigu, puis à Amboise. — Bourré capitaine de Montaigu. — Le roi vient à Amboise ; ses instructions à son fils. Sa mort. — Grande situation de Bourré sous le règne de Louis XI : son intimité avec le roi et avec les autres compères ; ses solliciteurs, les princes et les villes. Cette haute fortune due au dévouement de Bourré. Louis XI le cite comme un modèle de fidélité.

Les dernières années du règne de Louis XI réservaient à Bourré des occupations d'un genre tout différent de celles qui avaient, jusqu'alors, rempli son existence. Lui, dont la vie s'était passée à courir d'un bout à l'autre du royaume, soit pour accompagner le roi, soit pour porter ses ordres ou lui chercher de l'argent, allait être astreint par le bon plaisir de son redouté maître « à demourer ès marches de Touraine et mesmement à Amboise.[1] » Le fidèle compère avait-il donc encouru la disgrâce du capricieux monarque? Non; Bourré restait ce qu'il s'était toujours montré, un serviteur dévoué, et Louis XI continuait à l'employer à la direction de ses « plus grans faitz et affaires. » Seulement, depuis que l'inconstant duc de Guyenne était mort, depuis surtout que le fougueux Téméraire reposait dans le tombeau et que François II cherchait en vain des alliés, le lieu où le regard défiant du roi de France se portait avec le plus d'inquiétude, n'était plus la frontière de Bretagne ou celle de Bourgogne, mais au centre de son royaume, en Touraine, le château d'Amboise. Là, abrité derrière d'épaisses murailles, grandissait l'objet de ses plus graves préoccupations, son successeur, son fils, Monseigneur Charles.

Jamais, peut-être, enfant ne fut plus désiré que ne l'avait été le Dauphin Charles, par le roi Louis XI : maintes prières aux saints favoris, maints pèlerinages aux sanctuaires vénérés, maintes offrandes aux pauvres avaient imploré sa naissance. Aussi, quand le 3 juin 1470 la reine de Savoie mit au monde un fils, Louis XI éprouva-t-il une joie profonde, mais comme toutes celles qu'il ressentait, sans éclat et non sans arrière-pensée. Tandis qu'à la première nouvelle de cet heureux

---

[1] Archives de Maine-et-Loire, série E. Titres de famille, dossier Bourré.

événement, toutes les cités du royaume organisaient des fêtes et des réjouissances, Louis, alors à Amboise, faisait dire aux habitants de cette ville qu'il « ne vouloit pas que on fist aucuns feux en la ville ni autres joyeusetez, et que bon seroit fere processions pour prier Dieu pour le roy, pour la royne et mondict seigneur le Daulphin et leur noble lignée[1]. » Une joie un peu intéressée se mêlait dans le cœur du monarque à la pureté du sentiment paternel, et l'homme politique prenait sa part dans le bonheur du père : il songeait avec un plaisir secret qu'il avait maintenant un héritier direct, et que Monseigneur le duc de Guyenne son frère ne semblerait pas désormais si voisin du trône.

Le récent historien de Charles VIII a écrit que ce prince avait été « confié dès son bas âge à des gens de néant, qui ne pouvaient élever son cœur ni former son esprit... Le soin de l'instruire, dit-il encore, fut confié à Bourré du Plessis[2]. » Jean Bourré, seigneur du Plessis, grand officier de l'ordre du roi, trésorier de France et intime conseiller de Louis XI, n'était pas « un homme de néant. » Dans les circonstances difficiles que traversait la royauté, il avait montré à la cause royale une fidélité sinon toujours sans intérêt, du moins non sans mérite, ni sans grandeur. A l'école de Louis XI, il avait appris les principes d'une poli-

---

[1] Arch. municipales d'Amboise. Série BB., I, fol. 44, v°.
[2] De Cherrier. *Charles VIII*, 2 vol. in-12, 1870, t. I, pages 22 et 231.

tique bien propre à assurer le triomphe de la France ; ses conseils comme son exemple pouvaient donc « élever le cœur » et « former l'esprit » du jeune prince. Mais reçut-il, comme le dit M. de Cherrier, le soin d'instruire le Dauphin ? Nous ferons d'abord remarquer qu'en 1478 le prince Charles n'avait encore que huit ans et que son âge réclamait, non point les habiles avis d'un homme politique, mais plutôt les leçons d'un savant précepteur, et bien plus encore ces premiers et affectueux conseils que les femmes, les mères surtout sont seules capables de bien donner. Louis XI l'avait compris et il avait placé près de Charles, pour veiller sur ses premières années, la femme d'un grand seigneur, madame des Tournelles, fille du sire de Crussol, gouverneur du Poitou.[1] Mais les plus tendres soins étaient portés au Dauphin par la reine elle-même ; Louis se rappelait l'heureuse influence qu'avait eue sur lui sa mère, Marie d'Anjou, et, voulant procurer à son fils le bienfait de l'éducation maternelle, le faisait élever sous les yeux de Charlotte de Savoie.

Plus tard, Charles reçut comme maître pour les belles-lettres, Robert Gaguin ; pour le droit, Guillaume Cousinot et Gui Pot[2]. Quelque temps

---

[1] « Monsieur du Bouchaige, pour ce que Madame de Tournel ne peut plus prendre la paine entour Monsʳ le Dauffin, je vous prie que, incontinent ces lettres veues, vous venez devers moy, pour m'aider à adviser ce que j'y aré à faire. Et adieu. Loys. » (Cité par M. Marchegay, *Bourré, gouverneur du Dauphin*.)

[2] Legeay. *Hist. de Louis XI*, t. II, p. 508. D'après un article publié dans les mémoires archéologiques de Tours.

avant sa mort, Louis XI s'occupa lui-même de l'instruction de son fils, et fit rédiger sous sa direction un livre où étaient résumées les connaissances les plus utiles à un roi ; dans deux premières parties, il passait en revue l'histoire du monde et des Français ; une troisième, intitulée le *Rozier des Guerres*, œuvre du roi lui-même[1], renfermait les maximes les plus excellentes qu'un souverain pût proposer à son successeur.

Voilà quelle fut l'instruction reçue par le Dauphin jusqu'à la mort du roi son père ; on peut voir déjà que, si Bourré fut chargé de la lui donner, il partagea ce soin avec beaucoup d'autres. Mais les documents contemporains ne nous révèlent en aucune façon que les occupations de Bourré au château d'Amboise aient été de cette nature ; ils montrent qu'en cette circonstance encore, Bourré était investi d'une charge toute de confiance, d'une vraie charge de compère.

D'après les Archives communales de la ville d'Amboise, Bourré se trouvait au château pour le « gouvernement et la garde de monseigneur le Dauphin[2]. » Pour ce qui regarde le gouvernement du prince, Bourré ne semble pas avoir eu d'autre

---

[1] « Avouons donc, dit M. P. Paris, que le seul rédacteur responsable du Rosier des guerres est le très doubté roy Louis XI, et que s'il chargea quelqu'un de ses confidents de le mettre en ordre, il dut pour le moins en revoir et en approuver toutes les lignes. » P. Paris. — Les manuscrits français de la bibliothèque du roi, t. IV, p. 124.

[2] Arch. municipales d'Amboise, cc. 104.

rôle que de veiller à la santé et au développement physique de son jeune élève. Aux yeux du roi Louis XI, la vie et la bonne santé du Dauphin avaient une importance toute particulière : sans doute il chérissait son fils, mais il aimait surtout en lui le futur roi de France, l'héritier et le continuateur de cette politique à laquelle il s'intéressait plus qu'à sa propre vie, autant qu'au salut de son âme. Or, son fils seul, instruit par ses leçons et guidé par les conseils de ses propres serviteurs, pouvait respecter et continuer son œuvre.

On comprendra ses inquiétudes, lorsqu'on saura que le jeune Dauphin était très délicat et souvent malade[1]. Le roi voulait en avoir fréquemment des nouvelles, et Bourré était chargé de le renseigner sur l'état de son élève. Dans toutes les lettres qu'il écrivait au roi, le fidèle gouverneur, connaissant les préoccupations de son maître, le rassurait dès les premières lignes ; presque toujours ses missives commençaient ainsi : « Sire, Monseigneur le Daulphin est, Dieu mercy, et nostre Dame, en très bon point et fait très bonne et joyeuse chère[2]. » Parfois les nouvelles étaient moins bonnes : le Dauphin était enrhumé et toussait ; aussitôt

---

[1] « Credo Ludovicum providere Caroli fragilitate voluisse ; cui infantiam non satis firmam esse conspiciebat. Teneris enim atque imbecillibus membris primo Carolus fuit, ita ut sedulo duci illum et gestari molliter, priusquam solide incederet oportuerit. » Robert Gaguin, *Annales*, édit. 1577, p. 282.

[2] Bibl. Nat., Mss. fr. 6602, fol. 144, 145, 146. — 20485, f° 30. — 20487, f° 84. — 6988, f° 61.

l'anxiété du roi était extrême ; il fallait qu'il sût où le prince avait pris cette toux ; surtout, il recommandait à Bourré de n'oublier aucune précaution à l'avenir : « Sire, écrivait Bourré au roi, nous avons reçu vos lettres, contenant que ne fassions partir Monseigneur le Daulphin jusques à ce que sa toux lui soit passée et que voyons qu'il soit bien sain ; aussi que vous fassions savoir où il a pris ceste toux, et comment. Sire, nous ne le ferons point partir plus tost que sa toux soit cessée, laquelle, Dieu mercy, n'est pas grant. Et au regard de vous escripre où il l'a prinse, et comment, nous en sommes enquis tant à Madame de Tournel que a autres ; et n'avons peu scavoir autre chose, sinon que ma dicte dame de Tournel nous a dit qu'elle ne s'en aperçut que jusques à lundi derrenier et a cousché depuis avec lui ; mès qu'elle sache comment elle lui est venue, elle ne scait sinon par la mutacion du temps. Autres nous ont dit qu'il fut jeudi aux champs ; et n'avoit guères qu'il en étoit venu quand nous arrivasmes en ceste ville [1]. »

Les lettres qu'écrit le roi sont pleines de sollicitude ; bien loin, comme le dit M. de Cherrier, de « ne pas se soucier de ce que cet unique fils devenait, » il est sans cesse inquiet et réclame des nouvelles.

Enfin le Dauphin guérit [2] ; mais de quels soins

---

[1] Bibl. Nat., Mss. fr. 6602, fol. 66. Publié par M. Marchegay. *Bourré, gouverneur du Dauphin Charles VIII.*
[2] Bibl. Nat., Mss. fr. 6602, fol. 33. Publié par M. Marchegay :

Bourré dut entourer sa convalescence! Louis XI voulait être averti des plus petits détails : le prince est-il bien couvert? ne s'échauffe-t-il point en s'amusant? ne se fatigue-t-il point trop? Bourré lui enlève tous ces soucis :

« Sire, nous avons veu ce qu'il vous a pleu nous escripre, et au regard de Monseigneur le Daulphin il est sain et en très bon point, la mercy à Dieu et à Notre-Dame, et fort joyeux, et dort bien, et mange bien. Au soir lui fismes oster une autre partie de ce que on lui mectoit la nuit, et petit à petit lui ferons le tout oster ; nous faisons faire des couvertures de gris pour l'en servir selon ce qu'il sera besoing. Sire, ne vous en donnez point de malaise, car seurement il est bien portant...

« Au regard de gecter des petits oyseaulx à ses oyseaulx, ne de se lasser pour les paistre, Sire, il ne le fait point, car tout ce qu'il a d'oyseaulx sont à ceste heure à la mue. Il les va bien aucunes fois veoir pestre, et ne se eschauffe point.

« Sire, vous escripvez que maistre Adam[1] vous face savoir comme il se porte quand il revient de desbatre du grand chasteau. Sire, depuis que suis cy iceluy ay veu trois foiz et encores à ce matin ; mais soiez sceur qu'il s'en trouve bien et mange de bon appétit après, et pour ce que dictes que je vous

---

Bourré, gouverneur du Dauphin, depuis Charles VIII.— Le Dauphin eut une maladie bien plus grave que celle à propos de laquelle Bourré écrivait les lettres citées plus haut.

[1] Adam Fumée, médecin du roi.

escripve ce qu'il m'en semble, je prie à Dieu, Sire, qu'il le veille garder et le parfaire en bien, car le commencement est si beau et si bon que à mon entendement ne le saroye mieulx désirer [1]... »

Cette lettre donne de curieux détails sur les distractions du Dauphin que Bourré devait surveiller à Amboise. Le prince n'était pas encore en âge de chasser, mais on s'efforçait de lui inspirer de toutes manières une grande inclination pour ce plaisir favori du roi [2]. A Amboise, le jeune Dauphin avait des oiseaux de proie : on le conduisait « gecter des petiz oyseaulx » à ses faucons, ou bien, si ces derniers étaient « à la mue » « les veoir paistre. »

On peut voir par les lettres que nous avons reproduites, que si Bourré résidait au château d'Amboise pour le gouvernement de Monseigneur Charles, il ne remplissait point les occupations attribuées d'ordinaire aux gouverneurs des princes. Qu'on appelle Bourré gouverneur du Dauphin Charles [3], nous l'admettons volontiers ; mais qu'on remarque bien qu'à ce titre répondaient, sous le règne de Louis XI, des devoirs tout spéciaux et fort restreints ; car ils ne s'attachaient ni à l'éducation morale, ni à l'instruction du jeune Charles. Les livres à l'usage du Dauphin, fils de Louis XI,

---

[1] Bibl. Nat., Mss. fr. 20489, fol. 87.
[2] Commines. Mémoires. Édition Mlle Dupont, 1840, t. II, p. 271. Bibl. Nat., Mss. fr. 20489, fol. 87.
[3] Marchegay. *Revue industrielle de Maine-et-Loire : Bourré, gouverneur du Dauphin, depuis Charles VIII.*

étaient écrits sous les yeux et par les soins du roi lui-même ; son gouverneur, Bourré, veillait seulement à sa santé et à ses « esbatements. »

Le second motif pour lequel Bourré avait reçu du roi l'ordre de « demourer » à Amboise, était, d'après les documents cités plus haut, « la garde » du Dauphin. Cette fois les mots répondaient exactement aux faits ; c'était une véritable garde à laquelle Bourré était astreint.

Louis XI se souvenait de son enfance, et des mauvais conseils qui l'avaient tourné contre son père ; il voulait à tout prix soustraire le Dauphin à une semblable influence, et ne pouvait souffrir qu'il vécût avec les grands seigneurs dont il se méfiait. Une trop nombreuse société aurait du reste été aussi funeste à la santé de Charles, qu'à la bonne direction de son esprit. Le roi craignait, dit Commines, « qu'il fust veu de guères de gens, tant pour la santé de l'enfant que de paour que l'on ne le tirast hors de là et que soubz umbre de luy quelque assemblée ne se fist en son royaulme ; car ainsi avoit-il esté fait de luy contre le roi Charles VII, son père, à l'heure qu'il n'avoit que unze ans, par aucuns seigneurs du royaulme, et s'appela ceste guerre la Praguerie [1]. » Afin d'empêcher une semblable révolte de se renouveler, Louis XI ne laissait arriver presque personne jusqu'au Dauphin, et Bourré devait sans pitié défendre l'entrée de sa ré-

[1] Commines. Mémoires, liv. VI, ch. x.

sidence à tous ceux qui ne montraient point une permission spéciale du roi. Les habitants de Saint-Florentin d'Amboise ne pouvaient même pas venir entendre la messe dans la chapelle du château. Pourtant la paroisse de Saint-Florentin n'avait pas d'autre église qu'une « petite chapelle de Saint-Simon, » où ne pouvait entrer la sixième partie des paroissiens. Aussi, les habitants s'adressaient-ils à Bourré, le priant de demander au roi « que son plaisir soit de ordonner estre fete une église parochialle en la ville d'Amboise pour les paroissiens dudict lieu, lesquelz de présent ne vont à leur dite paroisse qui est au chastel, pour ce que les ordonnances ont esté fetes et deffendu auxdits paroissiens de non aller audict chastel [1]. »

Dans de rares circonstances, Louis XI accordait à quelques seigneurs privilégiés, et dont il connaissait la fidélité, la faveur d'aller voir le Dauphin; mais il prenait bien soin qu'ils ne restassent pas longtemps avec le prince, et il adressait à Bourré toutes ses recommandations : « Monsieur du Plessis, j'envoye demain Monsieur de Saint-Vallier à Amboise. Je vous prie que vous descendez en bas en la ville pour lui donner à disner, et après disner

---

[1] Bibl. Nat., Mss. fr. 20488, fol. 28.
« Le 18 juin 1473, le roi défend aux paroissiens de la ville l'entrée dans le château et chapelle d'Amboise, et leur permet de lever 5 d. sur chaque minot de sel vendu dans le royaume pendant quatre ans pour desdits deniers bastir une église parochiale hors l'enceinte du château. » (Bibl. Nat., Mss. fr. 20579, fol. 12.)

menez le veoir Monseigneur le Daulphin affin qu'il s'en retourne incontinent. Et adieu [1]. »

Les personnes qui voulaient parler à Bourré, même ses propres serviteurs, ne pouvaient venir le trouver librement. Ainsi son « clerc et serviteur, » Jehan le Prévost, lui écrivait : « Pour ce qu'il était bruit à Paris que deviez estre au pardon de Notre-Dame de Cléry, y suis venu cuidant vous y trouver, tant pour vous veoir que pour vous recommander mon povre cas. J'eusse voulontiers passé oultre, n'eust été que nul n'entre à Amboise, comme on dit [2]. »

Le château ne demeurait pas seul impénétrable ; la ville d'Amboise était interdite aux étrangers. Les habitants avaient l'ordre de faire nuit et jour bonne garde. Les archives communales d'Amboise relatent pour l'année 1482 des dépenses pour l'entretien du feu, par Jehan le Doubs, portier du château d'Amboise, « pour chauffer ceulx de la ville qui ont fait le guet de nuyct par ladite ville pour la garde de Monsieur le Dauphin. » Elles indiquent aussi la présence d'hommes d'armes et « d'archez logez en la ville et fauxbourgs dudit Amboise pour la garde de Monsieur le Dauphin [3]. » Aucun étranger ne pouvait traverser la ville [4]. Le beau-frère même de

---

[1] Bibl. Nat., Mss. fr. 6602, fol. 37. Publié par M. Marchegay : *Bourré, gouverneur du Dauphin.*
[2] Bibl. Nat., Mss. fr. 20487, fol. 25.
[3] Arch. Com. d'Amboise, CC, 104.
[4] De Cherrier. *Charles VIII*, t. I, p. 21.

Bourré qui venait pour le voir était obligé de s'arrêter à Tours, d'où il lui écrivait : « Mon frère, je me recommande bien fort à vous. Je suis aujourd'huy arrivé en ceste ville de Tours, et principalement pour parler à vous. Toutefoiz, j'ay sceu qu'il n'est possible d'avoir logis à Amboyse[1]... »

S'il n'était pas facile d'entrer à Amboise, il n'était guère plus aisé d'en sortir et Bourré semblait lui-même comme prisonnier dans le château. Le roi lui avait « ordonné et commandé... de demourer ès marches du pays d'Anjou et de Touraine, et mesmement à Amboise, en la compagnie de nostre très cher et très aimé filz le Daulphin de Viennoys[2]. » Il ne pouvait s'éloigner sans la permission du roi ; et Louis XI lui accordait rarement cette faveur. En 1480, Bourré avait acquis de M. de Rochechouard la terre d'Entrammes, et comme il devait aller rendre hommage de cette seigneurie à Gui de Montfort, comte de Laval, la reine, Charlotte de Savoie, écrivait elle-même à ce seigneur, le priant de recevoir l'hommage par procureur :

« Monsieur de Montfort, j'ay sceu que mon compère, le sieur du Plessis Bourré a naguères acquiz la terre et seigneurie d'Entrammes, dont partie est tenue de Laval, je vous prye que vous le veyllés recevoir à l'ommaige par procureur ; car il ne ly est

---

[1] Bibl. Nat., Mss. fr. 6603, fol. 128.
Publié par M. Marchegay : *Bourré, gouverneur du Dauphin.*
[2] Archives de Maine-et-Loire, série E. Titres de famille. Bourré.

pas possible d'aller devers vous, veu la charge qu'il a pleu à Monseigneur de l'y bailler à l'entour de mon fils le Dauffin ; et au sourplus, touchant ce qu'il a à besongner à vous, luy faire, pour l'onneur de moy tout le mieulx que vous pourrez, en manyère qu'il lui en soit de mieulx, et que je cognoisse que vous voulez fayre quelque choze à ma requeste. Et vous me ferez grant plaisir, et aussy à mondit fils, o lequel il est coutynuellement. En priant à Dyeu qu'il vous donne ce que vous désirez. Escript à Amboise, le IIe jour de juillet[1]. »

Toute autre occupation, se rapportât-elle même à la dévotion inquiète de Louis XI, semblait perdre toute importance devant l'intérêt attaché par le monarque au séjour continuel de son compère à Amboise. En 1481, Bourré devait laisser inachevée la commission que le roi lui avait donnée d'employer « à la dévocion dudit seigneur, » 28,471 livres tournois « au prouffit et utillité de l'église Notre-Dame

---

[1] Bibl. Nat., Mss. 6602, fol. 98: Imprimé par Marchegay : *Bourré, gouverneur du Dauphin.* Guy de Montfort accéda à la demande de la reine.

« Le 11 juillet 1482, Jehan Heurter, bachelier ès lois, et Pierre Corneille, notaires et tabellions de la terre de Laval, représentant monseigneur du Plessis Bourré qui est occupé continuellement à l'entour de monseigneur le Daulphin, par le commandant du roy, font aux Halles de Laval à honorables hommes et saiges maîtres : Jehan Bougler, lieutenant, Guy Courte, avocat, et René Beudin, procureur dudit Laval un hommage à monseigneur pour la terre d'Entrammes que monseigneur Bourré vient d'acheter, autant qu'il en a de tenu de son château de Laval. » Anciens titres de la Baronnie. Arch. de Laval. Cité dans une notice historique sur la commune d'Entrammes, par M. de la Beaulnère. — Laval, 1855.

du Puy, en Anjou ; » ne pouvant s'en occuper, « comme il feroit s'il pouvoit aller dehors quand il voudroit[1]. »

Bourré, qui avait en Anjou de beaux châteaux où vivaient sa femme et ses enfants, ne restait pas de bon cœur à Amboise. Il aurait mieux aimé vivre avec « son beau mesnage, » et priait souvent le roi de lui accorder quelque congé.

« Sire, lui écrivait-il, puisqu'il ne vous plaist me donner congié d'aller ung voyage en ma maison, vous plaise au moins de mander que vostre plaisir sera que je y puisse aller pour huit jours seullement, pour disposer de mon cas et de mon mesnaige, en telle manière que je ne vous presse plus d'y aller sinon à vostre plaisir, car je y ai nécessairement à besoigner. Toutes voyes, votre bon plaisir soit faict, car je ne puis avoir affaire qui tant me touche, comme faire ce qu'il vous plaira[2]. »

Mais le roi restait sourd à ces prières, et lui répondait, avec une rigueur décourageante : « Monsieur du Plessis, j'ay veu ce que m'avez escript. Vous ne vous en yrez point en vostre maison[3]. »

---

[1] Archives de Maine-et-Loire, série G, 1489.
« Les autres personnes attachées à l'héritier du trône ne jouissaient pas d'une plus grande liberté. Lorsqu'elles étaient mandées par le monarque, elles ne devaient pas partir sans avoir installé et bien renseigné ceux qui avaient été d'avance choisis pour les remplacer au besoin. » Marchegay. *Bulletin de la Société industrielle de Maine-et-Loire*, XXVII, 43.

[2] Bibl. Nat., Mss. fr. 6602, fol. 65. Imprimé par M. Marchegay : *Maine et Anjou*, art. Plessis-Bourré.

[3] Arch. Nat., Mss. fr. 20427, fol. 11.

Cette retraite forcée devait se prolonger pour Bourré. Dès le 4 mars 1477 Louis XI l'avait exempté d'aller à la guerre « soit au ban ne arrière-ban pour ce que, lui écrivait-il, je vous ay ordonné demourer à l'occasion des charges et occupations que je vous ai baillées[1]... » Le 10 mars 1481, par lettres patentes, il faisait savoir au sire de Bressuire, chargé de conduire à l'armée de Flandre les nobles du Poitou et de l'Anjou que « pour auculns noz especiaulx affaires, lesquels nous avons très à cuer, et qui fort nous touchent, nous avons ordonné et commandé à notre amé et féal conseiller maistre de nos comptes et trésorier de France, Jehan Bourré, sieur du Plessis, de demourer ès marches du pays d'Anjou et de Touraine, et mesmement à Amboise en la compagnie de notre très cher et très amé filz le Dauphin de Viesnoys[2]... » Ce ne fut qu'après cinq années, et seulement à la mort de Louis XI, que le fidèle gouverneur put recouvrer sa liberté.

Louis XI croyait peut-être Amboise un séjour agréable. Il y envoyait les personnes dont il ne redoutait point l'influence sur le Dauphin, et qu'il désirait voir bien traitées. Bourré était chargé de les recevoir et de s'occuper d'elles :

« Monsieur du Plessy, lui écrivait le roi, le 30 novembre 1480, je vous envoye ma niepce, la séneschalle d'Anjou, laquelle est grosse, ainsi que mont

---

[1] Arch. Nat., Mss. fr. 20483, fol. 11.
[2] Archives de Maine-et-Loire.

dit les médecins, et pour ce, qu'elle soit bien traitée et logée près de la Royne, et qu'il n'y ait faulte. Escript à Bonne-Aventure, le derrenier jour de novembre. — Luys [1]. »

Louis XI donnait plus volontiers l'hospitalité dans ses châteaux aux bêtes qu'aux gens. Ses comptes nous renseignent sur la façon dont il traitait ses chiens et sur les cadeaux qu'il leur faisait [2]. Les oiseaux ne recevaient pas de lui de moindres marques de bienveillance, et il leur réservait, en son parc du Plessis-les-Tours ou des Montilz, une large et bonne place. Les paons et les « paonnes » blanches étaient parmi ceux qu'il recevait le plus volontiers [3]. Lors-

---

[1] Bibl. Nat., Mss. fr. 20427, fol. 63.

[2] « A Jaquet de Chefdeville, orfèvre, cy devant nommé, la somme de deux cens quarante-six livres douze solz huit deniers tournois, pour avoir fait au mois de novembre cccc soixante et deux, ung collier d'or pour ung des levriers dudict seigneur, nommé Cherami, lequel collier est de dix pièces à charnières de fil d'or de guypure, une boucle, le mordant, ung toret, quatre autres mordans hachez à feuilles renversées, cinquante bossectes, cinquante rivetz, trois clouz et trois rivetz ; auquel colier icelui Chefdeville a mis et employé du sien deux marcs deux onces, trois gros, dix-huit grains d'or à vingt-deux karatz, qui, au feur de quatre-vings unze livres treize solz quatre deniers tournois le marc, montent II c. dix livres, dix-sept solz huit deniers tournois ; et pour sa façon et déchiet d'or d'avoir faict ledict collier et en icelui avoir assiz et mis en œuvre dix gros balayz, vingt perles, un ruby, une jassinte, et ung cristal en table que ledit seigneur lui a fait bailler, et aussi pour avoir livré la feuille pour lesdictz balayz, ruby, et jacinte, pour leur donner meilleur couleur trente-cinq livres quinze solz tournois, qui est pour tout la somme dessusdicte de deux cens quarante-six livres douze solz huit deniers tournois. » (Arch. nat. KK 59, Comptes de l'argenterie, 1463, 65, fol. 74.)

[3] « De par le roy. Cher et bien aimé, pour ce que désirons avoir jusques à certain nombre de paons et de paonnes blanches, pour

qu'il ne pouvait les retenir au Plessis, il les envoyait au château d'Amboise et priait Bourré de les lui bien garder :

« Monsieur du Plessis, je vous envoye tous mes peus blans. Je vous prie que vous me les gardez bien et y mettez ung pennier tel que vous adviserez. J'ai retenu le mien pour ce que je luy ay baillé d'autres pens gris avecque les poulles, et s'il y en a de perduz, je m'en prendray à vous. Et adieu. Escript au Plessis-du-Parc, le 10e jour de febvrier. — LUYS. — CHARPENTIER [1]. »

Il y avait deux sortes d'êtres que Louis XI aimait à voir en cage : ses oiseaux et ses ennemis. Bourré possédait sa confiance pour garder les uns et les autres. Nous avons dit qu'Amboise semblait une prison : un prisonnier y fut en effet quelque temps renfermé sous la surveillance du sire du Plessis.

En 1477, les armées du roi de France qui guerroyaient contre les défenseurs de Marie de Bourgogne, avaient fait une capture importante, celle de Lancelot de Berlemont, riche et puissant seigneur du Hainaut, chambellan de l'archiduc Maximilien et

---

faire nourrir en nostre chastel et parc des Montilz les Tours, nous voulons et vous mandons très à certes, et sur tout le plaisir que désirez nous faire que nous en facies finances en votre vicomté ou ailleurs, quelque part que les pourrez trouver, jusques au nombre de six.....

« Donné ausdicts Montilz, le 9e jour de may, l'an 1469. »
(Bibl. Nat., Mss. fr. 20436, fol. 10.)

[1] Bibl. Nat., Mss. fr. 20427, fol. 99.

gendre du fameux Guillaume d'Aremberg[1], le sanglier des Ardennes. « Environ le commencement du mois d'octobre, oudit an LXXVII, ung chevalier de Haynau estoit en garnison en la ville de Sainct-Omer, nommé Lancelot de Berlemont, lequel avoit esté cappitaine de la Montoire, dont cy dessus est faicte mencion, et lequel alloit souvent courir et escarmucher les François, et leur faisoit beaucoup de peine et de perte. Mais ung jour advint qu'il se partit du dict Sainct-Omer et s'en alla courre devant Therouanne, environ XXX chevaulx, où ils prindrent du butin ; mais, au retourner, ilz furent attains desditz François et le butin rescons, et si y fut prins prisonnier le dit Lancelo, luy V⁰ ou luy VI⁰, et mené à Thérouanne ; et quant il y eut esté une espace, le roy le fit amener devers luy[2]. »

Prisonnier du roi de France, le sire de Berlemont avait été remis à la garde de Jean Bourré. Louis XI avait du reste l'habitude de transformer en cas de besoin ses compères en geôliers : dans le même temps, Etienne Le Loup, conseiller et maître de l'hôtel du roi, recevait la surveillance de Simon de Quingey, l'un des plus vaillants défenseurs de Marie de Bourgogne, tombé entre les mains du roi, à la prise de Verdun-sur-Saône[3]. Bourré enferma

---

[1] Gachard, *Analectes hist.*, Bruxelles, 1859, 5ᵉ série, p. 1. — Kervyn de Lettenhove, *Hist. de Flandre*, t. V, p. 353.

[2] *Anchiennes chroniques d'Engleterre*, par Jehan de Wavrin, édit. Dupont, III, 337.

[3] V. *Bibl. de l'Éc. des Chartes*, t. IV, 3ᵉ série, p. 376 : Notices sur Simon de Quingey, et sa captivité dans une cage de fer, par A. Salmon.

d'abord son prisonnier dans le château de Montaigu, dont il était capitaine, depuis que Louis XI avait acheté cette seigneurie de Mme de Belleville, en 1473. Pendant les premiers temps de sa captivité dans cette place forte, Lancelot de Berlemont connut le poids des *fillettes du roi*[1] ; c'était, suivant Commines qui en avait « tasté, » « des fers très pesans et terribles pour mestre aux pieds ; et estoit ung anneau pour mettre au pied seul, malaysé à ouvrir comme ung carcan, la chaîne grosse et pesante, et une grosse boulle de fer au bout, beaucoup plus pesante qu'il n'estoit de raison, ne qui n'appartenoit[2]. »

Mais ce traitement sévère dura peu, et le prisonnier n'eut pas à se plaindre de la dureté de son gardien. Guillaume le Bigot, chargé de surveiller le captif en l'absence de Bourré, écrivait vers 1480, à son capitaine, ces nouvelles sur Lancelot : « Messire Lancelot m'a dit que ne vieust aultres abillemens que ceulx qu'il a jusques à l'iver, et qu'ils

---

[1] « Sire, vous avez fait dire à maistre Louers qu'il fist une autre fillecte plus pesante que celle qu'il (Lancelot) a pour lui mecte à la jambe, mes il nest encores point venu combien qu'il m'avoit promis quand je parti de Tours, qu'il viendroit bien tost après moy pour la lui mectre et lui oster l'autre. Ne scay se laves fait empescher ou autre chose... »
Minute de lettre de Bourré à Louis XI. (Bibl. Nat., Mss. fr. 20489, fol. 30.)

[2] Commines. Mémoires. Edit. Dupont, édit., 1840, t. II, p. 265.
« On leur avait donné le nom de fillettes du roi, c'est-à-dire suivant l'acception populaire de ce temps, coucheuses données par le roi, parce que le prisonnier ne les quittait pas plus la nuit que le jour. » *Bibl. de l'École des Chartes*, t. IV, 3e série, p. 380.

sont assez bons, excepté une chemise de blanchet que je luy ay fait faire pour mectre soubz son pourpoinct, et unes pantouffles. En bonne foy, il est plus ayse que je ne suys par semblant, car il chante souvent et fait grant chère comme cil estoit certain d'estre brief délivré[1]... »

La captivité de Lancelot ne fut pas de courte durée ; elle se prolongea même trop au gré de Bourré, qui, dans le courant de l'année 1481, se plaignit au roi d'en avoir la garde depuis trois ans et huit mois[2]. A ce moment, Lancelot n'était plus tenu en prison au château de Montaigu, mais à Tours. Bourré, obligé de séjourner à Amboise, pouvait ainsi surveiller plus sûrement son prisonnier ; pourtant il le trouvait encore trop loin de lui, et il priait Louis XI de l'en décharger, ne pouvant, disait-il, « estre à Tours et à Amboise tout à la fois. » Ce fut sans doute à la suite de cette lettre que Lancelot fut amené à Amboise, où nous le trouvons au mois de décembre 1482.

Le 12 décembre 1482, Lancelot jura « par le péril et dampnement de son ame, en foy de gentilhomme et sur son honneur, » qu'il ne s'éloignerait point d'Amboise « plus loing que la ville de Tours, sans le congié dudit seigneur roy, ou de monsieur du Plessis Bourré qui m'a en charge. » Ce serment une fois prêté, il fut « desferré » et mis en li-

---

[1] Bibl. Nat., Mss. fr. 20487, fol. 82-83.
[2] Bibl. Nat., Mss. fr. 6968, fol. 64.

berté[1]. » Lorsque le traité d'Arras fut signé, le sire de Berlemont put enfin retourner dans le Hainaut, sa patrie. Il employa du reste assez mal la liberté qu'il avait tant désirée : il fit enlever par ses hommes d'armes les députés des Etats de Flandre qui étaient allés féliciter Charles VIII à son avènement ; et quelque temps après, s'étant pris de querelle avec Philippe de Clèves, il fut tué à coups de piques et de hallebardes par les archers de ce seigneur[2].

Bien qu'il fût presque prisonnier lui-même au château d'Amboise, le sire du Plessis s'occupait

---

[1] Mss. fr. 20428, fol. 53, ter.

« Je, Lancelot de Berlemont, chevalier, à présent prisonnier du Roy, jure par mon créateur, par le baptesme que j'aporte de dessus les fons, sur le péril et dampnement de mon âme, en foy de gentilhomme et sur mon honneur, que... je ne men yré ne esloignere ceste ville d'Amboyse, ou de présent je suis detenu, plus loing que la ville de Tours, sans le congié dud. sire Roy ou de mons. du Plessiz Bourré qui ma en charge, et qu'il m'en aparesse par lettre vallable. Et ce sur paine d'estre reputé faulx, traictre, desloyal et déshonouré chevalier, et pour tel cas advenant que je face le contrayre, que ja Dieu ne veille, je me tyens et declayre tel par ces présentes dès maintenant pour lors sans autre... declaracion ne ministère de justice. Et renonce par exprés à toutes dispensacions que pourroye avoir ou obtenir, soit de nostre sainct père le pappe, du saint Siège apostolique ou d'autres à l'encontre du à présent mon serment, moyennant lequel led Seig. Roy ma fait desferrer et mectre sur ma foy par la quondicion et manière dessusd ; en tesmoing desquelles choses dessusd. j'ay escript et signé cesd. prés. de ma main et fait signer à ma requeste des seings manuels, A. Jeh. Aquillon et Françoys Bertin, notayres de la court dud lieu d'Amboyse, és présence de Françoys de Chivré, Jehan des Gardez et de Robert le Bigot, escuiers, mes gardes, le XIII° j. de déc. l'an mil quatre cent quatre vingt et deux. »

Brouillon sans signature écrit de la main de Bourré.

[2] Kervyn de Lettenhove, *Histoire de Flandre*, t. V. p. 353.

encore de quelques affaires extérieures. Son geôlier, le roi Louis XI, n'entendait pas rester privé de ses conseils ; souvent il le mandait près de lui pour l'entretenir de ses intérêts que Bourré connaissait mieux que nul autre. Ainsi le prouve ce billet envoyé à Jean Bourré, vers l'année 1480, par l'hôte inquiet et souffrant du Plessis-lès-Tours : « Monsieur du Plessis, incontinent ces lettres reçues, venez vous en devers moy à toute diligence, car jay bien à parler à vous ; mais gardez qu'il n'y ait point de faulte. Escript au Plessis-du-Parc, le 7ᵉ jour de décembre. Loys[1]. »

Nous avons eu occasion de remarquer, plus haut, que Bourré était capitaine de la ville et du château de Montaigu[2]. Cette capitainerie était importante et difficile à bien garder pour le roi de France. Située en bas Poitou, sur les frontières de la Bretagne, Montaigu, entre les mains de Louis XI, était comme une sentinelle avancée, attentive aux moindres bruits venant de ce pays suspect, et destinée, en cas de guerre, à barrer le chemin aux troupes bretonnes. Suivant l'expression même de Bourré, cette ville était « la clef » du bas Poitou. Aussi convenait-il de

---

[1] Marchegay, *Plessis-Bourré*.
[2] « Parmi les titres du trésor des Chartes est celuy par lequel Loys de Belleville, seigneur de Montaigu, transporta au roy Louis XI la baronnie de Montaigu, pour laquelle le roi lui bailla le comté de Dreux ; le contrat est du 4 aoust 1473. » Godefroy, *Mémoires de Commines*, t. V, p. 556. — Voir *Revue des Provinces de l'Ouest*, I, *Louis XI et l'ambassade de Bretagne*, la lettre par laquelle le roi se hâte d'annoncer cette nouvelle à son lieutenant en Poitou, Jacques de Beaumont, sieur de Bressuire.

la maintenir à l'abri de toute surprise. Les habitants ne montraient pas un grand enthousiasme pour le roi de France, et auraient vu sans peine le succès du duc Breton. Le châtelain et le procureur étaient « autant pour l'un que pour l'autre, » et en somme, écrivait au sire du Plessis son serviteur Guillaume le Bigot, « c'est le plus malves peuple que je congneus oncques, et est perdu tout le bien que on leur a fait[1]. » En 1480, François II, dont les menées séditieuses n'avaient jamais cessé, sembla à un moment prêt à engager une guerre ouverte contre le roi de France. A Montaigu, on épiait les moindres nouvelles et l'on se hâtait de mettre la ville et le château en état de défense : déjà en 1474 et 1475, par crainte des Anglais prêts à descendre en France, on avait réparé et fortifié le château, et le sire du Plessis l'avait garni d'archers[2]. En 1480, on reprend ces préparatifs de défense. Une lettre de Louis XI du 3 janvier 1480 (v. s.), adressée aux « esleus sur le fait des aides ordonnez pour la guerre au pays

---

[1] Bibl. Nat., Mss. fr. 20487, fol. 82 ; 20497, fol. 42.

« Maire et eschevins de notre ville de Tours, baillez et délivrez ou faites bailler et délivrer par celui ou ceux de noz armeuriers ou autres de nostred ville que adviserez, a notre amé et féal conseiller et maistre de nos comptes maistre Jehan Bourré, trésorier de France, cappitaine de par nous de noz chastel et ville de Montagu la quantité de soixante sallades d'archier que nous lui avons ordonné pour la garde, tuicion et deffense de nosd. chastel et ville de Montagu.

« ... Donné à Paris le xv° jour de janvier l'an mil CCCCLXXIII.

« 15 janvier 1474.   « Loys. »

[2] Bibl. Nat., Mss. fr. 20436, fol. 24 ; 20488, fol. 34.

de Poitou, » ordonnait de lever une somme de 2,000 l. t. pour être employée aux « fortifficacions et reparacions » de la place de Montaigu[1]. Bourré, tout en restant à Amboise, hâtait les travaux et les dirigeait. Son lieutenant en Poitou, Guillaume le Bigot, surveillait en son nom et le renseignait. Le château était solide et en bon état de défense ; mais la ville ne possédait guère que des fossés : ses murailles tombaient en ruine, à ce point que les hommes d'armes n'auraient pas même osé y monter en cas d'attaque[2]. Les habitants témoignaient à l'égard de ces travaux de défense, une insouciance et même un mauvais vouloir manifeste. « Ils ont bien fait faire le portau du boullevart de Nantaise, écrivait Guillaume le Bigot à Bourré, mes pont ne porte n'y ont fait fayre, ne n'est mencion de nouvelles dy en fere point, et a tousjours demouré et demeure ledit porteau ouvert ». « James, ajoutait-il, n'y sera fait chouse qui vaille, si ne vous plaist y donner aultre provision, car pour chouse que on leur puisse faire ne dire, ilz n'en font compte et ne sont que parolles perdues[3]. » On n'ignorait pas à Montaigu que Bourré était retenu près du Dauphin, et on écoutait peu ses ordres : les nobles du pays, sachant le roi malade, prenaient déjà des allures d'indépendance ; sur un ordre formel de Bourré de se réunir en armes à Montaigu, un seul d'entre eux se rendait à

[1] Arch. Nat., R. 72, n° 52.
[2] Bibl. Nat., Mss. fr. 20487, fol. 82.
[3] Bibl. Nat., Mss. fr. 20487, fol. 82.

son appel[1]. Par bonheur, la guerre n'éclata pas entre la Bretagne et la France, et Bourré n'eut point, du haut des murailles de Montaigu, à arrêter des armées rebelles ; son rôle de capitaine resta toujours pacifique, et il n'eut point à se montrer homme de guerre : nous le regrettons peu pour sa gloire ; son esprit était sans doute plus habile que son bras n'était vaillant ; mieux lui convenait « demeurer à Amboise, à la garde et gouvernement du Dauphin, » et défendre l'entrée du château aux visiteurs suspects, que garder, la lance au poing, les tours de Montaigu ou charger une armée ennemie.

Bourré resta au château d'Amboise jusqu'à la mort de Louis XI ; le 21 septembre 1482, il y fut témoin d'une scène pleine de grandeur. Un grand nombre de seigneurs et de dames du sang royal, des grands personnages, capitaines et officiers étaient assemblés dans la grande salle du château ; le roi, revenant d'un pèlerinage à Saint-Claude, s'était arrêté à Amboise pour adresser au Dauphin ses dernières instructions. Le vieux monarque, jetant un regard sur sa vie passée, reconnaît ses fautes et veut mettre son successeur en garde contre les dangers qu'elles lui ont fait courir. Il lui recommande les serviteurs qui comme Bourré lui ont été fidèles, et veut qu'il s'engage à les maintenir dans leurs dignités. Le Dauphin se retire quelques instants pour délibérer avec ses officiers, puis promet d'être

[1] Bibl. Nat., Mss. fr. 20487, fol. 131.

fidèle aux instructions qu'il vient de recevoir. Pour donner plus de force à cette promesse, Louis fit rédiger un acte royal rappelant tout ce qui s'était passé dans cette imposante séance. Bourré, témoin de l'engagement pris par le futur roi, signa près du Dauphin et du comte de Beaujeu, l'acte qui fut dressé [1].

Le Dauphin n'avait encore que douze ans ; mais la maladie dont souffrait Louis XI rendait prochain son avènement au trône. Louis XI lui-même, qui l'avait jusqu'alors avec un soin si jaloux tenu à l'écart, voyait maintenant en lui le roi de demain. Lorsque les ambassadeurs du duc Maximilien et des Pays-Bas vinrent au Plessis demander au roi la ratification du traité d'Arras qui avait conclu le mariage du Dauphin et de la fille de Maximilien, et promettait en dot au prince français l'Artois, la Bourgogne, le Mâconnais, l'Auxerrois, ils se rendirent à Amboise pour faire jurer la paix par le Dauphin.

Quelque temps après Louis XI mourait, on sait au milieu de quelles angoisses et de quelles terreurs ; lui qui avait fait trembler tant de gens, tremblait à son tour comme le dernier de ses sujets devant la mort. En vain essaya-t-il de l'éloigner, s'adressant tour à tour à Dieu, à Notre-Dame, à tous les saints et multipliant les vœux, les prières, les invocations. En vain espéra-t-il la retarder de quelques jours,

---

[1] *Musée des Archives*, n° 841.

accueillant avec un empressement désespéré tous les charlatans qui accouraient au Plessis lui proposer leurs bizarres remèdes, et exécutant avec foi leurs singulières ordonnances, jusqu'à user de l'or potable. Elle vint, sans merci, trop tôt pour lui comme pour la France. Elle l'atteignit à l'heure où il songeait à introduire de sages réformes dans l'administration du royaume et à réparer les maux que ses guerres nécessaires avaient causés au peuple ; sur les ruines de l'ancienne organisation féodale, à laquelle il avait porté les derniers et les plus rudes coups, il aurait voulu solidement élever jusqu'aux faîtes le nouvel édifice du pouvoir royal, dont il n'avait posé que les fondements ; il mourait sans avoir achevé sa tâche.

Ses contemporains qui ne pouvaient apprécier encore l'étendue des services que ce roi despote avait rendus au royaume, et le résultat précieux que leurs souffrances passagères assuraient à la nation française, ne regrettèrent point sa mort. Mais le sire du Plessis-Bourré avait de puissants motifs pour ne point partager l'indifférence ou l'ingratitude du peuple ; les bienfaits de Louis XI à son égard n'avaient pas besoin de longues années pour se révéler. Sous le règne qui se terminait, Jean Bourré, ce fils de la bourgeoisie, cet homme « de moyen estat, » avait pu parvenir aux premières charges de la monarchie ; il était devenu l'ami de tous les puissants ; puissant lui-même, il avait vu les plus grands seigneurs rechercher sa faveur. Le roi d'abord, « ce Dieu, ce diable, » comme dit Michelet, l'avait fait son conseiller, son confident, son ami ; il avait mis en lui « toute sa fiance. » Il ne craignait pas de s'en rapporter d'avance à son avis.

En 1473 ayant préparé des lettres pour le gouverneur de la place de Roquemaure, dont il est sans nouvelles, et dont il redoute la trahison, il les adresse à Bourré, en lui disant : « Voyez-les, et si elles vous semblent bien, envoyez-les lui [1]. »

Il appréciait son habileté, et lui témoignait sa satisfaction de ses succès : « Monsieur du Plessis, je vous remercye de ce que m'avez si bien servy au fait de la traicte d'Anjou [2]. »

Quand il lui écrivait, il l'appelait « Monsieur du Plessis, mon amy. » Quelques-unes de ses lettres à Bourré témoignent même d'une aimable familiarité, bien éloignée du ton impérieux habituel au très redouté roi : « Monsieur du Plessis, mon amy, je vous prie sur tout le plaisir que me désirez faire que vous m'envoiez demain à mon lever votre hobin et votre grison ; et je vous asseure que je n'en prendray que l'un et en paieray ce que vous vouldrez. Mais ne me faillez au besoing, puisque je m'envoys, et vous demourez à l'ostel. Et ne pensez pas que ce soit pour autre que pour moi, car je ne le prendrois pas autrement, et si vous feistes oncques riens à ma

---

[1] Duclos, II, p. 299.
[2] Mss. fr., fol. 67.

requeste, qu'il n'y ait point de faulte. Et adieu. Escript à Château-Regnault le 3ᵉ jour de mars. — Luys¹. »

« Mons du Plessis, j'ay reçu voz lettres, et ay vou votre cheval et votre haquenée que j'ay retenuz, mais je ne les veulx pas avoir sans les payer. Et pour ce mandez moy qu'ils me cousteront. Par autrement je ne les prendrais pas. — Loys². »

Une autre fois Louis XI désireux d'éviter la visite de sa cousine Madame de Bourbon et de sa sœur Jeanne de France, qui viennent vers lui, prie à la hâte son compère, s'il veut lui faire service et plaisir, de trouver le moyen, par bonne manière et bien sagement, de lui épargner l'entrevue : « Mon compère, le seigneur de Beauveau est présentement venu devers moi qui m'a dit que belle cousine de Bourbon l'aisnée, et ma seur doyvent venir devers moy. Et pour ce que je suis maintenant fort ocupé, comme vous savez, je vous prye, si vous me voulez james faire service ne plaisir, que vous trouvez fasson, par bonne manière et comme de vous, que ne viegnent point, et s'ilz ont aucune chose à besongner devers moy, qu'ils y envoyent, et que feray tellement qu'ilz devront estre contens. Mais faictes le si sagement et par telle fasson, qu'ilz ne congnoissent point que j'en sache rien³. »

---

1 Bibl. Nat., Mss. fr. 6602. fol. 51.
2 Bibl. Nat., Mss. fr. 20427, fol. 62.
3 Bibl. Nat., Mss. fr. 20427, fol. 111.

Les compères les plus habiles et les mieux en cour, lui offraient leurs services. Pierre Doriole, fils d'un maire de la Rochelle, général des finances et maître des comptes sous Charles VII, créé chancelier par Louis XI en 1472, employé par lui aux délicates et importantes négociations avec les ducs de Bourgogne et de Bretagne, chargé comme commissaire d'instruire le procès du cardinal Balue, et qui devait, plus tard, diriger les procès du connétable de Saint-Pol et du duc de Nemours, se disait « son serviteur et compère » et se mettait à son entière disposition : « s'il est chose que pour vous puisse, vous scavez que je suis totalement vostre pour l'accomplir à mon povoir [1]. »

Jean de Daillon, seigneur du Lude, « nourry avec le roi en sa jeunesse, » conseiller et chambellan du roi, gouverneur d'Alençon, puis du Dauphiné, employé aux plus difficiles et moins honorables besognes du roi qui s'était plu à l'enrichir de gages, de pensions et de seigneuries confisquées, ce fameux « maître Jehan des Habiletez » se déclarait prêt à aider Bourré en toutes choses « comme si c'estoit pour mon propre fait [2], » disait-il. Lorsque à de rares intervalles Bourré quittait le roi pour vivre quelques jours au milieu de sa famille dans ses terres d'Anjou, les autres serviteurs du roi le tenaient sans cesse au courant de ce qui se passait à la cour.

[1] Bibl. Nat., Mss. fr. 20429, fol. 19, 26.
[2] Bibl. Nat., Mss. fr. 6602, fol. 79.

Le 20 septembre 1469 Jean Briconnet lui écrivait de Tours :

« Le roi arriva mardi après disner. Aussi fit l'ambassade de Romme presque à une heure. Je ne vis oncques mieulx plouvoir. Pour ce jour nul ne fut devers le roy ; hier matin maistre Gilles le Flameng, Laurens Girard, Caulers et moy y fusmes. Mais nul de nous le vit pour le matin. Car aussi tost qu'il eust oy la messe il ala disner au parc. Il a couchié avec la Royne qui est aux Montilz. Après disner, il fut devers le Roy de Secille, où il fust jusques au soir bien tart. En s'en retournant il me manda par le maréchal des logis que je alasse devers lui, où je fuz jusques environ dix heures de nuyt et me parla de paier deux mille livres au roy de Secille...

« S'il n'y a riens que l'on vous doive faire savoir, incontinent vous envoiray homme exprès...

« Monseigneur ne laissez point à faire grant chère par delà, car je vous asseure que j'auray tousiours l'euil pour savoir se surviendra riens de nouvel pour incontinent vous le faire savoir [1]. »

Vers le même temps Gilles le Flameng, dans une lettre qu'il signe « votre humble serviteur et compère, » lui transmet des nouvelles du roi et de la reine, et lui recommande de ne pas s'inquiéter, l'assurant qu'il aura souvent des nouvelles [2].

Le 27 octobre 1470, P. Doriole lui envoyait à son

---

[1] Bibl. Nat., Mss. fr. 20488, fol. 87.
[2] Bibl. Nat., Mss. fr. 20488, fol. 155.

tour des nouvelles : « Monseigneur je me recommande à vous tant de bon cuer comme je puys. Naguère vous ay escript au long et depuys n'est riens sourvenu de nouvel, fors que le roy chasse et ce esbat icy eutour et n'est point allé à Notre-Dame de Selles. Aujourd'hy encores il a escript à Monseigneur de le Fourest et à moy, que l'on vous envoyat querir ; par quoy Mons. tout considéré, comme votre serviteur et amy me semble qu'il sera bon que vous en viegnez car jusques cy le maistre a été et est bien content ce me semble que avant que plus astendit le mieux est que vous venez [1]. »

Autour du sire du Plessis les solliciteurs se pressaient en grand nombre. Il était assailli de lettres implorant soit des pensions, soit des lettres d'anoblissement : « Mon très honnoré seigneur, lui écrivait un receveur des finances, je vous envoye mes lettres grossoiées en forme d'anoblissement, vous suppliant très humblement qu'il vous plaise de vostre grâce l'obtenir pour moy au Roy faire faire le commandement, et sur ma foy je seray et me reppeutleray à tousjours vostre humble et obéissant serviteur [2]. » Les plus hauts personnages souhaitaient sa faveur. L'évêque de Paris lui envoyait une lettre adressée « à mon cher et espécial amy, monsieur Du Plessis, » et dans laquelle il lui disait désirer sa bienveillance, « autant que d'homme de ce royaulme, considéré les grands services que avez

[1] Bibl. Nat., Mss. fr. 20427, fol. 26.
[2] Bibl. Nat., Mss. fr. 20487, fol. 104.

fais et faictes chacun jour au roy¹. » Les grands seigneurs le traitaient en égal ; le duc d'Orléans l'appelait « monsieur Duplessis, mon amy² » et réclamait sa bienveillance pour un de ses serviteurs : « Mons Duplessy mon amy ce présent porteur mon serviteur a à besoingner au grant conseil du Roy, touchant certaine requeste quil entend faire et ja a faicte aud s. et pour ce que je desire que son cas se porte bien vous prie mons Duplessis mon amy qua ma faveur le vueillez avoir pour recommandé et lui faictes tous les plaisirs à vous possibles, et en ce faisant me ferez chose très agréable. Il est peu congnu en telz choses j'espère que le redresserez et de rechief le vous recommande vous faisant savoir si chose voulez que puisse en le me mandant my emploieray de très bon cuer, aidant notre seigneur, qui vous dans le parfait de voz désirs. Escript à Melun, le deuxieme jour de novembre.

« Le duc d'Orléans,
bien vostre, Loys. »

Le duc de Nemours lui faisait présent de ses propres chevaux, et son serviteur écrivait à Bourré : « Monseigneur m'a chargé vous escripre qu'il se recommande bien à vous et qu'il veult que vous n'espargnez rien de ce que aurez à faire de nous³. » Enfin le duc d'Alençon, seigneur de Châteaugon-

---

¹ Bibl. Nat., Mss. fr. 20487, fol. 23.
² Bibl. Nat., Mss. fr. 6602, fol. 64.
³ Bibl. Nat., Mss. fr. 6602, fol. 90.

tier, demandait protection au fils d'un de ses bourgeois :

« Très cher et très grant amy, » écrivait-il à Bourré dans les premières années du règne de Louis XI, « j'envoie devers le roy Guillaume Hatry pour mes affaires, lesquels je luy ay chargez vous dire bien, au long. Si vous prie que le veuillez ouyr et vous employer à ceste foiz pour moy ainsi que j'ay en vous ma parfaicte fiance et à jamais j'en seray tenu à vous. Très cher et grant amy, nostre seigneur vous ait en sa saincte garde. Escript à Pouencé, le 11ᵉ jour de janvier. — Le duc d'Alençon. JEHAN[1]. »

Des villes même s'efforçaient de gagner sa bienveillance, et lui envoyaient des présents. Nous citerons entre autres la ville d'Amboise, dont les Archives ont conservé plusieurs mentions de dons offerts par le conseil de ville à maître Jean Bourré. En 1463, dans le premier compte de Florentin Prevost, on trouve cité l'achat à Orléans « de quatre traverciers de vin qui ont esté donnés de par la ville à maistre Jehan Bourré, affin qu'il eust tousjours le fait de ladicte ville pour recommandé envers le roy, nostre syre ; lesquelz quatre traverciers de vin ont cousté la somme de 27 l. x s. t. tant pour l'achapt d'iceulx que pour les avoir fait amener d'Orléans à Amboise, par la rivière, et pour les avoir mis au celier dudit maistre Jehan Bourré, et aussi

[1] Bibl. Nat., Mss. fr. 6602, fol. 67.

les y avoir remplis[1]... » La même année, en septembre, « deux gros béchez » sont donnés « à maistre Jehan Bourré qui passa par ceste ville où alloit au pays d'Anjou, afin qu'il eust le fait de la ville pour recommandé[2]. » En 1464, la femme de Bourré et celle de Guillaume de Varie, passent à Amboise ; le conseil s'assemble et l'on convient de leur donner « du linge ouvré du plus bel et honnorable qui se pourra trouver, jusques à la valeur d'un marc d'or[3]. » La même année « trois charretées à foing » sont offertes à Jean Bourré « pour obtenir son appui[4]. » En 1466, il reçoit quatre « chapons de haulte gresse[5] ; » en 1468, « ung gros brochet, deux grosses carpes et deux lamproyes[6] ; » en 1471, du poisson encore pour la vigile de la Toussaint[7] ; enfin, en 1482, « cinquante septiers d'avoine[8]. »

La ville de Lyon en 1474 offre à Bourré « une dozaine torches à baston à IIII gros et demy la piesse, quatre livres dragée muscade à dix solz la livre, et huit livres et demy dragée commune[9]. » La ville de la Rochelle suit l'exemple commun ; désirant obtenir décharge d'une partie de la traite levée sur les vins de la Saintonge, ses conseillers

---

[1] Arch. d'Amboise, CC, 83, fol. 15, verso.
[2] Ibid.
[3] Ibid., BB, 2.
[4] — CC, 84.
[5] — CC, 194.
[6] — CC, 94, fol. 2.
[7] — CC, 93.
[8] — CC, 104, fol. 39.
[9] Arch. mun. de Lyon, BB, 12, fol. 60 ; CC, 45.

s'adressent au seigneur du Plessis-Bourré, et paient d'avance sa protection [1]. Les Parisiens eux-mêmes sollicitent en plus d'une occasion sa bienveillance [2].

Cette haute fortune que le sire de la Brosse n'aurait jamais osé rêver pour son fils, étudiant en droit à l'Université de Paris, était due à une grande et belle qualité de Jean Bourré : la fidélité.

Bourré fut avant tout, envers Louis XI, un serviteur dévoué ; il le fut à toute heure et toute sa vie. « Sire, écrivait-il à Louis, en 1478, dès le premier jour que je vins à vous, je me délibéré de vous servir loyalement et de n'avoir point deux maistres, et en ce propos ay tousjours esté, et maintenant que je suis vieil je seraye plus que fou si je vouloye faire le contraire [3]. » Il s'était donné au roi sans réserve. « Je ne puis avoir affaire qui tant me touche, comme faire ce qu'il vous plaira, » écrivait-il à Louis XI en 1470. Pour rien au monde il n'aurait voulu lui « faillir de corps ne de biens. » Bourré mettait son amour-propre et sa gloire dans sa loyauté et son dévouement. A aucun prix il n'aurait voulu être infidèle au roi : Dieu me donne plutôt la mort, disait-il avec un accent de grande sincérité. L'apparence même d'une disgrâce aurait été pour lui la suprême honte. Mais il entendait servir le roi par ses actes, non le flatter par ses

---

[1] Bibl. Nat., Mss. fr. 6602, fol. 102.
[2] *Ibid.*, fol. 101.
[3] Bibl. Nat., Mss. fr. 20489, fol. 90.

paroles, et il se déclarait avec une énergique franchise mauvais homme de cour. Une fois en effet que le roi Louis XI avait disposé sans l'en prévenir, et en son absence, de son office de contrôleur de Normandie, en faveur de M° Herbelot, il lui exprime avec force ses sentiments dans une lettre dont la minute nous a été conservée. Il a appris, écrit-il, que le lendemain qu'il partit pour s'en aller à Montaigu, le roi a donné son office de contrôleur de Normandie à M° Herbelot. Certes, tout ce qu'il a est au roi, qui peut en disposer à son plaisir. Mais il aurait mieux aimé que le roi lui prît de l'argent, plus qu'il n'en retirait de son office, plutôt que de lui enlever sa charge « car il me semble que chacun me montre au doy et qu'ils cuident que je vous aye fait quelque grant faulte, dont Dieu me garde et plustôt me donne la mort. » Il sait bien « que Dieu ne lui a pas fait la grâce d'estre si saige que M° Herbelot, » mais il a toujours été dévoué au roi et l'a longuement « suyvy et servy. » Sans doute il est mauvais homme de cour, « il ne scait dire et monstrer son vouloir, » mais de tout son « petit pouvoir » il est dévoué au roi et il voudrait « plus faire que dire [1]. »

On se rappelle la peur effroyable que Jean Bourré avait « d'aller à Liège, » pourtant il faisait dire au roi que s'il avait « nécessairement à besongner de luy, et deust-il mourir se viendroit-il [2]. » A quoi le

---
[1] Bibl. Nat., Mss. fr. 20489, fol. 49.
[2] Bibl. Nat., Mss. fr. 69.

roi répondait qu'il « savoit bien que s'il le mandoit qu'il viendroit, et fust-il au bout du monde. »

Bien peu, même parmi les compères les plus estimés du roi, avaient montré à Louis XI une fidélité comparable à celle de Bourré. Avant d'être créé par Louis XI chancelier de France, Pierre Doriole avait d'abord servi Charles VII, et l'un des premiers actes de Louis XI à son avènement avait été de lui témoigner son ressentiment en lui retirant son office de général de Normandie. Jean de Daillon lui-même, d'abord favori de Louis Dauphin, et l'un de ses compagnons d'armes dans ses campagnes contre les Suisses, ne l'avait point suivi lors de sa fuite auprès du duc de Bourgogne, mais s'était mis au service de Charles VII. A l'avènement de Louis XI il s'était avec précaution tenu à l'écart, puis, lors de la Ligue du Bien Public, il avait pris ardemment parti contre le roi, qui ne lui avait pardonné et ne l'avait plus tard comblé de ses faveurs qu'en raison de son habileté merveilleuse et de ce que ce Jean de Daillon était « quelque chose de prix. »

Louis XI, qui ne rencontrait trop souvent autour de lui que trahison ou perfidie, avait tenu à honorer le rare dévouement de Bourré, par des faveurs toutes spéciales ; il voulait que la fortune et l'autorité de son compère excitassent l'envie, et que Bourré servît d'exemple à tous ses serviteurs. En 1480, lui accordant de nouveaux dons, il déclarait le faire en considération des « bons, très grans, loyaulx, agréables et continuels services qu'il nous a par cy devant faitz dès son jeune âge, par l'espace de trente-huict ans ou environs, tant en nostre pays de Dauphiné que devant que nous y allassions, lors nous estant Daulphin ès pays de Flandres et de Brebant, que depuis nostre avènement à la couronne, *à la conduite et direction des plus grands faitz et affaires de nous et de nostre royaulme*, en grand soin, cure et diligence, sans varier ne abandonner quelque temps qu'il aye couru... ainsy que recognoissons estre raisonnablement tenuz et luy et les siens toujours eslever, augmenter et accroistre en biens, honneurs et chevance, à ce qu'il cède en exemple à tous noz aultres serviteurs qui feront le semblable[1]. »

Une fidélité de trente-huit années, *sans varier ni abandonner quelque temps qu'il ait couru*, était, en effet, digne d'éloges et de récompenses. Pour inspirer et soutenir un semblable dévouement, des motifs intéressés n'étaient pas suffisants, car, en trente-huit années, les intérêts varient et se déplacent ; une semblable constance dénote à nos yeux un caractère droit et une intelligence élevée mis loyalement au service d'un grand maître, le roi Louis XI et d'une grande cause, l'unité française.

[1] Arch. de Maine-et-Loire, série E. *Titres de famille*. Bourré.

CHAPITRE VII

BOURRÉ SOUS CHARLES VIII ET LOUIS XII

Bourré sous le gouvernement d'Anne de Beaujeu. — Il fait partie du Conseil du Roi. — Son rôle dans ce Conseil. — Répression des abus. — Réforme de la mairie d'Angers. — Bourré capitaine du château d'Angers. — Son rôle pendant la guerre de Bretagne. — Il fait fortifier le château d'Angers ; il fournit de vivres et de charroi, les armées du roi. — Il est chargé de la garde des prisonniers Bretons ; du prince d'Orange ; de Bassompierre. — Bourré et les finances de Charles VIII ; il est nommé premier président de la Chambre des Comptes. — Son rôle pendant la guerre d'Italie. — Charles VIII lui confie le soin de lever l'argent sur le domaine royal. — Bourré prête au Roi. — Bourré, conseiller de Charles VIII ; confiance qu'il inspire ; les missions qu'il remplit. — Bourré abandonne ses charges. — Avènement de Louis XII. — Jugement du nouveau roi sur la carrière politique de Bourré. — Louis XII lui emprunte de l'argent pour les besoins de ses guerres.

Après la mort de Louis XI, une réaction inévitable se déclara contre ses conseillers et ses serviteurs. Trop d'intérêts particuliers avaient été lésés, trop de confiscations avaient été ordonnées, trop de ressentiments avaient été soulevés pour que l'entourage du feu roi ne fût pas menacé de terribles représailles, ou à tout le moins exposé à d'implacables revendications. Les premiers jours du nouveau règne furent difficiles pour les compères de Louis XI, terribles même pour quelques-uns d'entre eux. En dépit des recommandations expresses de son maître mourant, Olivier le Dain, l'ancien barbier, créé comte de Meulan, capitaine du pont de Saint-Cloud, seigneur haut justicier de Crone, contrôleur du grenier à sel de Neufchatel, enrichi par ses exactions, et resté au milieu des honneurs, fidèle à son premier nom d'Olivier le Mauvais, est poursuivi devant le Parlement de Paris, condamné à mort et pendu au gibet de Montfaucon. Jean de Doyat, qui avait été sous le règne précédent procureur général au Parlement de Paris, conseiller du Roi et gouverneur de l'Auvergne, poursuivi par la haine du duc de Bourbon dont il s'était montré l'ennemi, est battu de verges au pilori des Halles, à Paris, a une oreille coupée et la langue percée d'un fer chaud et il s'estime heureux de conserver la vie en étant chassé du royaume. Pierre Doriole, moins coupable, mais qui avait présidé les procès du comte d'Armagnac et du connétable de Saint-Pol, est dès le mois de mai 1483, privé de son office de chancelier de France. Ymbert de Batarnay, seigneur du Bouchage, enrichi de seigneuries confisquées, juge prudent de se retirer quelque temps de la scène politique, et se voit bientôt condamné à restituer les domaines du comte d'Armagnac qui lui avaient été attribués. Philippe de Commines lui-même perd toute influence ; il lui faut répondre à de justes réclamations élevées contre l'origine de sa fortune, soutenir de multiples procès, pour être enfin condamné à restituer une partie de ses seigneuries.

Bourré avait été à la fois plus honnête et plus habile. Il fut aussi plus épargné. La part qu'il avait prise au gouvernement de Louis XI n'était pas de nature à exciter contre lui la colère et la haine. Occupé surtout des affaires financières du roi, et vers la fin du règne retenu à Amboise par la garde du Dauphin, il n'avait point été près de Louis XI le conseiller de ses vengeances ou l'exécuteur de ses sentences. Il avait pu s'enrichir sans commettre d'exactions. Si le roi avait été généreux à son égard, Bourré, en profitant de ses largesses, avait eu la prudence d'accepter des dons en argent, plutôt que des terres confisquées, et il ne s'était pas exposé aux rancunes et aux réclamations des familles dépossédées. En pleine réaction contre les hommes de l'ancien régime, au milieu des revendications contre les grandes fortunes injustement acquises, Jean Bourré put conserver, sans qu'elles fussent un instant menacées, sa puissance, ses dignités et ses richesses. Il demeura auprès du nouveau gouvernement un conseiller habile et écouté, et l'un des chefs de l'administration financière.

Louis XI était mort le 30 août 1483. Aussitôt des factions s'étaient formées, cherchant à s'emparer du pouvoir, que le jeune âge du nouveau roi rendait en fait vacant. La reine-mère, Charlotte de Savoie, soutenait qu'à elle seule devait appartenir le gouvernement de son fils et réclamait la régence. La mort eut bientôt mis un terme aux espérances de ses partisans. Le duc Louis d'Orléans se souciait peu d'obtenir la garde de son jeune beau-frère, mais, en sa qualité de premier prince du sang, il voulait le gouvernement du royaume. Le 5 octobre 1483, il se faisait nommer lieutenant général. Près de lui, la sœur du roi, Anne de France, et son mari le duc de Beaujeu, auxquels, quelque temps avant sa mort, Louis XI avait confié la garde et le gouvernement de son fils, espéraient exercer l'autorité effective. Entre le parti du duc d'Orléans et celui de la dame de Beaujeu, l'ancien serviteur de Louis XI ne pouvait pas hésiter. Le duc d'Orléans, brillant cavalier, hardi, entreprenant, s'était toujours montré léger et frivole; il avait été tenu à l'écart par Louis XI, qui l'avait marié à sa fille Jeanne, laide et bossue, et qui pensait bien que les enfants à naître de ce mariage ne coûteraient guère à nourrir. La dame de Beaujeu, « fine et déliée, et en tout la vraie image de son père, » était aux yeux du roi la moins folle femme du monde, car « de femme sage il n'y en a point, » ajoutait-il. Bourré pensait comme Louis XI ; et, sans hésitation, s'éloignant résolument du duc d'Orléans qui groupait autour de lui les mécontents de l'ancien règne et les princes que Louis XI avait sans cesse combattus, il se rangea parmi les partisans des Beaujeu. Aussi son nom ne figure-t-il pas au nombre des quinze conseillers que le parti des princes forma dès les premiers jours du nouveau règne.

Mais l'habile Anne de Beaujeu réussit à transformer peu à peu à son profit la composition du Conseil Étroit, et à y faire entrer, avant même la fin des États Généraux, une majorité favorable à son gouvernement. C'est ainsi que, dans le courant de l'année 1484, on voit siéger au Conseil du roi Charles VIII, Jean Bourré, auprès d'un petit nombre de ses anciens compères et amis, Pierre Doriole, Imbert de Batarnay, Yvon du Fou, Étienne de Vesc, Adam Fumée, Guillaume Briçonnet, etc. [1]. Ainsi se trouvait réalisé le vœu de Louis XI, que le Dauphin s'entourât des sages conseillers qui l'avaient si bien servi.

La reconnaissance du Dauphin envers son ancien gouverneur, aussi bien que la protection et la faveur du nouveau gouvernement envers Bourré se manifestent dès les premiers jours.

Le 6 mars 1484, le roi Charles VIII, par lettres datées de Montils-les-Tours, « en considération de l'occupation continuelle que son amé et feal conseiller, et maistre des comptes Jean Bourré, trésorier de France, a eue, ses services, conseils, et affaires près de sa personne… » ordonne de lui faire payer ses gages de maistre des comptes, absent comme présent, nonobstant qu'il n'ait encore fait le serment [2].

---

[1] Bernier, *Procès-verbaux des séances du Conseil du roi Charles VIII pour l'année 1484.*

[2] Extrait des titres du Plessis-Bourré, par Gaignières. Document communiqué par M. Marchegay.

Le 11 septembre 1484, Charles VIII, par lettres-patentes adressées à la Chambre des Comptes, expose « l'humble supplicacion de son amé et feal conseiller Jehan Bourré, chevalier, trésorier de France, » rappelant « qu'il a possedé longtemps les offices de contrerolles de l'audience de nostre chancellerie et recette générale de Normandie, pendant lequel temps obstant la grande occupation qu'il a eue au service de feu nostre très cher père, et aussi à l'entour de nous, nous estans Dauphin et à Amboise, où il a été par ordre de nostre dit feu seigneur et père, l'espace de cinq ans et plus — et comme depuis notre advenement à la couronne il n'a pu entendre à l'exercice desdits offices, nous mandons que vous recepviez ledit suppliant à vous bailler telz contrerolles qu'il trouvera par lui et ses commis avoir été faitz... l'en deschargez... et en deschargeons par ces présentes [1]. »

Le 15 septembre suivant, la Chambre des Comptes délivre à Jean Bourré la décharge demandée pour lui par le roi, faveur considérable à ce moment où, de toutes parts, on réclamait des comptes sévères aux serviteurs enrichis de Louis XI.

Les extraits des registres du Grand Conseil du roi Charles VIII, pour l'année 1484, nous révèlent la présence fréquente de Bourré aux séances et sa participation aux affaires du gouvernement. Les libéralités de Louis XI avaient soulevé de vifs

---

[1] Extrait des titres du Plessis-Bourré. Communiqué par M. Marchegay.

mécontentements ; et à sa mort, des clameurs s'élevaient de toutes parts contre ceux qui en avaient profité dans une trop large mesure. Les sanctuaires qu'il avait comblés de ses largesses excitaient l'envie, à l'égal des serviteurs qu'il avait enrichis de pensions. L'église de Notre-Dame de Cléry avait été au premier rang dans les pieuses libéralités du monarque ; ce fut contre elle que s'élevèrent, jusqu'au sein du Conseil, les plus violentes réclamations, lorsque les religieux demandèrent la délivrance des quatre mille livres de rente que le feu roi avait données à l'église pour l'augmentation du divin service, et pour prier Dieu pour lui.

Le Conseil nomme une commission composée, entre autres, de Bourré et de Doriole, « pour calculer au vray combien peuvent monter les messes, vigiles et autre service que ceulx de ladite église font et ont acoustumé de faire pour ledit feu roy... scavoir de combien ilz ont admendé dudit feu roy en argent comptant, et quelles rentes ilz ont acquises dudit argent. » Cela fait, les commissaires du Conseil devaient décider la somme qui serait payée aux religieux « jusqu'à ce que le roi soit en aage, et alors il en pourra faire à son bon plaisir [1]. »

Un impôt, connu sous le nom de traite foraine, frappait tous les grains qui entraient dans le royaume ou qui en sortaient, et il dépendait du pouvoir royal d'autoriser ou de défendre, par des ordonnances, l'exportation du blé. En 1482, époque

[1] Bernier, *Séances du Conseil de Charles VIII*, p. 11.

où la disette des grains était sur le point de faire naître une sédition parmi les étudiants, Louis XI avait interdit cette exportation. En 1484, la même prohibition subsistait, alors que les raisons qui l'avaient motivée avaient disparu. Au dire de Bourré, qui adresse sur ce point un rapport au Conseil du Roi, cette mesure était nuisible aux véritables intérêts du Trésor royal, qu'elle privait d'importants revenus. S'il était en effet permis, de droit commun, à tous les marchands, de « tirer des blés, » les ventes s'accroîtraient et les impôts que percevrait le Trésor à leur occasion viendraient dans une large proportion augmenter le produit des aides. En outre, l'état actuel engendrait de graves abus ; quelques gros marchands sollicitaient du gouvernement le droit de traiter de certaines quantités de blés, et revendant eux-mêmes cette permission, trafiquaient à beaux deniers de leur privilège. Sur l'avis de du Plessis-Bourré, le Conseil permit « à tous marchans de ce royaume de povoir tirer des blez en tel nombre qu'ilz vouldroient, les pays demourans fourniz de ce qu'il leur sera nécessaire. » Mais pour empêcher les provinces de se dégarnir de blé, des lettres-missives furent en même temps envoyées aux officiers royaux leur ordonnant, « s'ilz voyent qu'on tirast desditz blez en si grande quantité que lesdits pays en eussent souffreté, qu'ilz cloyent incontinent ladite traicte [1]. »

[1] Bernier, *Séances du Conseil de Charles VIII* (11 novembre 1484, p. 157).

Quelques jours plus tard, Bourré était chargé, avec Doriole, de faire un rapport au Conseil du Roi sur la requête présentée par le seigneur de Croy, réclamant main-levée de la terre et seigneurie de Bar-sur-Aube et des greniers à sel dudit lieu, « nagueres empeschez sous couleur de la reunion generale du dommaine. » Sur leur rapport, le Conseil, le 6 décembre 1484, accordait au seigneur de Croy la main-levée demandée [1].

Le 13 décembre, le Conseil délibérait « sur la matière touchant le faict des guetz. » Des abus lui avaient en effet été signalés à ce sujet. Trop souvent, dans les villes et dans les campagnes, les capitaines ou les châtelains, par pure vexation, obligeaient les habitants à faire jour et nuit guet et garde sur les murailles. Ceux qui refusaient ce service devaient payer de fortes amendes. Pour remédier à ces abus, le Conseil ordonna que dorénavant « on usera desditz guetz tout ainsi et en la forme et manière qu'on faisoit du temps du roi Charles VII; » c'est-à-dire que, sauf dans les villes sur la frontière ou en cas de danger, les habitants ne devraient faire le guet qu'une fois le mois au plus, et qu'en cas d'abstention, l'amende ne dépasserait pas dix deniers tournois. Du Plessis-Bourré reçut avec Doriole, la mission de consulter les ordonnances de Charles VII et d' « adviser à donner ordre aux abus qui pourront estre sur le fait desditz guetz [2]. »

---

[1] *Ibid.*, p. 206.
[2] *Ibid.*, p. 220.

Ces quelques exemples suffisent à montrer que Bourré joua un rôle actif dans les mesures prises par le Conseil du Roi pour mettre un terme à des abus qui avaient pris naissance pendant le dernier règne. Il n'est donc point téméraire de lui attribuer une part dans la rédaction de l'Ordonnance rendue dans la séance du Conseil où siégeait Bourré le 2 décembre 1484, et qui avait pour objet de ramener l'ordre et l'économie dans le trésor royal, en mettant un terme à des libéralités inutiles et ruineuses. Rendue sur cette matière des finances où Bourré, premier trésorier de France, avait une compétence et une autorité spéciales, conforme à ses tendances et à son caractère d'ordre et d'économie, elle fut sans doute inspirée, à tout le moins fortement appuyée par lui. La minute s'en trouve, du reste, conservée parmi les papiers de Bourré, à la Bibliothèque nationale. Elle ordonnait :

« Que pour ceste présente année, es voyages qui seront necessaires pour les affaires dud. seigneur dedans son royaume, seront envoyiez ceulx qui ont appointement ou pension d'icelluy seigneur et n'auront aultre sallaire ne tauxacion pour leur voyage, que leursd. appoinctemens ou pensions.

« Item que les requestes qui seront doresnavent présentées au conseil dud. seigneur qui seront deppendans ou toucheront fait de finances seront envoyez aux trésoriers ou generaulx des finances selon que à chacun d'eulx la matière pourra toucher ou appartenir.

« Item que des reliefs, quints deniers treiziemes lotz et ventes forfaictures aubenes et autres prouffy de fief restes de comptes francs fiefz nouveaux acquestz adnoblissemens legitimacions manumissions et congez de tester sans paier finances, gardes donffans mineurs en Normandie et amendes de la court du parlement ne sera plus riens donné sinon aux officiers et serviteurs domestiques, auxquelz le roy si bon luy semble, en donnera la moitié se eulx mesmes donnent aucune chose des choses dessusd. réserve des amendes de la court du Parlement dont par povreté il pourra faire don du tout.

« Item que led. seigneur ne donnera plus doresnavent nulles pensions ainsi quelles vacqueront, mais tourneront à la descharge de ses finances [1]. »

Bourré fut enfin chargé par le Conseil Royal de l'affaire de « la Refformacion de la Mairie d'Angers. »

Nous avons indiqué qu'au commencement de l'année 1475, Louis XI avait institué une maison de ville dans la capitale du duché d'Anjou, dont il venait d'opérer la saisie sur son oncle le roi René, à la suite d'accusations de déloyauté portées contre ce seigneur. Guillaume de Cerisay, un des secrétaires de Louis XI, et greffier civil de la Cour du Parlement de Paris, avait été, en apparence, élu par les gens de la mairie, en réalité imposé par

[1] Bibl. Nat., Mss. fr. 20432, fol. 3.

Louis XI comme maire d'Angers pour la vie, avec des pouvoirs spéciaux qui l'égalaient aux gouverneurs (février 1475). Les officiers du roi à Angers, pas plus que les habitants, n'avaient été satisfaits des privilèges accordés aux gens de la Mairie. Dès le 4 mars 1475, les officiers du roi avaient adressé à Bourré des lettres, le suppliant d'empêcher la confirmation des privilèges de la Mairie, et de faire en sorte que « la sourprinze desdits de la Mairie ne sorte son effect [1]. » Le même jour les habitants d'Angers lui écrivaient de leur côté, pour l'avertir « de lenteretz que le Roy et la chose publique de par decza a a lencontre de la confirmacion de ceste nouvelle mairye nouvellement érigée en ceste ville d'Angiers en grant confusion de nombre de gens, préjudice des droiz du Roy et de son autorité, et comment les gens de tous estaz du pais navoient à ce donné leur consentement ne nestoient deliberez jamais donner [2]. » Mais les plaintes des officiers et des habitants se heurtaient à la volonté de Louis XI que Bourré était impuissant à modifier.

Le mécontentement alla bientôt en grandissant : en 1478 les Angevins, profitant de l'absence de Cerisay, essayèrent de se révolter, et réclamèrent l'élection d'un nouveau Maire. Louis XI envoya en Anjou Auger de Brie, abbé de Saint-Evroult, Adam Fumée, médecin et conseiller du roi, et un lieutenant

---

[1] Bibl. Nat., Mss. fr. 20493, fol. 65.
[2] Bibl. Nat., Mss. fr. 20493, fol. 54.

du prévôt des maréchaux « pour ordonner et mecte fin à l'esmotion qui lors estoit en ladite ville » et aussi « pour savoir la vérité de certaines assemblées fetes en ladite ville encore pour l'élection du nouveau maire [1]. » Grâce à d'énergiques mesures, l'émeute fut vite apaisée, et jusqu'à la mort de Louis XI les plaintes n'osèrent plus se faire entendre. Elles éclatèrent avec une nouvelle force à l'avènement de Charles VIII.

Les plus grands ennemis de la municipalité, de ses privilèges et de son autorité, n'étaient point les bourgeois d'Angers ; la plupart n'aimaient pas la personne du Maire, mais étaient satisfaits du nouveau régime que leur avait donné la chartre royale. Les vrais adversaires de la Mairie étaient les officiers du roi René, jaloux d'une puissance qui diminuait leur propre autorité. Dès le 29 novembre 1483, voulant éviter la confirmation de la mairie par le nouveau roi, ils écrivent au chancelier, énumérant leurs griefs.

La mairie d'Angers, disaient-ils, était « la plus préjudiciable mairie au roi et à la chose publique qui oncques fut ordonnée au royaume de France, ne autre part. » Quant aux gens de la mairie, maire et échevins, ils font de continuels outrages aux droits du roi et de ses officiers et sont « en grant partie mécaniques pour manger et consommer la

---

[1] Arch. Municip. d'Angers, CC, 5, fol. 53.

chose publique. » Aussi ils supplient le nouveau monarque, de ne point confirmer cette création du feu roi Louis XI [1].

Le même jour, « les gens du conseil et officiers ordinaires du Roy à Angers », écrivaient à Bourré afin de le gagner à leur cause, et frapper plus sûrement par lui la municipalité angevine :

« Tous les états de la ville, disent-ils, et du pays, comme les gens d'église, nobles, l'université et aultres font grant clameur contre les gens de lad. mairie ; aussi est-elle en grant dommage du roi et de l'autorité de sa justice... Nostre très honoré seigneur, ajoutaient-ils, nous vous en escripvons aussi pour ce que de vostre grace vous y avez ja fait besongner au bien honneur et prouffit du roi, en vous suppliant que parachevez l'œuvre, car vous en serez loué de touz les Estaz [2]. »

De leur côté, les gens de la mairie s'efforçaient de se concilier la faveur de Bourré, et lui envoyaient des présents. Ainsi le 5 décembre 1483, ils lui faisaient porter « doze perdryx et doze becquasses et ung faisant », du prix de cinquante-six sols, et « quatre quarts de vin », valant sept sols quatre deniers [3].

Le Grand Conseil appelé à se prononcer dans cette affaire, trouva les plaintes des officiers royaux

---

[1] Arch. Nat., P. 1334, fol. 195.
[2] Arch. Nat., P. 1334, fol. 195.
[3] Arch. Municip. d'Angers, CC, 5, fol. 181.

injustes et intéressées, et accorda à la mairie des lettres de confirmation. Toutefois, pour donner satisfaction aux plaintes qui s'étaient élevées contre l'organisation de la maison de ville, il décida de modifier la mairie d'Angers, et donna mission à Bourré et au capitaine du château d'Angers, le sire de Maigné, d'en reviser et transformer les statuts et privilèges (18 mars 1484)[1]. Le jeudi 22 avril, les commissaires assemblèrent dans la salle du Grand Conseil, les officiers royaux et les gens de la mairie. On commença par lire les lettres de confirmation de la mairie d'Angers, puis les « gens du Conseil et officiez royaux » présentèrent certains articles « selon lesquelz ils demandoient la ditte mairie estre modiffiée et doresnavant régie et entretenue. » Ces articles furent communiqués aux gens de la mairie, pour avoir leur avis. Pendant les jours suivants, jusqu'à la fin du mois d'avril, Bourré et M. de Maigné travaillèrent avec les officiers royaux et les gens de l'Hôtel-de-Ville, pour rédiger de nouveaux statuts agréables aux deux partis. Le 1er mai, la modification définitive fut arrêtée et le trois fut « faicte convocation générale des manans et habitans de la ditte ville de tous estatz au reffectouer des carmes d'Angers... et illec ont esté dictz et déclarez publiquement les points et articles concludz et accordez par lesdits commissaires touchant la

[1] *Privilèges de la ville et mairie d'Angers*, p. 22 (Extrait des registres du Grand Conseil).

modiffication et refformation par eux faite de la mairie d'Angers [1]. »

Les principales modifications étaient les suivantes :

Le corps municipal, au lieu de se composer d'un maire, de dix-huit échevins, de trente-six conseillers, ne comprenait plus qu'un maire et vingt-quatre échevins conseillers. Le maire serait nommé chaque année à l'élection.

Les gens de la mairie pourraient s'assembler toutes les fois qu'il leur plairait, pour les affaires particulières de la mairie; mais ils ne pourraient tenir aucune assemblée générale de la ville, « sans préalablement appeler les officiers du roi ou deux des principaux d'entre eux lors estant présents dans ladite ville [2]. »

---

[1] « Le premier jour du moys de may, l'an dessusdict 1484, par messeigneurs de Maigné et du Plessis-Bourré, commissaires de par le roy, a esté parachevée et conclue et accordée la modification et refformation de la mairie d'Angers, comme par les lettres desdicts commissaires peut apparoir. »
(Arch. Municip. d'Angers, BB, 2, fol. 8.)
« Le IIIᵉ jour dudict moys de may, l'an dessusdict, a esté faicte convocation générale des manans et habitans de la ditte ville de tous estatz au reffectouer des Carmes d'Angiers. Auquel se sont comparus ou matin d'icelluy jour mesdits seigneurs de Maigné et du Plessis-Bourré, commissaires, les présidents du Conseil, maistre Estelle, juge de la Prévosté, maistre Jehan Bernart, esleu d'Angers, Jehan de la Vallée, lieutenant du juge d'Anjou, Mathurin de Pincé, Jehan Préau, licencié en loix, et grand nombre d'autre peuple. Et illec ont estez dictz et declarez publiquement les points et articles concludz et accordez par lesdits commissaires contenus en leurs dittes lettres touchant la modification et refformation par eulx faite de la mairie d'Angers, de ce que aucun n'en puisse prétendre cause d'ignorance, ne contredire ou murmurer encontre. » Fol. 9.

[2] *Privilèges de la ville et mairie d'Angers*, p. 1-14, 22-26.

Dès le lendemain même du jour où les commissaires royaux avaient annoncé aux habitants d'Angers la modification de leur maison de ville, « les gens de chascun estat et métier, » furent convoquez par devant messieurs de Maigné et du Plessis Bourré, pour élire un nouveau maire : Guillaume de Lépine, seigneur de Beauchêne, fut élu et vint, bientôt après, prendre possession de son nouvel office.

La mission de Bourré était terminée; il avait su faire respecter l'œuvre établie par son maître, le roi Louis XI, tout en donnant satisfaction aux habitants de l'Anjou. Les gens de la mairie ne tardèrent pas à lui témoigner leur reconnaissance : dès le 7 mai, ils lui envoyèrent, à lui et à M. de Maigné, « demy esturgeon... prins et achacté en la poissonnerie d'Angers... pour recognoissance de partie des paines et services qu'ilz ont faiz et prins pour le bien de la ville [1]. »

Dans son Histoire de la réunion de la Bretagne à la France, M. Dupuy prétend que Bourré aurait, dès l'année 1484, donné aux Beaujeu un témoignage éclatant de son dévouement, dans les circonstances suivantes :

---

[1] « Le vendredi, 7e jour dudit mois de may..... a esté ordonné audit receveur bailler et paier à Guillaume Goylard, la somme de cent dix solz tournoys pour demy esturgeon aujourd'hui prins et achacté en la poissonnerie d'Angers, pour icelui esturgeon estre départi et donné à mesdits seigneurs de Maigné et Duplessis-Bourré, pour recognoissance de partie des paines et services qu'ilz ont faiz et prins pour le bien de la ville. »
(Arch. Municip., BB, 2, fol. 13, v°).

« Sous la régence d'Anne de Beaujeu, comme sous le règne de Louis XI, la Bretagne servait de rendez-vous à tous les mécontents et à tous les ambitieux de la Cour de France. Pierre Landais, trésorier de François II, et son favori, entraînait de tout son pouvoir le duc vers une politique ouvertement hostile aux Beaujeu. »

Irrité de ce que les seigneurs bretons qui s'étaient révoltés contre sa tyrannique autorité eussent trouvé asile à Angers, et se fussent placés sous la protection du gouvernement français, il voulut d'un seul coup punir les rebelles et renverser la régence. Il envoya en Angleterre un de ses dévoués partisans, l'évêque de Léon, réclamer contre la France l'alliance de Richard III, en même temps qu'un autre ambassadeur s'en allait recruter en Suisse deux mille mercenaires. Les principaux seigneurs de France, mécontents des Beaujeu, étaient avertis de l'entreprise, et beaucoup promettaient leur appui pour « renvoyer demourer à sa maison de Gien, tenir et faire son mesnage, » la dame de Beaujeu. L'entreprise dirigée par Pierre Landais devait commencer par la prise d'Angers. Pour y parvenir, les Bretons avaient cherché à se créer des partisans dans la place.

« Ils n'avaient rien à espérer, dit M. Dupuy, du gouverneur du château, Bourré du Plessis, seigneur du Maigné, qui servait Anne de Beaujeu, comme il avait servi Louis XI. Ils pouvaient compter au contraire sur Jean du Beuil, sénéchal d'Anjou et gouverneur de la ville. » Jean du Beuil se laissa gagner et promit d'introduire dans la ville 3,000 Bretons. Mais le maréchal de Rieux découvrit le complot et le fit échouer. N'ayant pu lui-même faire justice des seigneurs rebelles, le gouvernement breton voulut l'obtenir de Charles VIII, et il envoya en France une ambassade pour se plaindre de la protection accordée à ses ennemis.

« Le roi, continue M. Dupuy, parut touché des plaintes de François II, et disposé à le soutenir contre ses ennemis. Il ordonna à Bourré du Plessis de raser la bastille que les barons avaient élevée à Ancenis[1]. »

Ainsi, d'après M. Dupuy, Jean Bourré aurait, en 1484, par sa fidélité, concouru à sauver la ville d'Angers de l'occupation bretonne ; et lui-même aurait encore, quelque temps après, conduit une troupe armée pour renverser la bastille élevée à Ancenis par les seigneurs Bretons. Or, les documents contredisent sur ces deux points les assertions de M. Dupuy. En 1484, Bourré du Plessis n'était nullement gouverneur du château d'Angers, pas plus qu'il n'était, du reste, seigneur de Maigné.

A cette époque, le gouvernement du château était entre les mains d'Antoine de Sourches, sire de Maigné, à qui Louis XI l'avait confié en 1476, quelque temps après la saisie du duché d'Anjou. Jean Bourré fut bien, comme nous le verrons pro-

---

[1] Dupuy, *Histoire de la réunion de la Bretagne à la France*, t. II, p. 34-35.

chainement, capitaine du château d'Angers, mais seulement après la mort d'Antoine de Sourches, en septembre 1485. Bourré demeura également étranger à l'expédition envoyée contre Ancenis. Le document cité comme preuve par M. Dupuy lui-même, montre que la mission d'abattre la citadelle d'Ancenis avait été confiée, non pas au sire du Plessis-Bourré, mais bien au sire de Maigné.

L'erreur de M. Dupuy provient donc d'une confusion entre Jean Bourré, sire du Plessis, et Antoine de Sourches, sire de Maigné. Tous les deux furent sans doute dévoués à Louis XI, tous les deux servirent en commun la cause de la régente; tous les deux furent successivement gouverneurs du château d'Angers, mais ils n'en sont pas moins deux personnages qu'on ne saurait confondre.

Les services de Bourré en Anjou comme capitaine du château d'Angers ne datent que de la fin de l'année 1485. Les lettres du roi, qui lui confient cette importante charge, sont datées du 5 septembre 1485. Elles rappellent « ses grans sens, loyauté, bonne conduite et diligence... et aussi les grans et recommandables services qu'il a par longtemps faiz à feu nostre très cher seigneur et père que Dieu absoille, et à nous, tant avant que depuis notre avenement à la couronne, qu'il nous fait et continue à présent chacun jour autour de notre personne, en grand soin, cure et diligence, à la direction et conduite des principales affaires de notre

royaume, et esperons que plus face cy après [1]. »
Meilleure preuve ne saurait être apportée de la
faveur dont jouissait alors Bourré, et de ses services continuels auprès du nouveau gouvernement.

A ce moment, la garde du château d'Angers, cette importante forteresse des comtes d'Anjou, rebâtie par saint Louis, réclamait plus que jamais un capitaine dévoué et sûr. Les intrigues des seigneurs mécontents, retirés à la Cour du duc de Bretagne, rendaient imminente une nouvelle guerre. La ville d'Angers serait alors, par sa situation même, une place de première importance, et il fallait, pour la garder au roi, un homme d'une fidélité à toute épreuve. Le gouvernement de la régente n'eut pas à se repentir d'avoir choisi Bourré.

A la fin de l'année 1486, la conspiration préparée par Dunois, à la Cour de Bretagne, allait éclater : le duc d'Orléans avait promis secrètement son concours, mais il hésitait encore à se joindre ouvertement aux ennemis du roi. Charles VIII connaissait ses desseins, et voulant, soit précipiter sa défection, soit s'assurer de sa personne, envoya vers lui à Orléans, dans les premiers jours de janvier, le sire de Gié, maréchal de France, chargé de lui dire, au nom du roi, que ses desseins étaient connus, et de lui faire défense expresse d'aller en Bretagne. Le duc assura le maréchal de ses loyales intentions,

---

[1] Marchegay, *Louis XI et le chapelain de Chateaugontier*, publié dans la *Revue Industrielle de Maine-et-Loire*, t. XXVII.

et le pria de rapporter au roi l'assurance de son entière obéissance.

Mais à peine le sire de Gié l'avait-il quitté que le duc d'Orléans, partant lui-même en toute hâte, s'enfuit à bride abattue jusqu'en Bretagne. Cette fuite eut lieu le 12 janvier. Dès le 13, Bourré alors à Angers, en était averti par une lettre du roi :

« De par le roy,

« Notre amé et féal, pour ce que, puis dix ou douze jours en ça nous avions esté advertiz que nostre frère d'Orléans s'en vouloit scelement aller en Bretagne, nous envoyasmes devers luy nostre cher et féal cousin le sire de Gyé, mareschal de France, jusques à Orléans, lequel luy dit sur ce nostre vouloir qui estoit qu'il n'y allast point, par lequel il nous a fait responce que son intencion n'estoit pas d'y aller, mais estoit délibéré de nous complaire et obeyr en ce et en toutes autres choses, et avecques nostredit cousin, nous envoya le sire de Marigny, son chambellan, pour mieulx nous en certiffier. Toutesfois le lendemain que nostredit frère eust despesché icelluy nostre cousin de Gyé, pour s'en retourner devers nous, il s'est party au soir de Blois avecques 80 ou 100 chevaulx et à toute diligence, jour et nuyt, s'en est allé en Bretaigne à nostre desceu et sans nostre congié, qui est tout au contrayre de ce que par les dessusdicts il nous avoit mandé. Desquelles choses nous voulons bien advertir afin que si au moyen de ce aucune chose survenoit à l'entour de vous, et en vostre quartier, qui nous peust préjudicier, vous y donnez de si bonne heure la meilleure et plus prompte provision, que faire se pourra, et nous y servez ainsi que en vous en avons nostre parfaicte fiance, et en manière que inconvénient n'en puisse advenir, en nous advertissant souvent de ce que cognoisterez que besoing sera, et si nous ferez service et plaisir très agréable. Aussi donnez nous bien garde de nostre ville d'Angiers et des autres choses qui nous peuvent toucher par delà. Donné à Amboise, le XIIII° jour de janvier. — CHARLES [1]. »

En partant, le duc d'Orléans avait bien écrit au roi, disant « qu'il n'alloit point pour aucun mal, ni pour faire chose au déplaisir du roi », mais la cour du roi de France ne se trompait pas sur le but réel de sa fuite, et s'attendait, comme on le voit par la lettre ci-dessus, à un soulèvement prochain. La régente eut bientôt les preuves écrites de l'existence d'une véritable coalition, « ce qui fut su et découvert par plusieurs messagers qui portoient les lettres les uns aux autres, lesquelles étoient écrites en chiffres dont ils avoient les abécés par devers eux. »

Bourré était mis au courant des moindres événements ; il recevait du gouvernement français, connaissance de ces missives chiffrées, ainsi qu'on

---

[1] Bibl. Nat., Mss. fr. 20432, fol. 75.

le voit par une lettre du sire de Graville [1], écrite en cette même année 1487 :

« Mons. du Plessys... Je ne vous escripts autre chose pour ceste heure, sinon qu'il a aujourd'hui esté trouvé une lettre de chiffre plus mauvaise que toutes celles que *vous veistes* de cest an, etc. [2] » Dans de semblables circonstances, une guerre ouverte devenait inévitable : elle éclata dans les premiers mois de l'année 1487.

Après avoir en peu de jours soumis la Guyenne et réduit à l'impuissance Odet d'Aidie, sieur de Lescun, les armées royales revinrent sur le centre de la coalition et pénétrèrent en Bretagne. Alors commença pour Bourré, capitaine du château d'Angers, une nouvelle période d'actifs services. La capitale de l'Anjou renfermait dans ses murs plus d'un cœur breton. Le 18 juin 1487, les gens de la mairie écrivaient à Bourré qu'il y avait dans la ville « des gens qui seroient mieulx pour le bien du roy et de laditte ville dehors que dedans, car ils font, disoient-ils, aucunes sédicions secrètes dont avons esté adverty, qui sont dangereuses, considéré le temps qui court, à quoy faut bien donner provision [3]. »

Pour empêcher ces séditions, il fit proclamer à

---

[1] Le sire de Graville fut à la cour un ministre tout-puissant : « En ce temps, » suivant Commines, « ceux qui gouvernaient la France étaient le duc et la duchesse de Bourbon, et ung chambellan appelé le sire de Graville. » — A la mort du bâtard Louis de Bourbon, il fut élevé par Anne de Beaujeu à la dignité d'amiral de France.

[2] Bibl. Nat., Mss. fr. 20427, fol. 100.

[3] Bibl. Nat., Mss. fr. 20493, fol. 57.

son de trompe dans les rues d'Angers, le 18 juillet, qu'il était interdit « à tous hostelliers et autres manans et habitans de ceste dicte ville, de quelque estat qu'ils soient, de non retirer, loger ne recevoir aucuns bretons, sans l'exprès congié et permissions de messieurs les maire et eschevins de ceste dicte ville et païs. » Les Bretons qui se trouvaient en ce moment dans la ville, devaient « se venir fere enrotuller et escripre dedans deux jours, à la maison de la ville, et illec faire tel serment solennel au roy et à la dicte ville qu'il leur sera ordonné. » A ceux qui refuseraient de se conformer à ces prescriptions il était « commandé et enjoinct de vuyder tout incontinent la ville et le païs sur paine de pugnicion corporelle [1]. »

Les Bretons faisaient sur le territoire de l'Anjou de continuelles « courses et pilleries. » Pour y mettre un terme, on ordonna « au peuple commun et gens des paroisses y résister et obvier quand le cas y adviendroit, et de soy assembler au son du toquesaint ou autrement, soulz l'auctorité et par l'ordonnance d'aucun gentilhomme, chastellain ou autre le plus notable personnage de chacune paroisse ou chastellenie, et faire ambuscher les chemins à la fin tant seulement de soy deffendre, résister et empescher les dittes courses, pilleries, et surprinses que pourroient faire lesdicts ennemys, et que inconvénient n'en puisse advenir, et jusque ad ce que par

[1] Publié dans la *Revue d'Anjou*, année 1856, t. I, par M. Marchegay.

le roy ou par le conseil autrement en soit ordonné [1]. »
Bourré, chef militaire de la ville d'Angers, s'occupait
de toutes les mesures de défense ; mais il portait ses
soins les plus directs sur le château dont il avait la
garde. Afin de le mettre en état de soutenir un
siège, il faisait aux murailles d'importantes réparations, et les munissait d'une forte artillerie [2].

On a conservé dans les archives de la mairie
d'Angers les comptes des travaux faits à cette époque
aux fortifications ; les armements étaient considérables. On fondait de nouvelles couleuvrines, et on
« affustait » les anciennes ; on fabriquait des roues
pour monter les serpentines ; toutes les pièces d'artillerie étaient essayées et mises en état sur les
remparts. André Aubert, « canonnier de la ville »,
fournissait « la pouldre de canon » ; Robert Thenin,
« appoticaire », « fondait le plomb destiné à la deffence de laditte ville » ; Jean Suart et Mace Pecot,
« maczons, » travaillaient « à faire et calibrer les
pierres des canons [3]. »

---

[1] Arch. Communales d'Angers, BB, fol. 59, v°.

[2] Bibl. Nat., Mss. fr. 20493, fol. 42.
Les Angevins eux-mêmes contribuaient aux dépenses, car les gens de la mairie écrivaient à Bourré : « Monseigneur, soyez certain que sommes délibérés de bien nous acquitter ou fait des repparations et fortifications, puys que c'est le plaisir du roy. »

[3] « A André Aubert, canonnier de laditte ville, la somme de quarante livres tournoys pour le reste du paiement de treize hacquebutez qu'il a baillées pour la ville...... » CC, 5, fol. 254.

« A Michau Berroys, menuysier, la somme de treize solz quatre deniers tournoys pour avoir affusté quatre couleuvrines à crochet, des derrenières que André Milert a fondues de celles de la ville..... » Fol. 257.

« A André Aubert, canonnier, la somme de huit livres tournoys

Le château d'Angers ainsi muni d'artillerie, devint une sorte d'arsenal, où Charles VIII venait puiser, lorsque ses armées manquaient d'armes ou de munitions.

« Monsieur du Plessis, » écrivait le Roi le 19 avril 1489, « faictes tout incontinent à diligence aprester six des couleuvrines que avez mises audit chasteau, et les six que vous y avez trouvées, et si toust que les miennes six seront arrivées à Angiers, et que ledict seigneur de Sainct-André aura envoyé gens pour conduire ladicte artillerie, faictes tirer vos dictes douze couleuvrines avec les miennes six là où ledit seigneur de Sainct-André mandera.

« Et pour ce que nous n'avons pas icy pouldres et plombs assez, pour les miennes et pour les vostres, baillez et fournissez de voz pouldres et plombs ce qu'il en fauldra, et nous vous en ferons restituer.....

« Aussi pour ce que nous n'avons assez de canonniers icy envoyez quant et laditte artillerye six canonniers, si tant en avez, ou ce que en pourrez fournir, et envoyez aussi jusques à douze ou quinze

pour le paiement du nombre de quatre cens livres de pouldre de canon qu'il a ouvrée pour la ville et icelles baillées dès le 25ᵉ jour de février 1487, à maistre Pierre Lesage et Estienne Fleury, maistres de l'artillerie de la ditte ville, pour partie de la provision d'icelle... »
Fol. 264.

« A Robert Thenin, marchant apothicaire, demourant en ceste ville, la somme de seize livres treize solz quatre deniers pour le paiement du nombre de cinq cens de plomb à la raison de VIII deniers la livre, de lui prins et achecté, pour estre mis en plombées à servir à la deffence de laditte ville d'Angiers..... »
Fol. 257.

des meilleurs arbalestriers que vous avez pour servir en ceste affaire [1]... »

Bourré prit à la guerre de Bretagne une part plus directe : le roi lui confia le soin de faire parvenir aux armées les subsistances nécessaires à leur entretien. Depuis le xiv° siècle, le service des subsistances militaires était confié à des « commissaires aux vivres », qui étaient chargés de « réunir des provisions et de les répartir, d'après les ordres du roi, entre les différents corps d'armée [2]. »

En 1487, l'Anjou devait fournir les provisions nécessaires aux troupes royales ; les commissaires aux vivres étaient établis à Angers [3], et Bourré était chargé de diriger et surveiller leurs travaux. C'était à lui et au sire de la Primaudaye que le roi envoyait les ordres pour l'approvisionnement de ses armées.

Le 6 août, Charles leur écrivait :

« Monsieur du Plessis, et vous Primaudaye, j'envoye par delà Anthoine Postel, mon prévost, pour vous dire mon vouloir, touchant les vivres,

---

[1] Bibl. Nat., Mss. fr. 20432, fol. 65.
Le 7 août 1487, Charles écrivait déjà à Bourré : « Notre aimé et féal, nous avons receu les vingt hacquebutez que nous avez envoiées, lesquelles sont du nombre de celles qui estoient en nostre chastel d'Angiers, et voulons que partout où besoing sera, vous en demourez deschargé. Aussi d'un harnois de jouste que par nostre ordonnance vous avez baillé à notre cousin François de Luxembourg, vicomte de Martègue, auquel nous en avons fait don. Donné à Ancenys, le 7° jour d'aoust, l'an 1487. CHARLES...... » Marchegay, Notices et pièces historiques.

[2] Boutaric, Institutions militaires de la France, p. 279.

[3] Bibl. Nat., Mss. fr. 20487, fol. 86.

affin aussi que soiez mieulx obéis si lon vous y faisoit quelque refus, et pour communiquer avec vous de ceste manière. Si advisez tous ensemble à y donner se bon ordre et provicsion que ceulx qui seront en mon armée nen puissent avoir deffault. Et en faites venir des lieux où verrez que plus aisément en pourrez recouvrer le plus largement que vous pourrez, mesment du pain et des avoynes[1]... »

La mission que le roi confiait ainsi à Bourré était difficile à remplir. On trouvait peu de marchands qui voulussent bien porter leurs denrées aux troupes, car les gens d'armes leur témoignaient peu d'égards. Les soldats étaient alors plus portés à voler pour vivre, qu'à payer de leurs deniers leur nourriture, et ils pillaient aussi bien les marchands de vivres attachés à l'armée que les paysans qui les logeaient[2]. Les marchands instruits à leurs dépens des habitudes des gens d'armes, ne voulaient plus retourner près d'eux. Bourré était averti de ces difficultés par les commissaires aux vivres :

« Nos marchans et vivandiers, lui écrivaient-ils, ne veulent plus retourner à l'ost parce que les gens de guerre qui prennent leur pain et autres vivres, l'emportent sans payer le plus souvent et ce qu'ils paient c'est à leur taux qui est beaucoup moindre que le taux d'ici, en quoi les dits marchands et vi-

---

[1] Bibl. Nat., Mss. fr. 6602, fol. 177.
[2] Le 2 mai 1487, les gens de la mairie écrivaient à Bourré :
« Les gens d'armes sont sur champs qui pillent sans riens payer, et batent gens sans les espargner. » Bibl. Nat., Mss. fr. 20493.

vandiers sont grandement endommagés, car perdent sur leur principal bien le tiers oultre leurs peines et voictures, dont ils demandent récompense. Et qui n'y donnera provision le roy ne sera pas servy à son gré [1]... »

Il fallait vaincre ces hésitations et ces refus. On exemptait les vivres et marchandises portées aux troupes de tous droits et péages ; ou bien si ces privilèges étaient insuffisants pour décider les vivandiers à affronter les chances et les périls d'un commerce avec les gens d'armes, on leur imposait cette entreprise comme un devoir. Le 8 mai 1487, des lettres patentes étaient publiées à son de trompe dans la ville d'Angers, portant « injonction à tous de mener vivres et marchandises, à l'ost du roy, au Lyon d'Angiers et ailleurs où sera l'armée [2]. »

---

[1] Bibl. Nat., Mss. 20487, fol. 86.
Les commissaires aux vivres continuaient ainsi la lettre qu'ils adressaient à Bourré :
« Aussi lesdicts marchans se plaignent de ce qu'ils sont paiez en hallebardes, lesquelles puis quatre jours en ça on esté desterrées en ceste ville, et ne les sauroient mestre à nul pris, en quoy ils sont semblablement perdus ou fault semblablement donner provision. Et nous semble que se le plaisir du roy estoit lesdictes hallebardes et autres monnoies desterrées eussent cours tant que l'ost durera, que ce seroit bien fait afin de les contenter. Nous vous en advertissons et nous envoyons le double des lectres dudict seigneur cy dedans encloses, vous suppliant, monsieur, qu'il vous plaise sur le tout nous faire donner briefve expedition et prompte responce. Et au scurplus nous commander vos plaisirs pour les accomplir a noz povoirs, y aidant nostre Seigneur, auquel nous prions vous donner joye parfaicte. Escript à Angiers, ce 26e jour de may, par vos humbles serviteurs, les commissaires de vivres estant à Angiers. »

[2] « Le mardy VIIIe jour dudict moys de may, au moien de lettres patentes receues, adressées à Regnault de Grany, escuier, aux

Il était à craindre que les paysans angevins, si voisins de la Bretagne, n'eussent autant de sympathie pour les Bretons que pour les soldats du roi. Avant de les laisser partir, on leur défendait « de non les mener ou souffrir estre menées en Bretaigne sur paine de la hart. » Pour s'assurer de leur fidélité, on exigeait souvent leur serment, parfois même des « plèges; » dans tous les cas, ils devaient s'engager à rapporter, dans un certain temps, « certification de la distribution [1]. »

---

osleuz, receveurs des aides d'Angiers a esté... publiquement et à son de trompe en ceste ville, fait injonction à tous de mener vivres et marchandises à l'ost du Roy, au Lyon d'Angiers et ailleurs où sera l'armée, et que lesdicts vivres et marchandises seront francs et exempts de touz péages subjects et acgetz. » (Arch. Comm. d'Angers, BB, 5, fol. xii, v°).

[1] « A esté par monsieur le maire et receveur des tailles aussi commissaire sur le fait desdicts vivres de l'ost du roy, donné congié à Jehan Courjon du Marillais et Jehan Prestreau de Saint Florent, d'achecter et praindre aux Ponts de Sée, jusques au nombre de vingt stiers de seigle et froment, pour mener boullengier esdictslieux de Saint Florens et du Marillais pour la provision du païs, ausquels a esté deffendu de non les mener ne souffrir estre menées en Bretaigne sur paine de la hart..... » (Arch. de la mairie d'Angers, BB, 5, fol. 15).

« ... A esté donné congié à Colas Blanchart de Challonne, d'achecter aux Ponts de Sée vingt quatre stiers de seigle pour mener boullengier à Challonne, et d'illecq à l'ost du roy, et luy a esté deffendu de non le mener en Bretaigne, et le plège Jehan Trimoreau de la paroisse de Saint-Maurice d'Angiers. » BB, 5, fol. 16.

« Le sabmedi 19e jour de may a esté donné certification par les commissaires sur le fait des vivres de l'ost, à Jean le Conte et Jehan le Bigotière, marchans d'Angiers, qu'ils mènent par eau jusques à Châteaugontier deux cens stiers de seigle et froment en deux bateaux, l'un conduit par André Orry, et l'autre par Guillaume Robin, notonnier, lequel blé ils ont promis faire distribuer pour l'ost et rapporter desdits quinze jours certification de ladicte distribution. » BB, 5, fol. 16, v°.

La diligence de Bourré ne trompa pas l'attente du roi; le 21 mai, Charles VIII le remerciait « de la diligence qu'avez faicte touchant les blez et vins que on menoit en Bretagne; aussi les vivres pour l'advitaillement de mes gens [1]. »

Ses services furent ainsi mis constamment à contribution pendant cette guerre de Bretagne. Fallait-il des voitures pour l'armée, le roi lui en réclamait [2]. Avait-on besoin de bateaux, le roi les lui demandait encore [3].

La carrière militaire de Bourré et son rôle de capitaine du château d'Angers ne furent point marqués par de brillants faits d'armes; aucune armée ennemie ne vint assiéger la solide citadelle du « bon roi René, » et les couleuvrines restèrent inactives sur ses murailles. Bourré ne vit la guerre que de loin, et pas plus à Angers qu'à Montaigu il n'eut à montrer sa valeur. Comme capitaine du château, il reçut, au mois de mai 1487, la garde de Bassompierre, surpris et arrêté dans sa tentative d'enlever, du château de Bourganeuf, le prince Djem, second fils de Mahomet II. Il le délivra, du reste, presque immédiatement, en lui faisant prêter serment de ne point

---

[1] Bibl. Nat., Mss. fr. 6602.
[2] Bibl. Nat., Mss. fr., fol. 177.
[3] « En tant que touche les bateaulx que vous demandez, écrivait l'amiral de Graville au sire de la Tremoille, tout incontinent vos lectres recues, le roi a escrit à monsieur du Plessis qu'il en face toute diligence, ce que scay bien qu'il fera. » (*Correspondance de Charles VIII et de ses conseillers avec Louis de la Tremoille pendant la guerre de Bretagne.*)

porter les armes contre le roi de France, pendant deux années [1].

La même année, après la prise de Châteaubriant et d'Ancenis, le roi envoya prisonniers, au château d'Angers, les chefs de ces deux garnisons [2]. Quelques semaines plus tard, à la suite de la bataille de Saint-Aubin-du-Cormier (26 juillet 1488), Charles VIII donnait ordre de conduire au château d'Angers le duc d'Orléans et le prince d'Orange, tombés entre les mains de ses troupes. Mais la duchesse de Bourbon, craignant pour le jeune roi, alors à Angers, le voisinage et la séduction du duc d'Orléans, ne fit remettre entre les mains de Bourré que le prince d'Orange.

Ces soins multiples n'empêchaient pas le sire du

---

[1] Bibl. Nat., Mss. fr. 6602, fol. 149; Mss. fr. 20489, fol. 114.

« Mons Duplessis jay receu voz lectres et au regard de la dep posicion de Bassompierre que je vous ay mandé delivrer au bailli de Nancy et que avez différé faire à cause de ce que ne savez ce quil nous a confessé et dit, et que je le vous vueille envoyer ; il n'en a riens esté mis par escript, et pour vous en advertir il m'a seullement dit que la cause pour laquelle luy et les autres qui furent trouvez en Champaigne sestoient assemblez estoit pour aller prendre le turcq et le mener en Lorraine et que ceulx qui le leur devoient bailler avoient pour enseigne de le leur livrer à ung son d'un canon, et autres parolles qui estoient semblables en effect et substance et que se on y trouvoit autre chose il estoit content de perdre sa teste. A ceste cause prenez ainsi sad. depposicion par escript et led. serment, et après le delivrerez ainsi que je vous ay mandé ; et en ce faisant je vous en tiendrai quitte et deschargé sans ce que aucune chose en soit demandée à vous ni aux vostres pour le présent ni au temps advenir. Escript à Laval le VIe jour de may. » — CHARLES. PARENT.

(Bibl. Nat., Mss. fr. 6602, fol. 153).

[2] Correspondance de Charles VIII et de ses conseillers avec Louis II de la Tremoille.

Plessis-Bourré de remplir auprès du jeune roi son rôle de conseiller. Au milieu même des opérations militaires, lorsque d'importantes questions s'agitaient au conseil de Charles VIII, Bourré était mandé en toute hâte : « Notre amé et feal, lui écrivait le roi pendant cette guerre de Bretagne, pour aucunes choses que nous avons très nécessairement à vous dire, incontinent ces lettres reçues, et toutes excusacions cessans, partez et vous en venez devers nous, quelque part que nous soyons. Et faictes que ce soit le plus tost que faire ce pourra, et qu'il n'y ait point de faulte, car quant faulte il y auroit, nous n'auryons cause de contentement [1]. »

Une autre fois, se trouvant à Chinon, le roi l'envoie chercher en toute diligence, par six archers de sa garde : « Monsieur du Plessis, je vous envoye six archers de ma garde pour vous accompaigner à vous en venir, et pour ce, incontinent ces lettres reçues, venez-vous en devers moy le plus diligemment que vous pourrez. Escript à Chinon, le X° jour de fevrier. — CHARLES. ROBINEAU [2]. »

Charles VIII attachait un grand prix aux avis de son ancien gouverneur. Il ne pouvait se passer longtemps de sa présence. Bourré était-il retenu loin de la cour par la maladie, le roi avait une telle hâte de le revoir qu'il lui permettait à peine de se rétablir en son château du Plessis. Le 21 mai 1487

---

[1] Marchegay, *Bourré, gouverneur du Dauphin*. Dans Société Industrielle d'Angers, XXVII.
[2] *Loco citato*.

il lui écrivait : « Touchant vostre venue devers moy, j'ay toujours eu vostre excusation pour agréable, jusques icy ; mais pour l'affaire que jé de vous, je ne vous puis plus excuser et vous prie que, toutes excusations cessans, vous vous en venez incontinent devers moy ; car se je n'avoye nécessairement à besonger de vous, je seroye content que vous demourissiez encore, pour achever de vous guérir à vostre aize. Donné à Laval, le XXIe jour de may. — Charles. Parent [1]. »

Charles VIII avait assez confiance dans l'habileté de Bourré pour envoyer vers lui les personnages auxquels il avait donné quelque mission délicate. Ils devaient prendre ses avis, recevoir de lui les mémoires qui seraient nécessaires, et se conduire en tout d'après ses conseils :

« Nostre aimé et féal, nous envoyons présentement devers nostre cousine, la contesse de Painthièvre, le sire de Chastaigneraye, et luy avons chargé d'aller pareillement devers vous, pour vous dire les causes pour lesquelles nous l'envoyons devers elle, et se y gouverner par vostre advis, ainsi que lui avons chargé. Et pour ce communiquez ensemble la matière, et lui fetes les mémoires, minutes qui nous seront pour ce nécessaires. Donné à Bloys, le derrain jour de septembre. — Charles [2]. »

---

[1] *Revue des Provinces de l'Ouest*, 4e année. — Huit lettres inédites de Charles VIII, publiées par M. Marchegay.
[2] Bibl. Nat., Mss. 6602, fol. 160.

Nous avons trouvé parmi les papiers de Bourré, à la Bibliothèque Nationale, plusieurs lettres sans adresse, conçues dans

Lorsque Bourré était absent de la cour, les autres conseillers du roi, Graville et d'autres le tenaient au courant des événements politiques, comme l'avaient fait sous le règne de Louis XI les compères du roi, Daillon et Doriole.

« Il n'y a rien de nouveau par deçà, lui écrivait l'amiral de Graville, sinon que le roy des Rommains a envoyé par deçà demander un sauf conduyt pour envoyer de ses ambassadeurs par devers le roy. Je croy que vous venrez tout à temps pour estre présent à en faire la response. Je vous dy adieu..... [1] »

C'est donc avec raison que dans son remarquable *Essai sur le gouvernement de la dame de Beaujeu*, M. Pélicier a écrit que Jean Bourré faisait partie, avec le seigneur de Graville, Du Bouchage, La Trémoille et Desquerdes, « de cette élite d'hommes intelligents et dévoués qui occupaient la première place dans les armées ou les conseils du jeune monarque [2]. » Comme l'avait espéré Louis XI, lorsqu'il avait mis près de son fils, à Amboise, son

---

ces termes, qui indiquent que Bourré fut à maintes reprises chargé par Charles VIII de missions dont nous ne pouvons préciser l'objet :

« Cher et bien aimé, nous envoyons présentement par dela nostre amé et feal conseiller le sire du Plessis Bourré, trésorier de France, auquel avons chargé vous dire aucunes choses; si vous prions neanmoins mandons que le croiez de ce qu'il vous dira de par nous tout ainsi que feriez nous mesmes. Et gardez que en ce nait faulte. Escript à Paris, le XIe jour de juillet. — CHARLES. ROBINEAU. »

[1] Bibl. Nat., Mss. fr. 20487, fol. 27.
[2] Ouvrage cité, page 123.

fidèle ministre, le gouverneur du prince était devenu l'intime conseiller du roi.

Lorsque Charles VIII, parvenu à l'âge d'homme, voulut s'affranchir de la tutelle de sa sœur aînée, et gouverner personnellement son royaume, le crédit et l'autorité de Bourré ne diminuèrent pas. Toutes ses charges lui furent maintenues ; une nouvelle dignité lui fut même accordée. En effet, dès l'année 1491, Bourré était nommé par Charles VIII président clerc de la Chambre des Comptes, dans laquelle il remplissait, depuis de nombreuses années, la charge de « maistre laïc ordinaire [1]. » A l'origine, la Chambre des Comptes devait avoir deux présidents, l'un laïque, l'autre ecclésiastique. Plus tard, le dédoublement des fonctions de président ne fut point une règle absolue. Dans les premières années du règne de Louis XI, Bertrand de Bauveau, seigneur de Précigny, avait seul le titre de président. En 1468, le roi lui adjoignit Jean de Ladriescha, en qualité de président clerc [2]. Au commencement du règne de Charles VIII, Antoine de Bauveau et Pierre Doriole se partageaient la présidence. En 1491, Étienne de Vesc, bailli de Meaux, présidait seul la Chambre. Lorsque, dans le courant de l'année 1492, Charles VIII nomma Bourré premier président, Étienne de Vesc resta « président

---

[1] Bibl. Nat., Mss. fr. 20421, fol. 47.
[2] Bibl. Nat., Mss. fr. 20494, fol. 56.

lay » avec douze cents livres seulement, tandis que M. du Plessis-Bourré recevait le titre de « président clerc » avec quatorze cents livres de gages [1].

Bourré occupait donc dans la Chambre des Comptes, sans contredit, le premier rang, au-dessus même du président Étienne de Vesc, dont la faveur auprès du jeune roi augmentait de jour en jour, et qui allait exercer sur l'esprit du prince une influence prépondérante, au moment de l'expédition d'Italie [2].

Charles VIII n'avait point en partage cet esprit pratique qui avait souverainement dirigé toutes les actions de Louis XI, et restreint son intervention directe dans les limites du royaume. Des désirs de gloire militaire, des idées chevaleresques occupaient plus que de raison l'imagination du monarque, et l'attiraient vers ce brillant royaume de Naples, dont les rois de France avaient recueilli la souveraineté dans la succession du roi René d'Anjou. Parmi ses

---

[1] Félibien, *Histoire de Paris*, Preuves, t. III, p. 310.

Étant président de la Chambre des Comptes, Bourré fut chargé, en 1493, d'aller « bailler les trèves, » ainsi qu'en témoigne la lettre ci-jointe :

« A nostre amé et feal conseiller et président de noz comptes le sire du Plessis Bourré, trésorier de France.

« Mons. du Plessis, jay ordonné que vous yrez bailler les trèves ainsi que feistes l'année passée, et sont les commissions toutes prestes et pour ce partez incontinent et vous en venez devers moy pour vous y en aller et quil ny ait point de faulte. Escript à Orléans, le XXIII° jour d'aoust. — Charles. »

(Bibl. Nat., Mss. fr. 6602, fol. 179.)

[2] A. de Boislisle, *Étienne de Vesc, sénéchal de Beaucaire*, notice bibliographique et historique, dans Annuaire-Bulletin de la Société de l'Histoire de France, année 1878-1879.

conseillers, Étienne de Vesc et Guillaume Briçonnet, étaient, au dire de Commines [1], les plus ardents à l'engager dans une expédition militaire au delà des Alpes [2]. Louis de Graville et du Bouchage, ne partageaient pas cet enthousiasme, et ne dissimulaient pas leurs craintes. Nous n'avons pas trouvé de renseignement certain sur l'attitude de Bourré. Connaissant son passé et son caractère, nous doutons que l'ancien serviteur de Louis XI ait conseillé au roi une politique aussi aventureuse, et dont la première condition allait être en France même, de déplorables concessions sur les frontières du Sud et de l'Est.

Mais quels que fussent ses sentiments, Bourré ne refusa pas de servir le roi de sa personne et de sa bourse, lorsque l'expédition eut été entreprise.

Pour effectuer ses conquêtes, Charles VIII avait bien des armées, mais l'argent lui manquait pour les payer. A la veille de commencer la guerre, le trésor était vide; depuis longtemps les impositions levées spécialement pour les frais de la campagne avaient été dépensées. Les députés des bonnes villes, réunis à Lyon, désapprouvant l'expédition, n'avaient rien voulu accorder au roi. Les commissaires envoyés dans les provinces pour obtenir des villes quelques subsides, trouvaient presque partout mauvais accueil. Le roi était réduit, pour subvenir aux dépenses quotidiennes des troupes, à

---

[1] Commines, *Mémoires*, t. II, p. 290-311-325.
[2] Bibl. Nat., Mss. fr. 2922, fol. 18.

faire des emprunts ¹. Il n'hésita pas, dans ce besoin pressant, à demander aide et assistance à Bourré. Le 17 juin 1494, il lui écrivait de Lyon, lui rappelant l'état de ses affaires dont il l'avait déjà, à plusieurs reprises, entretenu, et lui demandant, sous forme de prêt, une somme de six mille livres :

« Monsieur du Plessis, je vous ay par deux ou troys foiz escript l'estat et disposicion en quoy sont mes affaires, et pour subvenir à iceulx, il est plus que necessairement requis que je soye aidé et secouru de tous mes bons serviteurs, autrement mesd. affaires pourront prendre très mauvaise yssue, parce que les provisions quil fault que je face promptement viendroient trop tard, et pour ce que je vous ay toujours trouvé enclin à maider et secourir en mesd. affaires, et vous en acquitter liberalement, je vous prie que incontinent vous vueillez bailler à maistre Loys de Poncher ou à son clerc ou commis, la somme de six mil livres que je vous ay fait demander et requérir par forme de prest, et vous me ferez si grant plaisir et service que plus ne pourrez, vous advisant que je ne vous en requerroys, n'estoit le grant besoin que j'en ay. Si vous prie de rechief ny faire faulte. Et adieu, monsieur du Plessis. Escript à Lyon, le XVIIᵉ jour de juing. — Charles ². »

Les emprunts ne suffisant point à couvrir les dépenses, Charles VIII donna l'ordre d'affermer

---

[1] De Cherrier, *Charles VIII*, t. I, fol. 424-427.
[2] Bibl. Nat., Mss. fr. 6602, fol. 151.

pour trois ans le domaine de la couronne en Normandie ; le prix des baux devait être payé d'avance pour les trois années, et le Trésor royal aurait ainsi par anticipation trente mille livres [1].

A Bourré premier trésorier de France, revenait le soin de faire rentrer le produit de ces fermages. Charles VIII était impatient de recevoir l'argent. Son ordonnance avait été rendue le 18 juillet, et dès le 20 août Charles VIII, alors à Vienne, pressait Bourré de lui envoyer en toute diligence les sommes encaissées, et de les compléter, « soit par emprunt, prêt ou autrement [2]. » Bourré ne s'acquitta pas sans peine de cette mission difficile, si l'on en

---

[1] Godefroi, *Preuves*, p 683.
[2] « A nostre amé et féal conseiller le seigneur Duplessys Bourré, chevalier trésorier de France,
         « De par le Roy,
« Nostre amé et feal, nous avons délibéré partir demain de ceste ville et nous en aller a Gennes ou esperons estre en briefz jours, pour veoir partir nostre frère le duc d'Orleans, parquoy, comme savez nous est besoing avoir promptement grans sommes de deniers. A ceste cause vous mandons, sur tout le plaisir et service que jamais désirez nous faire, que *incontinent et en la plus grant diligence que pourres, vous envoies le contenu ès lectres de commission que pieça vous envoyasmes touchans les fermes du domaine de votre charge, a maistre Loys Ponchier ou a son commis a Lyon, pour nuyt et jour le nous envoyer aud. Gennes; et si par avanture n'aves du tout parachée vostred. commission, faites en la plus grant diligence que vous sera possible, soit par emprunt, prest ou autrement, et en manière que bien brief vous envoies aud Lyon le total de la somme aud. Ponchier, lequel vous en baillera quictance et acquict valable.* Si festes quil ny ait faulte sur tant que désirez nous complaire, car plus grant service ne nous saurez jamais faire que de nous secourir à ce besoing lequel avons si a cueur que plus ne pourrions et ou congnoistrons noz bons serviteurs. Donné à Vienne, le vingtiesme jour d'aoust. — Charles. »
Bibl. Nat., Mss. fr. 6603, fol. 152.

croit la lettre que l'amiral de France, Louis de Graville, lui adressait à cette occasion :

« A Messieurs du Plessis et de Ponchier,

« Messieurs, je me recommande à vous tant que je puis. J'ay receu les lettres que m'avez escriptes ou bien au long est contenu ce que vous avez fait en vostre commission, laquelle a esté de tres grant penne, car vous avez eu à besongner à plusieurs personnes dont aucuns ainsi que lon ma dit ne voulloient point prandre de raison en payement, et mesbahis quelles doubtes ilz pevent fere en ce quil leur en peut appartenir veu les personnages que vous estes entre vous, a qui le roy en a donné la commission ; et ne congnois homme en France de bon entendement qui feist nulle doubte de ses biens propres quand le roy les auroit mys en telles mains [1]... »

Grâce aux deniers procurés par Bourré, l'armée put se mettre en route et franchir les Alpes ; mais les dépenses augmentaient chaque jour, et l'argent fut bientôt épuisé. Charles VIII mit de nouveau à contribution le domaine royal. Cette fois, les mesures prises furent encore plus contraires au commun usage. Le domaine était inaliénable ; le roi ordonna d'en aliéner une partie, jusqu'à la somme de cent vingt mille écus d'or. L'édit, rendu à Plaisance, au mois d'octobre 1494, fut enregistré le 21 novembre, au Parlement, et le 27, à la Chambre des Comptes [2].

---

[1] Bibl. Nat., Mss. fr. 20429, folio 28.
[2] Godefroi, *Preuves*, p. 685 ; de Cherrier, *Charles VIII*, t. I, p. 473.

Cette fois encore, Bourré fut chargé de faire exécuter les ordres royaux, mais il ne put y mettre autant de diligence que Charles VIII le désirait. Le 15 février 1495, le roi lui écrit de Ferentino, près d'Anagni. Il est nécessaire, lui dit-il, « de recouvrer argent de tous costez pour la soulde et entretenement de nostre armée, et conqueste de Naples. » Aussi le prie-t-il, « sur tous les plaisirs et services que faire nous désirez, et incontinant ces lettres leues, vous faictes la plus grant dilligence que faire pourrez d'envoier diligemment à Lion, devers ledit maistre Estienne Petit, tout l'argent que avez amassé du fait de nostre domaine... car sans cela nous ne pourrions entretenir nostre armée ne parachever nostre conqueste. »

Dans sa lettre, le roi montrait à Bourré une singulière estime ; loin de se borner à lui envoyer des ordres ou des instructions, il lui donnait lui-même des nouvelles de son expédition et l'avertissait longuement de ses conquêtes et des événements survenus au royaume de Naples :

« Grâce à Dieu, nous avons si avancé que nous avons mis en nostre obéissance la place de Montfertin, le passaige de Saint-Germain qui est à l'entrée du royaume de Naples, Civette Ducalle, Cité de Guier, la Lionnaise, Raquille, la pluspart de la Poulle et Prusse qui est la terre du royaume de Naples... Nous avons eu nouvelles que le roi Alphonse est en estat qu'il ne sauroit faire ne bien ne mal. Son fils a esté couronné roi et s'est réduit à Capra, en entencion que quant serons devant ou prez de s'en retirer à Napples, où avons entencion d'estre à la fin de ce moys [1]... »

Par malheur ces rapides victoires servirent moins à la France que les succès moins brillants de Louis XI, et l'on sait comment Charles VIII, après cette entrée triomphale à Naples qu'il annonçait à Bourré comme prochaine, dut abandonner ses conquêtes et regagner la France.

A partir de cette expédition d'Italie, Jean Bourré prit une part de moins en moins active aux affaires publiques et à l'administration du royaume. Il approchait de la vieillesse, sa santé et ses forces s'affaiblissaient, et il était obligé de refuser au roi des services actifs que son dévouement eût voulu lui rendre. Mandé en personne à Moulins, près du roi, au commencement de la guerre, il avait dû s'excuser de n'avoir plus la santé nécessaire pour se mettre ainsi en campagne :

« Sire, je me recommande a vostre bonne grace tant et si très humblement comme je puis, et vous plaise savoir sire que jay receu les lectres quil vous a pleu de m'escripre faisant mencion que je me tyre devers vous à Moulins ou esperez estre de brief, de laquelle chose sire je vous mercye très humblement.

« Sire, je suis desplaisant de tout mon cœur que je ne suis en tel estat que je vous puisse obeyr...

---

[1] Publié par M. Marchegay, dans *Bourré, gouverneur du Dauphin. Bulletin de la Société industrielle*, t. XXVII, p. 195.

mais il m'est impossible sans me mectre en dangier, et ne croy pas si je me mectoy en campagne que j'en retournasse jamais, laquelle chose scay que ne vouldrez.

« Pourquoy sire, vous suplie tres humblement quil vous plaise mavoir et tenir pour excusé, et me mandez voz autres plaisirs et commandements pour de tout mon petit pouvoir les acomplir, conme tenu y suis, à l'oide de Dieu, auquel je prie, sire, quil vous doint tres bonne vie, et longue et entierement ce que votre cuer desire. Escript à Jarzé, le XVII° jour de juing. — Votre très humble et très obeissant subject et serviteur, BOURRÉ[1]. »

Peu à peu il dut même renoncer aux hautes charges qu'il occupait depuis si longtemps dans l'administration financière. Dès le mois d'août 1492, il avait résigné son office de trésorier de France en faveur de l'un de ses fils, mais le roi avait voulu que « nonobstant ladicte resignacion, ledict du Plessis père et Charles son filz, en l'absence l'un de l'autre, exerceroient ledict office, et que ledit du Plessis, sa vie durant, en auroit les gages. » Le 20 septembre 1495, « considerant son ancien aage qui est de soixante dix ans acomplis, desquels il en a employé cinquante et plus au service du roy, et que à l'occasion d'une faiblesse depuis une grande maladie quil a eu le carême passé à Paris, il ne pouvoit plus vacquer, » Bourré renonçait définiti-

---

[1] Bibl. Nat., Mss. fr. 6603, fol. 100.

vement, devant François Binel, juge d'Anjou, au profit de son fils, à l'exercice de sa charge, ainsi qu'aux gages et droits que le roi lui avait réservés [1]. Pour suppléer aux profits que cette renonciation enlevait à Bourré, Charles VIII lui accorda une pension de mille écus d'or [2].

De toutes les fonctions qu'il avait exercées, Bourré ne conserva bientôt plus que la charge de trésorier de l'Ordre de Saint-Michel, qu'il considérait comme son plus beau titre d'honneur, et celle de notaire et secrétaire royal [3] qui avait marqué son début dans la vie politique et l'origine de sa fortune. Le 29 août 1498, « par consideracion de son grant aage, et que bonnement ne pourroit vacquer, entendre et prendre le travail requis, » il commettait son fils à exercer en son absence l'office de trésorier de l'Ordre de Saint-Michel [4].

Depuis quelque temps déjà, Bourré paraissait

[1] Pièce extraite de la collection Gaignières, communiquée par M. Marchegay.
[2] Ibid.
[3] Dans une pièce datée du 19 mai 1497, Charles VIII appelle Bourré « nostre amé et féal conseiller, notaire et secrétaire. » Bibl. Municip. d'Angers, Mss. 859, t. I, fol. 45.
[4] « Jean Bourré, chevalier, seigneur du Plessis-Bourré, conseiller du roi et trésorier de son ordre, pour considération de notre ancien aage, et que bonnement ne pourrions vacquer, entendre et prendre le travail requis à la charge dud. office de trésorier de l'ordre... du gré et consentement du roy nostre dit seigneur chief et souverain de celi ordre, comme il appert par ses lettres... commettons Charles Bourré nostre filz à... exercer en nostre absence le dit office de trésorier de l'ordre et y faire en suivant les chapitres et articles du livre de celi ordre, tout ainsi q. nous ferions et faire pourrions si présents y étions en personne. » — (Extrait de Gaignières, communiqué par M. Marchegay).

peu à la Cour, et, retiré dans son château de Jarzé, n'exerçait qu'à de rares intervalles son rôle de conseiller, lorsque la mort de Charles VIII vint rendre sa retraite définitive. Bourré, qui s'était attaché à lui depuis ses plus jeunes années, au château d'Amboise, et avait reporté sur lui tout le dévouement qu'il avait eu pour Louis XI, ressentit une douleur profonde de cette mort inattendue. Le vieux conseiller royal dut aussi éprouver un sentiment de tristesse et de défiance, en voyant monter sur le trône de France, naguère occupé par Louis XI, un prince qui, toute sa vie, s'était montré hostile à ce monarque et ennemi de son gouvernement. Ce dernier sentiment dura peu ; lorsque Bourré vit que Louis XII tenait à faire oublier la conduite du duc d'Orléans, il fut heureux de pouvoir montrer au nouveau roi sa vieille fidélité. Ne pouvant plus l'aider par ses actes, il le servit de ses deniers et de ses conseils. Le 31 janvier 1504, il donnait à François Briconnet, receveur des finances, quittance de douze cents livres tournois qu'il avait prêtées au roi l'année précédente, pour servir à payer « les frais extraordinaires de ses guerres [1]. » Les avis de Bourré valaient mieux encore que son argent, et Louis XII, enviant à ses prédécesseurs un serviteur aussi fidèle, le faisait parfois consulter comme l'homme du royaume « qui savait le plus des affaires des rois trespassez. » Une lettre écrite par l'amiral

---

[1] Document communiqué par M. Marchegay ; extrait de Gaignières.

de France, Louis de Graville, à Bourré, dans les premières années du règne de Louis XII, donne de précieux renseignements sur la situation qu'occupait encore le vieux seigneur du Plessis, et sur le caractère de loyauté et d'honneur qui, même aux yeux de l'ancien duc d'Orléans, restait dès lors attaché à la mémoire de ses services auprès du roi Louis XI.

« Monsieur du Plessis, mon amy, je me recommande à vous tant que je puis. Il est advenu depuis six jours en ca que le roy m'a demandé si je scavois qui auroit les lettres de l'engagement de la Roche sur Yon, que tiennent encores de ceste heure messieurs de Vendosme, lequel engagement estoit de 12000 escuz.

« Je luy ay respondu qu'il me souvenoit bien que du temps du Roy Charles l'on m'avoit voulu emprunter l'argent pour le retirer et me bailler la terre en mes mains. Il me demanda quil pourroit savoir de cette matière. Je luy ay respondu que vous estiez l'omme de ce royaume qui savez le plus des affaires des Roys trespassez. Il me dist qu'il savoit bien qu'il estoit vray. Et a ceste cause me chargea vous escripre pour ce qu'il ne vouloit pas que guieres de gens le scussent, que ce que vous savez de ceste matière, vous le m'escripvissiez pour lui monstrer la lettre que vous m'en escripvez, et pour ce, je vous envoye ceste lettre, en vous priant que me veuillez faire savoir ce que vous savez de ceste matière.

« Monsieur du Plessis, mon amy, je ne vous escripz autre chose pour ceste heure, sinon que s'il est chose en quoy je vous puisse faire plaisir ou courtoisie, faites le moy savoir et ne doubtez point que je ne le face de bon cuer. Scy endroit je prie a Dieu qu'il vous doint ce que désirez, vous advisant que le Roy vous fist cest honneur en parlant de ceste matière, qu'il voudroit avoir beaucoup de telz loïaulx serviteurs que vous fustes au Roy Loys. Escript à Clery, le 28° jour de septembre [1].

« Le tout vostre, DE GRAVILLE. »

Louis XII avait raison d'envier à Louis XI un conseiller tel que Jean Bourré : ce vieux combattant des dernières luttes féodales, toujours du côté de la royauté, au chemin de l'honneur; cet infatigable trésorier de France, chargé d'alimenter le Trésor royal au milieu des plus grandes difficultés financières; sans cesse sur la brèche, au plus fort de la peine ; toujours prêt à payer de sa personne comme de ses deniers, avait été pour Louis XI et Charles VIII un serviteur incomparable. Il nous a semblé que nous ne pouvions mieux terminer le récit de la vie politique de Jean Bourré, qu'en rapportant ce jugement porté par Louis XII sur son caractère. Confirmant les attestations de « bons, très grans, loyaux, agreables et continuels services » que les rois Louis XI et Charles VIII se sont plu en toute circonstance à lui décerner, et dont presque

---

[1] Bibl. Nat., Mss. fr. 20429, fol. 23.

à chaque page de cette histoire nous avons retrouvé l'expression vivante, elles témoignent avec une sincérité indiscutable du grand rôle noblement rempli par Bourré pendant plus de cinquante années auprès des rois de France. Rapprochées du récit forcément incomplet des services que ces déclarations royales constatent et récompensent, elles revendiquent pour Jean Bourré une place définitive, et lui assurent un nom impérissable dans l'histoire de la France pendant la seconde moitié du xv° siècle.

CHAPITRE VIII

BOURRÉ DANS SA FAMILLE ET AVEC SES AMIS

Mariage de Bourré. — Intervention habituelle de Louis XI dans le mariage de ses serviteurs. — Bourré épouse Marguerite de Feschal. — Vrai motif de cette union. — La famille de Feschal. Portrait et caractère de Marguerite. — Premières années de mariage. — Lettre de Marguerite à Bourré. — Naissance d'un premier enfant longtemps désiré. Bourré et son « beau mesnaige. » — Absence fréquente de Bourré ; ses regrets. — Mort de Marguerite de Feschal ; son testament. — Bourré fait prier pour l'âme de sa femme. — Les enfants de Bourré. René Bourré, enfant d'honneur du dauphin Charles ; pannetier ordinaire du roi ; capitaine du château de Pontorson. — Sa galanterie, ses dépenses, ses dettes. Il prend part à l'expédition d'Italie. — Ses excès, sa condamnation ; la rémission royale ; son mariage. — Charles Bourré, l'aîné : étudie le droit à Poitiers ; obtient le diplôme de licencié ès-lois, nommé maître des comptes. Son père lui cède la charge de trésorier de France, et l'associe à son office de l'Ordre de Saint-Michel. — Ses dépenses et ses dettes. — Anne Bourré. Elle épouse François de la Jaille. Le gendre de Bourré. — Charles Bourré, le jeune. Ses études au collège de Navarre. — Deuils de Bourré : Charles, l'aîné, puis René, meurent sans postérité. — Mariage de Charles le jeune avec Catherine de Chourses ; son veuvage ; son second mariage avec Jeanne de la Jaille. — Descendants de Bourré. — Autres parents de Bourré. — Amis de Bourré : Doriole, Daillon, Commines, Louis de Graville, Thibault de Beaumont, le maréchal de Gié, le sire de Beauvau. — Obligeance de Bourré. — Bons rapports de Bourré avec la ville d'Angers ; son rôle de protecteur et de conseiller des gens de la mairie. — Son rôle dans l'élection de Jean de Rély, évêque d'Angers.

Notre étude sur le serviteur et compère de Louis XI ne serait pas complète, si nous la terminions avec le récit de sa carrière politique, estimant avoir assez fait par cette indication des charges qu'il occupa et des missions qu'il eut à remplir, pendant plus de cinquante années, au service des rois de France. « La véritable histoire s'élève seulement « quand l'historien commence à démêler, à travers « la distance des temps, l'homme vivant, agissant, « doué de passions, muni d'habitudes, avec sa voix « et sa physionomie, avec ses gestes et ses habits, dis- « tinct et complet comme celui que, tout-à-l'heure, « nous avons quitté dans la rue [1]. »

Sans espérer pouvoir reconstituer de Bourré un portrait aussi vivant et aussi précis dans ses détails, nous croyons utile de rechercher, dans les deux derniers chapitres de cette biographie, quel homme fut Bourré dans sa famille, avec ses amis, et quel usage il fit de ses immenses richesses ; nous apprendrons ainsi à connaître ses affections, ses sentiments, ses habitudes et ses goûts, en un mot son caractère et sa vie intime.

Entraîné à la suite du Dauphin Louis en Dauphiné puis en Flandre, Bourré n'avait pu, pendant de longues années, songer à se marier. Mais lorsqu'il fut revenu en France, il ne tarda pas à se choisir lui-même une compagne. Le roi Louis XI qui se mêlait de toutes choses, et même, dit Commines « d'assez dont il se fust bien passé [2] », aimait pourtant à s'occuper des mariages de ses serviteurs.

---

[1] Taine, *Préface de l'Histoire de la littérature anglaise*.
[2] Commines. *Mémoires*, édit. Dupont, t. I, p. 273.

Ainsi Jean de Daillon avait épousé Renée de Fontaines, fille de René de Fontaines et de Jeanne de Vendôme, dame du Lude, « pour complaire et obéir aux volontés de monseigneur le Dauphin [1] ». Plus tard, Louis XI avait également marié, selon ses désirs, un autre de ses intimes compères, Pierre Doriole. Sous prétexte de « la singulière et grant amour et affection que nous avons aux parties... et pour ce que la chose nous semble très honneste et convenable d'un côté et d'autre », le Roi avait voulu que Doriole épousât Charlotte de Bar, veuve de Guillaume de Varye, « auquel mariage ledict Doriole craignoit et faisoit difficulté d'entendre. » Pour lever ces hésitations, Louis avait promis et enfin maître Doriole était « condescendu audict mariage [2]. »

Un historien récent [3], parlant des mariages assortis par la seule volonté du Roi, cite au nombre « des plus malheureux et qui ne plurent à personne » celui d'un sire du Plessis, qu'il dit être « Jean Bourré, seigneur du Plessis, le secrétaire intime de Louis XI ». Selon cet historien, cette déplorable union avait été contractée par le sire du Plessis avec la fille de maître Jean Popincourt. Or, Bourré épousa Marguerite de Feschal. Ce mauvais ménage, créé par Louis XI, n'est donc pas celui de Jean

---

[1] Anselme, *Histoire généalogique*, VIII, 187, B.
[2] Arch. Nat., KK, 59, fol. 138.
[3] De Maulde, *Jeanne de France*.

Bourré, et le jugement porté par M. le Maulde sur l'union dont il parle, ne saurait s'appliquer aux châtelains du Plessis-Bourré.

La parfaite intimité qui ne cessa de régner entre le sire du Plessis et sa femme, montre au contraire que leur union fut plutôt déterminée par un mutuel sentiment d'amour que par les combinaisons souvent hasardeuses de la politique royale.

Marguerite de Feschal, que Bourré épousa le 12 novembre 1463 [1], appartenait à une des plus illustres familles du Maine. Elle était fille d'Olivier de Feschal, seigneur de Marboué et de Poligné, ancien capitaine de Laval, et de Jeanne Auvré, fille unique de Pierre, seigneur de la Guenaudière, de Méré, du Coudray, du Verger-Morand, etc... Marguerite était l'aînée de plusieurs enfants : sa sœur Anne épousa François Baraton, seigneur de la Roche-Baraton et de Champviré ; un de ses frères, René de Feschal, plus jeune qu'elle de plusieurs années,

---

[1] Marchegay, *Plessis-Bourré*, dans *le Maine et l'Anjou*, du baron de Wismes.

Au mois de mai 1463, Bourré était sans aucun doute auprès de sa fiancée, lorsque Étienne Chevalier le rappelant à Paris, le plaignait en ces termes d'avoir à renoncer à tant d'aise et de plaisance :

« J'ay pitié de vous et scay bien l'aise et la plaisance que vous avez de présent et le desplaisir que prandrez à le laisser, et ne vous ose escrire que veniez si diligemment comme la matière le requiert. Toutefois s'il vous plaist, vous acheverez ce que avez à faire par delà, et vous en viendrez le plus tost à Tours, arquel lieu je m'en voyt et vous y attendray. Votre serviteur et frère, le CHEVALIER. »

épousa Jeanne de Châteaubriand, fille de Thibaut de Châteaubriand, baron du Lyon d'Angers [1] et fut pannetier du Roi. En se mariant, Marguerite recevait en dot la terre du Coudray, située près de Château-gontier. La femme de Jean Bourré, sans être très jolie, n'était point dépourvue de grâce et de charme. Grande et d'une taille élégante, Marguerite de Feschal avait des traits réguliers et une physionomie ouverte qui indiquait la douceur et la bienveillance. Son air de bonté affectueuse et compatissante, fait contraste avec les traits froids et sévères de Bourré, dont la figure maigre et sans barbe, le nez « un peu longuet », rappelle celle de son maître Louis XI [2]. Lorsqu'on voit les portraits de Jean Bourré et de sa femme, on comprend fort bien les sentiments que Marguerite eut toujours pour M. du Plessis : sa tendresse était grande, mais un peu craintive ; son amour ardent, mais mêlé de respect ; elle appelait toujours son mari « monsieur mon-amy », et elle signait les lettres qu'elle lui écrivait, « vostre très humble et obéyssante fille et amye [3]. »

---

[1] Bibl. Nat., Mss. Titres originaux, Feschal. — Anselme, *Histoire généalogique*, V, 12. C ; VII, 225, D ; VIII, 583, C ; 106, D. — Marchegay, *Plessis-Bourré*, dans *le Maine et l'Anjou*.

[2] Les portraits de Bourré et de sa femme, œuvre d'un artiste du xve siècle, restèrent, jusqu'au milieu du xixe siècle, dans la chapelle du Plessis-Bourré ; à cette époque, ils furent vendus et transportés, dit-on, en Angleterre. Ils furent reproduits au xviie siècle dans deux toiles qui se trouvent au château de Jarzé, en Anjou, où nous avons pu les voir. L'un de ces tableaux a servi de modèle au portrait qui figure en tête de cet ouvrage.

[3] Bibl. Nat., Mss. fr. 6603, fol. 86. Marchegay, *Plessis-Bourré*, p. 4.

Au xv⁰ siècle, l'amour conjugal aimait ainsi à emprunter aux relations de la famille ses titres d'affection ; et le chancelier Hugonet, dans la lettre qu'il écrivait à sa femme, la veille de sa mort, l'appelait avait une grâce touchante : « ma sœur. »

Pendant les premières années de leur mariage, ils vécurent ensemble à la cour, et Marguerite suivait Bourré partout où les devoirs de ses charges l'appelaient. En sa qualité de femme de Mᵉ Jehan Bourré, secrétaire intime et conseiller du Roi, elle recevait des villes qu'ils traversaient un accueil empressé et des cadeaux. En 1464, se trouvant à Amboise avec la femme de sire Guillaume de Varie, général de France, « les esleus » leur offrent « du linge ouvré jusques à la somme d'un marc d'or..., actendu que leursd. marys se sont emploiez pour le faict de la ville touchant la franchise des tailles et autres choses et aussi afin qu'ilz recommandassez à leursd. marys le fait de lad. ville [1]. »

La même année les comptes de cette ville mentionnent le « don de xxxvi aunes de tablers, et xxxvi aunes de grans longières pour lesdits tablers, et de xxiv petites serviettes ouvrées de chacune une aune » pour les femmes de Guillaume de Varie et Jean Bourré [2].

Un seul regret empêchait le bonheur de M. et

---

[1] Arch. Com. d'Amboise. BB, 1, fol. 14.
[2] Arch. Com. d'Amboise, CC, 193, fol. 251.
A la cour Marguerite de Feschal et Bourré avaient avec les compères du roi et leurs femmes, d'aimables relations, et tous ensemble « faisoient bonne chère. »

Mme du Plessis d'être complet : en 1469 ils n'avaient encore point d'enfant[1]; leurs désirs et leurs regrets n'étaient ignorés de personne à la cour, et Jean Briçonnet ne croyait pouvoir mieux terminer une lettre qu'il écrivait à Bourré, que par ces souhaits : « Ma femme, qui est un petit mal disposée, se recommande très humblement à la bonne grâce de vous et de Mademoiselle. Je prie Monseigneur que à vous et elle vous doint faire si bonne chière, que vous puissiez faire ung très beau filz ; car en faisant bonne chière les enffans se font[2]. »

Le désir de Bouré fut enfin comblé : il était depuis quelques semaines éloigné de sa femme, lorsqu'il reçut d'elle la lettre suivante, à laquelle la naïveté du langage et des sentiments prête une grâce touchante :

« Monsieur mon amy, je me recommande à vous tant humblement que je puys... Monsieur, je vous envoye ce présent porteur pour vous porter des nouvelles dont je croy que ne en serez point courrocyé, et aussi pour savoir de voz nouvelles, car je ne eu oncques si grant envie que retouruassiez par decza comme je ai de ceste heure. Monseigneur, dès le sabmedy après que Jehan Milles s'en fut allé, je me aperceu que mon enffant bougeoit ; mais

---

[1] Ce motif avait amené Marguerite de Feschal à céder et donner à son époux, le 20 mars 1468, ses acquets, conquets et biens meubles. Cette donation resta sans effet par suite de la naissance postérieure de plusieurs enfants.
[2] Bibl. Nat., Mss. fr. 20488, fol. 87.

il a toujours bougé si pou que je ne le vous ousoye
encore faire scavoir ; mais, Dieu mercy, il continue
touzjours de mieulx en mieulx : Dieu nous en envoye joie à vous et à moy ; et pleust à Dieu que
vous fussez ycy, affin que le sentissez aussi bien
bouger comme fayct ma sœur touz les jours.....
Dieu mercy et nostre Dame du Puy qui nous doint
parfaite joye de ce que nous désiron, je me trouve
mieulx que ne avoye aprins, mes touzjours au matin je tire du cœur. Et si je ne puys aimer le vin, et
me trouverez bien maigre, et n'ai rien que le ventre
et l'estomac que je ai groux, car je ne trouve appétit que en toutes mauvaises viandes. combien que
depuys deux ou trois jours je commencze à avoir
meilleur appétit que je ne souloye. Monseigneur,
je vous prye que me envoyez deux aulnes et demye
de drap estrange, itel comme celuy dont donnastez
une robe à embouer à un de vos gens. Je en vey
une itelle à mademoiselle la généralle cest hyver ;
je en eusse fayct faire une de mon drap, mes je ay
grant envye de en avoir une itelle comme je dy
pour une petite robe, et me envoyez une aulne de
veloux à la doubler ; mon seigneur, je ne ay baillé
à ce présent porteur que deulx escuz ; je croy que
il ne en aura pas assez pour retourner ; je vous pry
que lui en baillez et que le renvoyez incontinent
pour me dire de vos nouvelles. Et à Dieu soyez, mon
seigneur mon amy, qui vous doint joye de tout ce
que désirez. Escrit à Vaux, ce derrain jour de May.

« — Vostre très humble et obéissante fille et amye, Marguerite de FRESCHAL[1]. »

Quelques mois après, Marguerite de Freschal mit au monde un fils, qui reçut le nom de René. Sans doute Bourré, à l'exemple de son maître Louis XI, avait ardemment demandé sa naissance, par l'intercession de saint René, évêque d'Angers, et promis de donner à l'enfant tant désiré le nom de ce saint patron[2].

Le jeune René fut élevé au château du Plessis par les tendres soins de Marguerite de Feschal. Quelque temps après, la naissance d'une fille puis celle d'un second fils complétèrent le bonheur de Jean Bourré. Il regrettait seulement que le soin des affaires du roi Louis XI, puis la charge de gouverneur du Dauphin le retinssent loin de l'Anjou. Il demandait souvent au roy « congié de s'en aler en sa maison », ne fût-ce que pour quelques jours ; mais il obtenait rarement cette faveur[3]. Il n'acceptait qu'à contre-cœur cette séparation et ne pouvait

---

[1] Bibl. Nat., Mss. fr. 6603, fol. 86.
[2] On lit dans les conclusions de Saint-Maurice d'Angers, sous la date du samedi 12 décembre 1463 :

« Recepimus litteras missivas domini de Precigneyo, quibus notificavit nobis quod dominus noster rex modernus, habens singularem devotionem sancto Ronato, rescripsitque nobis quotannis celebrare faceremus unam missam solemnem ut intercessione dicti sancti regina quæ non concepit, possit habere unum filium. Quod si contingat, dominus rex promisit quod vocabitur Renatus. Propterea ordinavimus quod die crastina celebrabitur missa solemnis de sancto Renato, horâ pulsus primi, cum omni duplici solemnitate, grossis campanis et organis pulsatis. » (*L'Anjou et ses monuments*, p. 118.)

[3] Marchegay, *Maine et Anjou*, art. *Plessis-Bourré*.

se consoler de vivre loin de « son beau mesnaige ». Il voulait en avoir fréquemment des nouvelles[1] et ses serviteurs, connaissant ses désirs, ne manquaient point dans leurs lettres de lui parler de tous les siens.

« Monseigneur, lui écrivait un de ses serviteurs, je me recommande humblement à vostre bonne grâce ; Dieu mercy, au Plessis, tout le monde fait bonne chère, Madame et tout son beau ménaige, car j'en ai eu hier des nouvelles, et si j'eusse sceu plus toust ce que j'ai sceu aujourd'huy, j'eusse envoyé devers elle, scavoir si elle vous eust point voulu rescripre, mais je l'ay sceu encore environ deux heures après midi[2]. »

Au Plessis, on regrettait aussi l'absence du maître, et l'on désirait son retour : « Monseigneur, on désire fort vostre venue de par desa, et a l'on bien aussi grant envie que y fussez comme avez d'y

---

[1] Nous avons retrouvé parmi les papiers de Bourré une consultation que lui envoyait, sur sa demande, Philippe Potart, médecin du Roi, à l'occasion d'une indisposition de Marguerite de Feschal, survenue pendant une de ses grossesses :

« A mon très honoré sr Monsr du Plessys,

« Monsr..... du Plessys, très humbles recommandations premises, vous plaise savoir que j'ai receu vos lettres faisant mention q. mademoiselle du Plessys se trouve toute pesante et a ymagination que se elle estoit saignée, que elle en amenderoit grandement. Monsr la seignée és femmes grosses est dangereuse, sinon depuis le quart moys jusques au septiesme, et encore la fait on en grant difficulté en ceste region et quant on la fait, on la fait de la venne du foye, pourtant je conseille que n'en faciez rien jusques au dit temps se faire le voulez, auquel cessent telz accidents en femme grosse. Et a Dieu soyez monsr du Plessys qui vous doint joye. » (Bibl. Nat., Mss. fr. 6602, fol. 124.)

[2] Bibl. Nat., Mss. fr. 6602, fol. 143.

venir. Dieu mercy tout se porte bien cyens; et Madame et tout le beau mesnaige font bonne chère et sont Dieu mercy en bon point[1]. » Marguerite de Feschal surtout, souffrait de l'éloignement de M. du Plessis, et trouvait le temps long lorsqu'il n'était pas là :

« Mon seigneur mon amy, lui écrivait-elle, je me recommande toujours à vous tout humblement que je puis; je vous pri que vous m'escripvez bien toust de voz nouvelles, y mest desja avies qui luya lontemps que vous en estez allé; quant des nouvelles de par deza tout est bien Dieu merci, sinon que l'on m'a dit que madame ma mère a les febvres, qui est movesse chousse pour une femme de son aige; si c'estoit votre plessir que je l'alasse voyr, je irois voulantiers; vous m'en manderez ce que y vous plaira en sela et en aultres chouses au plessir de noustre Seigneur auquel je pri qui vous doint bonne vie et longue, et parfaite joye de ce que dessirez. Escript au Plessis, ce second jour de l'an. — Vostre humble obéissante fille et amye, Marguerite de Feschal[2]. »

Cette lettre montre bien le caractère de Marguerite de Feschal, et son affection tendre, mais soumise et respectueuse. Même pendant l'absence de Bourré, elle ne veut point agir sans l'avoir consulté; elle aime à se gouverner par ses avis; elle lui demande son bon plaisir pour l'accomplir, prête à

[1] Bibl. Nat., Mss. fr. 2900, fol. 59.
[2] Bibl. Nat., Mss. fr. 6603, fol. 75.

faire taire ses désirs secrets, si ce qu'elle souhaite ne plaît pas à son mari.

On connaissait en Anjou cette union parfaite, et lorsque les Angevins voulaient gagner les bonnes grâces du puissant conseiller de Charles VIII, ils envoyaient des présents à Mme du Plessis, afin que « son mary ait toujours en recommandation les affaires de laditte ville [1]. »

Cette union fait un heureux contraste avec les mœurs du xve siècle. Le sire du Plessis-Bourré donnait à la vieille noblesse l'exemple de la fidélité conjugale, comme il lui avait donné naguère l'exemple du dévouement à la royauté. Aussi éprouva-t-il une profonde douleur lorsque la mort vint briser une union si parfaite. Le 13 février 1493, Marguerite de Feschal, gravement malade au Plessis, faisait son testament ; avant le 26 avril de la même année, elle était morte [2]. Elle avait demandé à être enterrée dans l'église de Jarzé, ou bien, ajoutait-elle par un dernier acte de cette soumission respectueuse qu'elle avait observée toute sa vie, « en autre lieu qui par mon espoux, Monsieur Duplessis, sera advisé. » Bourré se conforma au désir exprimé par sa femme, et Marguerite de Feschal fut enterrée dans l'église

---

[1] « Item pour achat de poysson prins à la poyssonnerie dudit lieu d'Angiers, par maistre Jehan Cochon, procureur de ladite ville et par l'ordonnance desdits maire et eschevins donné et envoyé à Madame Duplessis Bourré à ce que mon dit seigneur du Plessis son mary ait tousjours en recommandation les affaires de la ditte ville. » (Arch. Municip. d'Angers, CC, 6, fol. 21.)

[2] Bibl. Nat., Mss. fr. Extrait des titres du Plessis-Bourré, fol. 213-214.; Mss. fr. 6603, fol. 34.

de Jarzé ; quelque temps après, il devait lui-même fonder une collégiale de chanoines dans cette église ; et à la veille de mourir, ordonner que son corps reposât près de celle qui, toute sa vie, avait été son « umble obeyssante fille et amye. »

Le conseiller du dévot roi Louis XI pria et fit prier pour sa femme. Dès le 26 avril 1493, Etienne Lamy, prieur du couvent des Carmes d'Augers, donnait quittance de douze livres dix sols « à cause de cent messes dictes et célébrées par les religieux dudict couvent en l'église desdicts Carmes, pour l'âme de feue noble dame Madame Duplesseys Bourré, en son vivant dame dudit lieu [1]. »

Privé de sa femme, Jean Bourré reporta son affection sur ses enfants, mais il eut la douleur de ne pas trouver en eux les gentilshommes sérieux et accomplis qu'il aurait voulu former.

L'aîné de ses fils, René, avait été élevé enfant d'honneur du Dauphin Charles [2]. Il embrassa la carrière des armes. Charles VIII le créa pannetier ordinaire, puis capitaine de Pontorson, en raison

---

[1] « Je, frère Estienne Lamy, prieur et procureur du couvent de Notre-Dame-des-Carmes, de ceste ville d'Angiers, confesse avoir receu par les mains de messire Jehan Lardry, prestre, la somme de doze livres dix solz tournois à cause de cent messes dictes et célébrées par les religieux dudit couvent en l'église desdicts Carmes, pour l'âme de feue noble dame Madame Duplesseys Bourré, en son vivant dame dudit lieu, de laquelle somme dessusdicte, je me tiens pour content et bien payé, et en quicte ledict messire Jehan. Tesmoing mon seing manuel cy mis le XXVI jour d'avril, l'an mil IIII^c IIII^{xx} et treize après Pasques. — LAMY. » (Bibl. Nat., Mss. fr. 6603, fol. 34).

[2] Bibl. Nat., Manuscrits. — Dossiers bleus. Titres Plessis, 13856.

« de ses sens, noblesse, loyaulté, preudomie et bonne diligence, et en faveur des grans et recommandables services que nostre amé et feal conseiller Jehan Bourré, chevalier, son père a faiz à nostre cher pere et segneur et à nous, pareillement ledit René[1]. »
René Bourré ne fut point un sérieux capitaine ; il préférait à la résidence de son gouvernement le séjour de Paris et de la cour. Gentilhomme de l'hôtel du roi il était, s'il faut en croire les documents du temps, à tout le moins aussi galant chevalier que vaillant guerrier. Un des serviteurs de M. du Plessis le renseignait ainsi sur la conduite de son fils. « Il se porte bien, Dieu mercy et fait bonne chère avec gens de bien, et croy que s'il avoit beaucoup d'argent, qu'il feroit grant chère. Il n'a soussy que de festoier les dames de nostre cartier. Il ante fort et souvent chez Monsieur Thibaust le Boulangier et autres dudit cartier, et n'est comme on dit plus villotier[2]. »

Bourré, économe pour lui-même et redoutant la facilité et l'insouciance de son fils à dépenser les deniers paternels, lui envoyait peu d'argent ; il espérait ainsi le rendre forcément raisonnable et l'habituer malgré lui à l'économie. Mais René savait bien trouver ailleurs les moyens de satisfaire à ses plaisirs ; le 7 novembre 1494, il vendait à Henri Perdrieu, seigneur de Méden, une rente de cent écus d'or à la couronne sur la terre et seigneurie

---

[1] Document communiqué par M. Marchegay.
[2] Bibl. Nat., Mss. fr. 6603, fol. 150.

de Jarzé, et autres terres et héritages qui lui venaient de la succession de sa mère[1]. Par billet daté du 22 juin 1498, il reconnaît avoir emprunté à sa grande nécessité cent écus d'or à la couronne, à son cousin François Baraton[2]. Lorsque Charles VIII partit pour l'Italie, René Bourré l'accompagna, et M. du Plessis put espérer que le spectacle de la guerre et la discipline de l'armée le rendraient plus sérieux. Le séjour d'Italie n'eut point cette heureuse influence sur le caractère de René : la vie facile de la terre Napolitaine rendit sa conduite encore plus dissipée. De retour en France, ses désordres furent plus éclatants que jamais ; il ne se contentait plus de « festoier les dames », il battait les maris. Vers la fin de l'année 1496, dans les rues mêmes de Paris, René Bourré « de fait daguet et propos délibéré, accompagné de plusieurs mauvais garçons ses serviteurs et bastonez d'espées et bastons ferrez » était tombé sur maître Arnoul Hesselin, avocat au Parlement, « en le voulant tuer ou grandement oultrager. » Par suite de ces « grans excès, » René avait été traduit devant les gens de justice, et condamné par contumace à payer mille livres tournois au profit du plaignant, et mille autres livres au profit du roi[3]. Mais Charles VIII indulgent, par nature, aux folies de jeunesse, et

---

[1] Bibl. Nat., Mss. fr. Extrait des titres du Plessis-Bourré fait par Gaignières.
[2] Bibl. Nat., Mss. fr. 6603, fol. 135.
[3] Bibl. Nat., Mss. fr. 20431, fol. 53.

désireux de diminuer par une faveur spéciale la tristesse de son ancien gouverneur, ordonna, le 3 février 1497, aux trésoriers de France de décharger du paiement des mille livres parisis, son cher et bien-aimé Bourré « en faveur des bons et agréables services qu'il nous a cy devant faiz à l'entour de nostre personne, et ou fait de nos guerres ; mesmement durant le voiage par nous fait pour la conqueste de nostre royaume de Sicile, où il nous a suyvy et accompagné à grans fraiz et despences [1]. »

Espérant mettre un terme aux folies amoureuses et aux dépenses de René, Bourré résolut de le marier. Le 26 novembre 1496, il lui fit épouser Marguerite de la Tour Landry, deuxième fille de Louis de la Tour, seigneur de Clervaux et de Bourmont [2]. Le remède fut sans effet : une fois marié, René n'abandonna point ses habitudes de dépenses ; loin de ressembler à son père dont les coffres étaient toujours garnis, René resta toute sa vie sans argent [3], recourant sans cesse à des emprunts ruineux, et donnant à son père avec de nombreuses occasions d'acquitter « ses doibtes et ypotheques [4] »

---

[1] Publié par M. Marchegay, *Bulletin de la Société Industrielle*, Bourré gouverneur du Dauphin.

[2] Bibl. Nat., Manuscrits. — Dossiers bleus, 13856.

[3] Le 26 septembre 1498, René Bourré reconnaît devoir à Claude Bonvallet, marchand joaillier, demeurant à Paris, la somme de 73 écus d'or à la couronne pour vente d'une chaîne d'or, d'un « rubis enchassé en ung anel d'or. » (Archives de Maine-et-Loire, série 1793.)

[4] Bibl. Nat., Mss. fr. 20600, fol. 25.

de fréquents sujets de tristesse. Parfois pourtant la vanité paternelle du sire du Plessis-Bourré put être flattée des succès obtenus par son fils, quelques frivoles qu'ils lui dussent sembler. René était un brillant chevalier : peu de jeunes seigneurs savaient mieux que lui tenir une joute à pied ou à cheval, et il excellait à combattre dans les tournois. En 1490 eurent lieu à Angers « des joustes génerailes de lances et d'espées sur le cheval et à terre, sur pied et décharge de fer esmoulu [1]. » René Bourré fut l'un des quatre tenants. Avec lui combattaient François de Daillon, seigneur de la Crotte et les seigneurs des Bares et de Malestroit. « Il y accourut grande quantité de noblesse de toutes parts, ce qui rendit les joustes fort belles [2]. » René Bourré et ses compagnons d'armes « en grans pompes parfirent leur entreprinse, et y acquirent grant honneur. »

Le second fils de J. Bourré pour lequel il avait choisi, comme Louis XI pour le Dauphin, le nom de Charles, suivit une carrière moins brillante que son frère aîné. Bourré avait désiré qu'il tînt dans l'administration des finances la place qu'il avait lui-même occupée et pût lui succéder dans ses charges. Se souvenant que les études de droit avaient été l'origine de sa fortune, il commença par lui faire étudier le droit. Mais craignant pour son fils les attraits et les dangers de la capitale du royaume, il l'envoya suivre les cours de l'Université

---

[1] Oudin, *Revue d'Anjou et du Maine*, t. II, p. 87.
[2] Roger, *Histoire d'Angers*, p. 385.

de Poitiers, plaçant près de lui comme précepteur un prêtre, Jean du Cleray [1]. Charles Bourré semble avoir été plus sérieux que son frère aîné. En 1491, il obtint le diplôme de licencié ès-lois [2]. Son père commença dès lors à l'associer à ses offices, en attendant le jour où il les résignerait tout à fait en sa faveur. Dès l'année 1492, Charles Bourré occupait à la Chambre des Comptes la place de conseiller que son père venait de quitter pour celle de président clerc. Au mois de septembre 1492, M. du Plessis lui donnait en survivance la charge de trésorier de France, du consentement du roi, qui vantait dans ses lettres les « sens, loyauté, preudomie, littérature, expérience, diligence, bonne conduite dudit maistre Charles Bourré [3]. » Jean Bourré toutefois s'en réservait les gages [4]. En 1495, Jean Bourré abandonnait complètement cette charge à son fils ; en 1498 enfin, il l'associait à son office de trésorier de l'ordre de Saint-Michel.

Pourtant Charles était loin de répondre aux désirs de son père ; l'esprit d'ordre et d'économie lui faisait absolument défaut. Ami des arts et des lettres, il se ruina en achats de tableaux et de manuscrits. Dès l'année 1493, il faisait des dettes pour se procurer « deux paires de heures escriptes en

---

[1] Bibl. Nat., Mss. fr. 6603, fol. 18.
[2] Jean Bourré paya à cette occasion les frais d'un grand festin à Poitiers. (Bibl. Nat., Mss. fr. 6603, fol. 18.)
[3] Bibl. Nat., Mss. fr. Extrait des titres du Plessis-Bourré, fait par Gaignières, fol. 214.
[4] Bibl. Nat., Mss. fr. 6603, fol. 61.

parchemin à l'usaige de Romme en lectre bastarde, richement et bien hystoriées et enluminées [1]. »

La fille du seigneur du Plessis, nommée Anne, comme l'une des filles du roi Louis XI, aurait pu après la mort de Marguerite de Feschal, rendre moins cruel le deuil de son père, et jeter quelque charme sur son existence. Mais Anne avait quitté le château du Plessis, bien avant la mort de sa mère. Fille d'un riche et puissant seigneur, Mlle du Plessis avait été, de bonne heure, recherchée en mariage. Antoine Boutillac, fils d'un trésorier de France [2], avait, avant l'année 1489, demandé sa main au sire du Plessis. C'était un jeune homme de dix-neuf ans « le plus beau filz de céans sans en excepter ung, » disait un de ses compatriotes. Bourré, devenu gentilhomme et chevalier, préféra faire entrer sa fille dans une maison de haute noblesse angevine. Le 28 avril 1489, Anne épousa François de la Jaille, seigneur de Mathefelon, fils et héritier présomptif du seigneur de Durtal [3]. Elle

---

[1] Bibl. Nat., Cabinet des titres. — Dossier Bourré :
« Je, Charles Bourré, conseiller du roy nostre sire et maistre de ses comptes, confesse et estre loyaument tenu à Martin Chatorru, clerc de Monseigneur du Plessiz Bourré mon père, de la somme de cent dix sept livres, cinq solz, à cause de deux paires de heures escriptes en lectre bastarde, richement et bien hystoriées et enluminées, lesquelles deux paires de heures j'ay à ma requeste prinses et achetées de lui en la ville de Paris, ledit pris et somme de cent XVII liv. V solz tournois... — L'an mil IIII^c IIII^{xx} XIII. »

[2] Il avait été nommé en 1474 en remplacement de Jean Bourré, promu premier trésorier de France.

[3] Marchegay, *Plessis-Bourré*, dans *le Maine et l'Anjou*, de M. de Wismes.

recevait en dot deux belles terres, Grez sur Mayenne et Maraus en Anjou, plus 6,500 écus d'or à la couronne[1]. Les qualités aimables de M¹¹ᵉ du Plessis lui gagnèrent bien vite l'affection de sa nouvelle famille, et le sire de Durtal écrivant à Jean Bourré, lui disait : « Monseigneur, s'il vous plaist de demander de mes nouvelles, l'on vous dira que votre fille est la plus chière chose que aye en ce monde, et est tout mon désennuye et félicité[2]. »

Son gendre l'entourait de touchantes attentions. Grand chasseur, lorsqu'il avait tué dans ses forêts quelque belle pièce, il envoyait à Bourré une partie de sa chasse. « Monseigneur, lui écrivait-il, je vous envoye la moitié de ung chevreul qu'est toute ma prinse aujourd'huy ; je vous eusse envoyé le tout, sinon qu'il y a une femme cyens qui a envye de en manger. Je chasserai toute ceste sepmaine, et si je prens aucune chose vous le aurez... [3] »

Agé de près de soixante années, Bourré avait eu de Marguerite de Feschal un troisième fils qu'il avait nommé Charles, comme le second ; sans doute, dit M. Marchegay, parce qu'il avait pour parrain le Dauphin qui fut depuis roi de France[4]. » Bourré entoura ce dernier enfant d'une tendresse toute spéciale. Le jeune Charles prit vite la première place dans le cœur de son père. Bourré l'appelait

---

[1] Marchegay, Choix de documents inédits, p. 72.
[2] Ibid.
[3] Bibl. Nat., Mss. fr. 6603, fol. 134.
[4] Marchegay, Plessis-Bourré, dans le Maine et l'Anjou.

toujours : « mon petit gars Charles ; » il aimait à prendre soin lui-même de tout ce qui était nécessaire à l'enfant et s'occupait de sa toilette : « Envoiez moi, écrivait-il à un de ses serviteurs, du drap noir tout prest pour faire une robe et des chausses à mon petit gars Charles, et aussy du satin violet pour luy fayre ung pourpoing, et ung bonnet pour lui [1]. » Séparé de ses autres enfants, Bourré trouvait une grande consolation à garder près de lui son jeune Charles ; mais son amour paternel ne fut point égoïste, et pour donner à son fils une brillante et solide éducation, il eut la force de se séparer de lui. Il l'envoya à Paris au collège de Navarre [2], sous la surveillance d'un fidèle serviteur. Charles le jeune, semble avoir été un bon écolier, car son gouverneur écrivait à M. du Plessis : « Au regard de ce que m'escripvez touchant vostre filz, monseigneur, je vous asseure par ma foy et sans flater ou mentir qu'il est aussi disposé d'estre homme de bien que enfant que sache de son aage, ne plus

---

[1] Bibl. Nat., Mss. fr. 6603, fol. 88.
[2] Voir Bibl. Nat., Mss. fr. 6603, fol. 45 :

« Parties de habillemens à Paris pour Charles Bourré le jeune escollier étudiant audict lieu au collège de Navarre. »

L'habillement de Charles était ainsi composé :

Pourpoint noir doublé de futaine blanche ;
Chausses de drap noir ;
Souliers de vache à troys semelles ;
Robe drap gris ;
Manteau noir ;
Bonnet noir ;
Ruban de laine noire pour ceinture.

grant..... si scet plus que vingt ans a ceux de xxv ans ne faisoient en ce que il a estudié[1]. » Depuis le jour où Bourré se sépara de son jeune fils, il mena au Plessis une triste existence, traversée à plusieurs reprises par de grandes douleurs. En 1498, Charles, l'aîné, mourut, tellement endetté que son père, toujours homme d'affaires, crut devoir, avant d'accepter sa succession, réclamer le bénéfice d'inventaire[2].

La douleur de Bourré fut grande, mais il accepta ce malheur « en se conformant à la bonne voulonté et plaisir de Celui qui de touz peut faire à son plaisir, sans pouvoir en estre reprinz[3]. »

Quelque temps après, une nouvelle épreuve l'accabla. Depuis longtemps déjà, son fils René avait, par de trop nombreux plaisirs, épuisé sa santé; il mourut au mois de mars 1501, sans postérité. Bourré voyait ses fils disparaître l'un après l'autre, sans laisser d'héritiers pour perpétuer sa mémoire. Sa fille elle-même n'avait point encore d'enfants. La crainte de voir le nom qu'il avait ennobli s'éteindre avec lui augmentait la tristesse

---

[1] Bibl. Nat., Mss. fr. 6603, fol. 147.
[2] Bibl. Nat., Mss. fr. Titres originaux. — Dossier Bourré.
Voir aussi Mss. fr. 20488, fol. 148, une lettre de Charpentier à Bourré où il lui écrit :
« Monseigneur, après soupper que ou longuement parlé seul à seul avecques mondit seigneur, le général, le prieur de la Croix me tira à part, et me parla touchant aucune somme de deniers qu'il dit luy estre deue par feu monsieur vostre fils, dont il est fort mal content qu'il n'en est payé... »
[3] Bibl. Nat., Mss. fr. 6602, fol. 112.

du seigneur du Plessis, et, de tous ses vœux, il souhaitait la naissance d'un petit-fils. Aussi hâta-t-il le mariage de son dernier enfant. Charles le jeune était à peine âgé de vingt ans, lorsque son père lui fit épouser une « belle et honneste » personne, Catherine de Chourses, fille du feu seigneur de Malicorne et de Jeanne de Feschal, cousine de Marguerite [1]. Le mariage eut lieu le 10 avril 1502. Trois années après, la jeune femme mourait sans enfants. La mort semblait prendre plaisir à frapper Jean Bourré dans ses plus chères affections, et à renverser une à une toutes ses espérances. Charles, cédant aux sollicitations de son vieux père, épousa, au bout de six mois de veuvage, Jeanne de la Jaille, cousine de son beau-frère [2]. Des enfants devaient naître de cette union, mais Bourré serait mort avant d'avoir pu se réjouir de leur naissance [3].

---

[1] Bibl. Nat., Mss. fr. 6603, fol. 81. Marchegay, *Plessis-Bourré*, dans *le Maine et l'Anjou*.

[2] Marchegay, *Le Plessis-Bourré*, p. 6.

[3] Charles Bourré le jeune eut de son second mariage quatre fils : Claude, François, Jean et René, et une fille Marguerite.

Claude Bourré mourut sans alliance avant 1538.

François, mort vers 1557, laissa un fils, Charles Bourré, qui fut tué au siège de Rouen (1562) où il servait dans une compagnie de chevau-légers.

Jean Bourré, deuxième du nom, d'abord protonotaire du Saint-Siège, prit ensuite du service dans les armées du Roi, et mourut chevalier de l'ordre de Saint-Michel, en 1591, sans laisser d'enfants.

René Bourré, le plus jeune des petits-fils du conseiller de Louis XI, mourut avant 1583, laissant deux filles, Yolande et Renée, et un fils, René, mort lui-même sans postérité, en 1589.

Marguerite Bourré épousa, en 1542, Jean de la Barre, seigneur de la Broce. (Marchegay, art. *Plessis-Bourré*, dans *le Maine et l'Anjou*.)

Bourré, soucieux de procurer à ses fils de brillantes positions, n'oubliait pas, au milieu des honneurs et des charges dont il était comblé, ses parents moins favorisés. En 1469, il versait au seigneur de la Choletierre la somme de deux cents écus d'or « pour et en récompense de l'office d'esleu d'Avranches que ledit seigneur de la Choletierre a baillé à maistre Jehan Guiot » son cousin. Lorsqu'il était auprès du Dauphin, il sollicita et obtint du roi, pour un de ses neveux, la charge de procureur d'Anjou. Le ton simple de la requête adressée par Bourré au roi Louis XI montre qu'il sollicitait sans bassesse et sans rien abandonner de sa dignité ; ce ne sont pas les termes obséquieux d'un quémandeur vulgaire ou les protestations affectées d'un courtisan : « Sire presentement ay sceu que maistre Jehan Binel qui estoit vostre procureur en Anjou est trespassé ; j'ay a Angiers ung jeune praticien nommé Me Thibault le Maczon qui a espousé une mienne niepce ; et sy c'est vostre plaisir lui donner led. office de procureur, je suis sceur quil vous y servira bien et loyaulment et je vous en supplie très humblement. En priant à Dieu fere qu'il vous doint très bonne vie et longue et ce que desirez. Escript à Amboyse ce samedi feste de la conception de Nostre Dame [1]. »

Avec les nombreux hommes politiques qu'il rencontra, soit dans l'entourage de Louis XI, soit dans les

---

[1] Bibl. Nat., Mss. fr. 6602, fol. 146.

conseils du gouvernement pendant l'administration d'Anne de Beaujeu, soit parmi les ministres de Charles VIII, Bourré semble avoir eu les rapports les plus cordiaux. Sa correspondance avec les hommes qui eurent quelque part au pouvoir pendant toute la seconde moitié du xv° siècle, prouve qu'il jouit d'un singulière estime auprès du plus grand nombre et qu'il se concilia l'amitié particulière de quelques-uns d'entre eux. Nous avons déjà mentionné les marques de dévouement que lui témoignèrent pendant le règne de Louis XI, son « serviteur et compère », le chancelier Doriole, et le « maître des habiletés, » Jean de Daillon : leurs rapports ne s'arrêtaient pas aux affaires, ils avaient entre eux d'aimables relations et « faisoient bonne chère ensemble ». En 1470, Doriole, le rappelant auprès du Roi, lui écrivait :

« Aussi vous avez longuement demouré au mesnage et entre nous qui sommes par de ça avons envie de votre ayse. Et avecques ce nous tarde que ne soyez ici pour vous voir et faire bonne chère ensemble, du moins moy pour vous conter de mes aventures et de celles de votre commère laquelle désire fort de votre venue et de mademoyselle à vous et à laquelle elle se recommande tant de bon cuer qu'il est possible. Et pour le present mons. ne vous escry plus longuement fort que me mandez si chose vous plaist que je peusse pour l'accomplir à mon povoir. Au plaisir, monseigneur qui vous doint tout ce que

désirez. Escript à Tours, le 17ᵉ jour d'octobre 1470.
— Votre serviteur et compère, P. Doriole[1]. »

Jean de Daillon aimait à le recevoir en son château du Lude, et le pressait de venir visiter ses constructions :

« Me déplait bien, lui écrivait-il, que vous n'estes passé par cy quand vous estes venu devers le roy, mais je me attens que vous y passerez au retour pour voir ma belle chaussée et aussi mon édiffice qui se avance fort. Le tout vostre. D. Daillon[2]. »
Et plus tard, après la mort du sire du Lude, sa veuve, Renée de Daillon, rappelait à Bourré qu'il avait été « un des bons et loyaux amis de Monsieur le gouverneur ». Jean Briçonnet, de cette célèbre famille qui fournit à Louis XI plusieurs serviteurs dévoués et à Charles VIII l'un de ses ministres les plus influents, déclarait à Bourré que lui et tous ceux de sa famille étaient tenus envers lui d'une reconnaissance éternelle, car c'était à ses recommandations auprès du « feu roy Loys » qu'ils devaient l'origine de leur fortune.

Commines lui-même avait été l'obligé de Jean Bourré. Le 27 janvier 1472, Philippe de Commines, nouveau venu à la cour du roi de France, signait un contrat de mariage avec Hélène de Chambes, fille aînée du seigneur de Montsoreau. La fiancée recevait en dot 27,500 livres tournois. En paiement de cette dot, le sire de Montsoreau abandonnait à

---

[1] Bibl. Nat., Mss. fr. 20429, fol. 26.
[2] Bibl. Nat., Mss. fr. 6602, fol. 79.

Commines la terre et seigneurie d'Argenton en Poitou ; mais, ce domaine ayant une valeur supérieure à la dot, Commines devait en retour donner 30,000 écus d'or à son beau-père. Les libéralités royales n'avaient pas encore assez élevé la fortune du sire de Roscure pour qu'il fût en état de fournir cette somme : il ne pouvait verser comptant que 20,000 écus. Pour lui venir en aide, Bourré et quelques autres compères du Roi, s'engagèrent à parfaire la somme, et le jour même du contrat donnèrent 10,000 écus d'or au sire de Montsoreau [1].

On trouve aussi au nombre des amis de Jean Bourré les personnages qui sous le règne de Charles VIII occupèrent les premières situations dans le gouvernement. L'amiral de France, Louis de Graville, qui fut jusqu'à l'expédition d'Italie le ministre favori du gouvernement des Beaujeu, avait pour Bourré une amitié peu commune entre gens de cour :

On peut juger de ses sentiments par cette lettre :

« Monsieur du Plessis, mon amy, je me recommande à vous tant que je puis ; j'ay sceu par monseigneur de la Roche, vostre cousin, de voz nouvelles, de quoy j'ai été très joieulx, car je vous ay toute ma vie aymé et vous aymeray tant que je vivray ; ledit seigneur de la Roche m'a promis vous dire de mes nouvelles ; vous y avez ung très bon

---

[1] Godefroy, *Mémoires de Commines*, t. V, p. 557.

voisin et honneste, qu'il vous feroit voulentiers plaisir là où vous aurez à besongner de luy. Monsieur du Plessis, au regard de moy, je vous advise que quelque part que je soye, sy je vous puis faire plaisir faictes le moy savoir et ne doubtez point que je ne le face de bon cœur. Scy endroit je vous dy a Dieu, à qui je prie qu'il vous doint ce que plus désirez. A Fontainebleau, ce XVII° jour de septembre. Le tout vostre, Loys de GRAVILLE [1]. »

Etienne de Vesc, le célèbre sénéchal de Beaucaire, signait une lettre adressée à M. du Plessis « le tout vostre bon ami [2] ». Pierre de Rohan, maréchal de Gié, le traitait en ami intime; il lui rendait fréquemment visite à son château du Plessis, et ses lettres le mettaient au courant « des nouvelles du pays d'Anjou et de son mesnaige [3]. »

En Anjou, Bourré avait des amis qui n'étaient pas moins dévoués. Thibaut de Beaumont, seigneur du Plessis-Macé et gouverneur d'Anjou, lui témoignait en ces termes ses sentiments :

« Monsieur du Plessis, je me recommande à vous tant de bon cœur que je puis. M. de la Belotière est venu cyens me voir et m'a dit du bon vouloir que vous avez tousjours à moy et voy bien qu'il ne tiendra point a vous que je n'aie beaucoup de bien et d'onneur en ce païs, et de la bonne sou-

---

[1] Bibl. Nat., Mss. fr. 6603, fol. 58.
[2] Bibl. Nat., Mss. fr. 20483, fol. 7.
[3] Bibl. Nat., Mss. fr. 20487, fol. 87; 20488, fol. 101 ; 20489, fol. 8.

venance que en avez, tant que je puis vous en mercye : car je me tiens plus tenu à vous que à homme de France, et vous tenez sceurs que ce que me conseilleres que je suis tousjours prest de le fère. Mondit seigneur de la Belotière vous en fera savoir plus à plein, et sur ce prie à Dieu, monseigneur du Plessis, qu'il vous doint ce que désirez. Escript au Plessis-Macé, ce mercredi premier jour de décembre. — De la main du tout votre compère, THIBAULT DE BEAUMONT[1]. »

N'est-il pas extrêmement louable pour Bourré d'avoir obtenu aux diverses époques de sa vie l'amitié d'hommes aussi considérables ? Ces marques de sympathie, ces assurances de dévouement sans cesse répétées, permettent à tout le moins d'attribuer à celui qui en fut l'objet des qualités peu communes d'esprit et de cœur. Pour ses amis, l'obligeance de Bourré était extrême, sa bourse toujours ouverte. En raison de cette bienveillance, il était sans cesse et par tous, pressé de demandes d'argent. Les lettres qu'on lui adressait à ce sujet étaient incessantes, et un grand nombre figurent encore parmi ses papiers. Une fois entre autres, le sire de Beauvau, pressé d'argent, s'adressait à lui, « pour se que je suy an sete créance, lui écrivait-il, que vous êtes ung de mes bons amys, je vous prie que vous me fasiez ung plessir, c'est que vous me prêtez deux sans soysante et dys escus an or... » Pour

---

[1] Bibl. Nat., Mss. fr. 6602, fol. 86.

sûreté de son emprunt, il joignait à sa lettre « ungne petite croys d'or la où il y a six dyamans », et priait Bourré de la garder jusqu'à ce qu'il l'eût payé. Bourré prêta la somme qu'on lui demandait; au porteur même de la lettre il fit remettre 270 écus d'or; mais il refusa d'accepter aucune sûreté pour sa créance, et renvoya au sire de Beauvau sa croix d'or[1]. Le sire du Plessis ne se contentait point de mettre son argent à la disposition de ses amis, il leur prêtait aussi volontiers le mobilier même de ses châteaux, les tapisseries qui décoraient ses salons, la vaisselle qui garnissait sa table[2].

Il s'attirait ainsi la sympathie de tous et plus d'un seigneur pouvait lui écrire comme Olivier de Feschal : « Vous estez la personne du monde à qui je feroye plus toust plaisir, et vous tenez seur que vous n'avez amy au monde qui vous ayme plus que je faye[3]. »

Au nombre des obligés de Bourré, nous n'hésiterons pas à placer la ville d'Angers. Les témoignages de la reconnaissance municipale pour les continuels services rendus à la ville par le sire du Plessis-Bourré, pendant son séjour en Anjou, sont nombreux, et se manifestent en maints procès-verbaux, conservés aux archives de la mairie d'Angers :

En 1485, les échevins font « charroyer et conduyre de la ville d'Angers à la maison du Plessis-

---

[1] Bibl. Nat., Mss. fr. 6602, fol. 84.
[2] Bibl. Nat., Mss. fr. 6602, fol. 85 ; 6603, fol. 91 ; 20427, fol. 100.
[3] Bibl. Nat., Mss. fr. 6603, fol. 116.

Bourré le nombre de dix pippes de vin de marché, données à Monsieur du Plessis-Bourré pour considération de certains grans services par luy naguère faiz à laditte ville en plusieurs manières¹. »

Le 23 décembre 1486, le grenetier et le procureur « sont commis pour aller avecques Monsieur le Maire par devers Monsieur du Plessis-Bourré, cappitaine, qui arrive par de la court, pour le remercier des honneurs, plaisir et courtoisies qu'il a fait à la ville », et pour lui offrir en présent six torches chacune de deux livres, six livres de bougies et deux pippes de bon vin².

En mai et novembre 1487, la ville achète « pour M. Duplessy-Bourré, demy quart d'esturgeon » et deux pippes de vin de marché à quatorze livres et demie la pippe.

Le 6 mars 1488, le conseil de ville délibère d'offrir du poisson à « Monsieur Duplessis-Bourré, trésorier de France, pour et en rémunération des services et plaisir qu'il a faiz à laditte ville³. »

Le 13 juillet 1489, « en rémunération des grans services qu'il fait bien souvent aux nécessitez et affaires de laditte ville », M. du Plessis-Bourré reçoit un semblable présent⁴.

Le 5 mars 1491, la ville achète huit livres tournoys de poisson, pour donner « à Mons. du Plessis-

---

¹ Archives de la Mairie d'Angers, CC, 6, fol. 2.
² Conclusions de la Mairie d'Angers, BB, 4, fol. 52.
³ Archives de la Mairie d'Angers, CC, 5, fol. 336.
⁴ *Ibid.*, CC, 5, fol. 338.

Bourré, trésorier de France et premier président de la Chambre des comptes, à Paris, en rémunération de plusieurs grans services que ledit seigneur a par cy devant faiz à la ditte ville, et encores fait chacun jour, en maintes manières, dont ledit conseil est bien records, et aussi que son plaisir soit tousiours avoir les nécessitez et affaires de laditte ville en bonne recommandation[1]. »

Enfin, le 21 décembre 1493 « pour aucunement remercier Monseigneur du Plessis-Bourré qui doit faire son Noël audit lieu du Plessis-Bourré », la ville lui envoie à son château du poisson pour « la vigille de laditte feste de Nouel[2]. »

La ville d'Angers avait, en effet, mis sa confiance en Bourré et en toute accasion aimait à recourir à ses conseils. On trouve dans les archives de la mairie, de nombreux témoignages de ce rôle de conseiller rempli par Jean Bourré. A diverses reprises le corps municipal envoie des députations au château du Plessis, pour « lui communiquer des choses de la ville[3] » ou « pour avoir conseil avec lui sur les choses qui sont à faire[4]. »

Charles VIII connaissait cette influence de Bourré sur les Angevins, et la mettait, le cas échéant, à contribution. Aussi lorsque la mort du cardinal Balue rendit vacant l'évêché d'Angers, le

---

[1] Archives de la Mairie d'Angers, CC, 5, fol. 356.
[2] Ibid., 8, fol. 63.
[3] Ibid., BB, 6.
[4] Ibid., BB, 5, fol. 5.

roi qui désirait fort placer sur le siège épiscopal son conseiller, confesseur et grand aumônier, maître Jehan de Relly, en raison de ses « grans sens, science en la Faculté de théologie, bonne catholique vie, renommée et honneste conversacion et autres grans vertus, » avait écrit aux doyen, chapitre et chanoines de l'église d'Angers « qu'ilz ne procedassent à aucune autre ellection ou postulacion d'autre futur evesque que de la personne dudit maistre Jehan de Rely ». Il avait en même temps, par l'un de ses maistres d'ostel ordinaires, Gilles Revault, fait présenter aux maire, échevins, manans et habitants de la ville, des lettres-missives, leur mandant « d'eulx assembler et trouver en bon et compacte nombre par devers Mess. les doyens, chanoines et chapitre de Mons. St-Maurice d'Angers et les supplier et prier qu'ilz ayent a eslire pour leur futur evesque mons. maistre Jehan Rely, son confesseur et non autre [1]. »

Le 22 novembre 1491, le roi envoyait spécialement Bourré et Gilles Revault vers le chapitre [2]. Enfin, trouvant toutes ces précautions encore insuffisantes, et redoutant l'indépendance du chapitre, Charles VIII ordonna à du Plessis-Bourré, au seigneur de la Forest, à Me Adam Fumée « de se trouver en cestedite ville d'Angers au jour que ses chiers et bien amez les doiens, chanoynes et chapitre de l'Eglise Saint-Morice d'Angiers ont prins

[1] Archives municipales d'Angers, BB, 3, fol. 26, 27, 28.
[2] Bibl. Nat., Mss. fr. 6602, fol. 163.

pour l'election de leur futur evesque, » les priant de « s'employer en ceste matière, de manière que son confesseur et aumosnier fust elu evesque d'Angiers¹. »

Grâce à ces influences puissantes, le 1ᵉʳ décembre 1491, Jean de Rely fut élu évêque d'Angers par le chapitre « *via spiritus sancti* si n'eust esté Mᵉ Jehan Deslandes qui ne se voullut lever ainsi que les autres chanoynes. » L'heureux confesseur du Roy s'empressa de remercier Bourré, et lorsqu'il dut se faire sacrer, il ne manqua pas d'inviter à la cérémonie celui auquel il reconnaissait devoir, au moins en partie, son siège épiscopal².

¹ Archives municipales d'Angers, BB. 8, fol. 26, 27, 28.
² Bibl. Nat., Mss. fr. 20487, fol. 43.

CHAPITRE IX

BOURRÉ GRAND SEIGNEUR. — SES CHATEAUX

Richesse de Bourré ; son origine ; son emploi. — Achat par Bourré de vastes domaines en Anjou. — Bourré fait élever sur ses terres de magnifiques châteaux. — Il avait pris pendant son séjour en Flandre le goût des beaux-arts. — Les financiers et leur influence sur l'art au xve siècle. — Le château de Vaux. — Le château du Plessis-Bourré : sa construction ; son caractère ; sa description. — La salle des gardes ; ses peintures et ses devises. — Les tapisseries, la vaisselle, les manuscrits du Plessis-Bourré. — La chapelle du Plessis. — Visiteurs reçus au Plessis : le roi Louis XI ; Charles VIII ; les Beaujeu : l'ambassade de Hongrie ; l'amiral de Graville ; Etienne de Vesc ; le maréchal de Gié. — Le château de Jarzé : son caractère ; sa magnificence. — Constructions dans l'église de Jarzé. — Statues et groupes placés par Bourré dans cette église. — Le sépulcre de Jarzé, par l'imagier Louis Mourier. — Le château d'Entrammes. — Maisons de Bourré : à Châteaugontier, à Tours, à Amboise, à Paris. — Projet de construire à Angers un hôtel pour recevoir le roi. — Influence de Bourré sur l'architecture en Anjou à la fin du xve siècle. — Plaisirs de Bourré : ses chevaux, ses chiens, ses oiseaux de proie. — Ses aumônes ; ses pieuses libéralités. — Fondation du chapitre de Jarzé. — Son testament. — Sa mort. — Ses funérailles. — Son tombeau.

Au service des rois Louis XI et Charles VIII, Bourré avait acquis une immense fortune, et nous devons constater que si ses services avaient été « louables et recommandables », ils avaient été largement récompensés. Non seulement il avait touché pendant quarante années les gages ordinaires de ses nombreux offices, de secrétaire et notaire royal, contrôleur des recettes de Normandie, général des finances, trésorier de France, maître, puis président en la Chambre des Comptes ; mais le privilège qui lui avait été accordé au début du règne de Louis XI de contresigner toutes les lettres de nomination, avait constitué pour lui une source incessante de profits. Enfin les libéralités extraordinaires des rois à son égard, les dons et pensions dont ils l'avaient comblé, avaient dans une large mesure grossi sa fortune.

Sans nul doute il eût été plus honorable pour Bourré auprès de la postérité d'avoir servi la France sans s'enrichir ; mais un pareil désintéressement eût dénoté une vertu inouïe chez un homme du xve siècle. Le désir des richesses et l'âpreté au gain sont des traits communs à tous les personnages politiques de ce temps. La sage et respectable dame de Beaujeu elle-même, dont le gouvernement habile mérite tant d'éloges, n'oubliait pas au milieu des guerres qu'elle eut à soutenir contre les seigneurs féodaux le soin de ses propres intérêts et l'agrandissement de ses domaines [1]. Nous avons vu, du reste, que la rapide fortune de Bourré ne lui avait point enlevé l'estime ou l'amitié des premiers personnages de son temps. N'est-il pas juste aussi de remarquer, qu'alors que tant d'autres s'enrichissaient

---

[1] Pelicier, *Essai sur le gouvernement de la dame de Beaujeu*, p. 208.

par des trahisons, en se vendant à de nouveaux maîtres, Bourré ne reçut jamais que le prix de sa fidélité ? On sait combien Louis XI était généreux des terres et seigneuries dont le Parlement avait prononcé la confiscation, à la suite de quelque condamnation. Du Bouchage, Doriole, Daillon, Commines, le sire de la Trémoille et tant d'autres avaient soit sollicité, soit accepté sans hésitation ces sortes de libéralités. Le gendre du roi lui-même, Pierre de Beaujeu, président de la commission du Parlement qui avait prononcé la peine de mort contre le duc de Nemours, avait reçu, après le procès, une partie des domaines du condamné. Nous ne trouvons, parmi les seigneuries de Bourré, aucun domaine qui ait eu une semblable origine ; pourtant la faveur particulière dont il jouissait près de Louis XI, lui rendait facile ce genre d'acquisition. Nous savons même qu'il n'aurait pas consenti à conserver un bien sur lequel quelque autre eût pu faire valoir des prétentions légitimes. En 1480 il avait reçu du roi, en paiement d'une somme de quatre mille écus d'or qu'il lui avait antérieurement prêtés, la place du *marché aux bêtes* d'Angers. Les Angevins ayant élevé quelques réclamations sur cette place, Bourré s'était empressé d'abandonner les droits que le roi venait de lui concéder. Plus tard, il est vrai, ayant reconnu après nouvel examen, que les prétentions de la mairie d'Angers étaient sans fondement, il s'était fait rétablir par le roi dans sa première possession ; l'incident n'en démontre pas moins la droiture et l'équité du conseiller de Louis XI, et sa volonté de ne point s'enrichir aux dépens d'autrui.

Quelque rapide qu'eût été sa fortune, Bourré eut au moins le mérite de n'en point oublier l'origine, et nous avons vu que ses richesses avaient, de son plein gré, constitué une sorte d'annexe du trésor royal où les rois de France avaient largement puisé pour les besoins de leur politique ou les dépenses de leurs guerres. N'était-ce pas pour lui la meilleure manière d'en légitimer la possession ?

L'usage personnel que Bourré fit de sa richesse fut avant tout l'acquisition de grands domaines en Anjou. Le 26 novembre 1482, il achetait de Charles de Sainte-Maure la terre du Plessis-de-Vent, à quelques lieues d'Angers. Le 16 avril 1465 le même Charles de Sainte-Maure lui cédait les seigneuries de Jarzé et de Longué. En 1482 Bourré se rendait acquéreur de M. et Mme de Rochechouart, pour une somme de six mille écus d'or, de la terre et du château d'Entrammes, près Laval. Outre ces achats, dont nous connaissons les dates certaines, nous savons qu'il acquit encore, dans le courant de son mariage, la seigneurie de Monplacé, la châtellenie de Corzé, la terre et seigneurie de Cheviré-le-Rouge, une partie de la seigneurie de Fontaine-Milon, la terre et seigneurie de Brion [1]. Si nous ajoutons à ces terres la seigneurie de Vaux qu'il possédait avant

---

[1] Bibl. Nat., Mss. fr. 204, fol. 49.

son mariage, la seigneurie du Coudray que Marguerite de Feschal lui avait apportée en dot, la vicomté de Sorges, le fief de Querqueil et le bois d'Avrillé, près d'Angers, dont Louis XI lui avait accordé en 1480 « bail et inféodation perpétuelle » nous reconnaîtrons que Jean Bourré était devenu l'un des plus grands propriétaires de l'Anjou.

Sur la plupart de ces domaines, Bourré fit construire de somptueux édifices. « Entre aultres, il a édifyé et fait construire de fort beaulx chasteaulx et maisons de plaisance, comme Langeais, Jarzé, le Plessis-Bourré, Vaulx, Coudray et Entrammes, près Laval[1]. » L'importance de ces constructions, la beauté de plusieurs d'entre elles demeurées intactes jusqu'à nos jours[2] et classées parmi les œuvres les plus remarquables de l'architecture civile du xv° siècle, auraient à elles seules sauvé de l'oubli le nom de Jean Bourré. Il ne serait pas besoin de remonter bien loin en arrière pour trouver l'époque où le nom de Bourré n'éveillait dans l'esprit des Angevins, même des érudits, d'autre souvenir que celui du magnifique château appelé du nom de son fondateur « le Plessis-Bourré. » Nous croyons donc utile de consacrer quelques pages aux plus importants de ces édifices. En indiquant l'un des emplois que Bourré fit de ses richesses, elles montreront sous un aspect nouveau la physionomie de cet « amé et féal con-

---

[1] Archives de Maine-et-Loire, Mss. du chapitre de Jarzé.
[2] Le Plessis-Bourré et Langeais.

seiller du roi Louis XI. » Il ne sera pas non plus sans intérêt de représenter au milieu de ses domaines, dans ses résidences princières, le nouveau grand seigneur que Louis XI avait fait du bourgeois de Châteaugontier.

Le séjour de Bourré en Flandre auprès du Dauphin Louis, avait sans nul doute développé en lui le goût des beaux-arts. Il avait trouvé dans ces pays flamands une contrée privilégiée où les princes et le peuple semblaient d'un mutuel élan favoriser l'essor de l'art. Les ducs de Bourgogne se montraient tous amis du beau, et offraient volontiers aux artistes une généreuse et intelligente protection. Les travaux d'art ne manquaient jamais à leur cour : pour décorer leurs riches appartements et ordonner la magnificence de leurs fêtes, peindre les images symboliques destinées à leurs divertissements, faire tour à tour les portraits de leurs maîtresses et reproduire les traits des saints qu'ils vénéraient, il leur fallait une véritable pléiade de peintres, de sculpteurs, d'architectes. Les cités flamandes qui avaient vu augmenter rapidement leurs richesses et leur bien-être, aimaient à abriter leur pouvoir municipal dans de somptueux hôtels de ville ; l'architecture en dessinait les élégants contours ; la sculpture taillait dans leurs saillies l'infinie variété de ses statuettes et de ses clochetons ; la peinture traçait sur les murailles en grandes et larges fresques, ses magnifiques compositions ; la tapisserie dissimulait les portes sous ses tentures aux riches couleurs ; enfin pour donner au conseil communal un logis digne de lui, tous les métiers devenaient des arts.

« Pendant ses voyages à la suite du fils de Charles VII, et surtout lors de son séjour en Flandre, Bourré avait employé ses loisirs à la visite des beaux édifices, à l'examen et même à l'étude de leur structure, distribution et ornementation, sans accorder un moindre intérêt à leur décoration intérieure. Il fréquentait aussi les habiles artistes qui fouillaient la pierre, le marbre, l'ébène et le chêne, ciselaient l'or, l'argent et le cuivre, peignaient sur bois, sur verre et sur émail les saints du Paradis ou les grands de ce monde, ou tissaient avec de la laine aux couleurs variées et éclatantes des personnages, des animaux réels ou fantaisistes, des paysages et des monuments [1]. »

Devenu riche et puissant, Jean Bourré résolut d'orner son pays d'Anjou de beaux édifices, et d'y rassembler ces objets d'art qu'il avait appris à admirer.

Pendant le moyen âge, les seigneurs féodaux avaient moins cherché à faire de leurs châteaux des œuvres d'art, que de solides et résistantes citadelles. L'art alors n'étendait guère son domaine en dehors de l'église. Religieux et impersonnel il produisait des œuvres qui, témoignage de la foi, restaient avant tout l'expression du symbole chrétien et le langage figuré de la prière. Au XV° siècle l'art change

---

[1] Marchegay, *Le Plessis-Bourré*.

d'inspiration : délaissant son ancien rôle d'auxiliaire de la religion, il se met au service de la richesse, prêt à suivre les goûts des protecteurs qui le paient. De riches financiers s'intéressent alors aux belles œuvres pour leur plaisir ou pour leur vanité, et dirigent les artistes qu'ils emploient dans la construction ou l'ornementation de leurs demeures.

Plusieurs financiers célèbres avaient au xv° siècle, avant Bourré, donné à l'art cette nouvelle impulsion, et contribué à la création d'importantes œuvres d'art. L'argentier Jacques Cœur, dont la sage administration avait fourni à Charles VII les moyens de reconquérir les provinces françaises soumises au prétendant anglais, s'était fait construire à Bourges, sa ville natale, un magnifique hôtel, embelli par les artistes, de sculptures et de tableaux. En même temps, il avait, près de la cathédrale, élevé une élégante sacristie, puis une chapelle pour recevoir sa sépulture. Etienne Chevalier, trésorier de France sous Charles VII et Louis XI, chargé avec Bourré de réunir la rançon nécessaire au rachat des villes de la Somme, avait dirigé à Paris, rue de la Verrerie, la construction d'un élégant hôtel, où Louis XI ne dédaignait point de venir prendre bon souper et bon gîte. Notre-Dame de Melun avait été dotée par lui de nombreuses œuvres, entre autres d'une statue d'argent doré représentant la sainte Vierge, et d'un célèbre tableau où la Mère de Dieu, sous les traits d'Agnès Sorel, le sein nu, allaitait l'enfant Jésus, tandis que le trésorier lui-même, représenté sous les emblèmes de saint Etienne, priait dévotement à ses pieds. Enfin Etienne Chevalier avait été le protecteur de Fouquet, qui avait peint pour lui son merveilleux livre d'heures. A ces exemples connus, ajoutons celui de l'Angevin Olivier Barrault, trésorier de Bretagne, qui enrichit la ville d'Angers du charmant édifice, appelé de son nom encore, le logis Barrault, resté l'un des plus jolis ornements de la vieille cité angevine.

Le premier édifice que Bourré fit construire fut le château de Vaux, en Anjou, aujourd'hui détruit. C'était un solide manoir, flanqué de deux grosses tours, et ceint de douves vives, de douze à quinze mètres de large. Bourré en avait fait une « très belle résidence [1], » dont il porta le titre pendant quelques années. Il y séjourna peu. Pendant les premières années du règne de Louis XI, chevauchant à la suite de son maître du Nord au Midi du royaume, il ne pouvait qu'à de rares intervalles se reposer en Anjou. De 1468 à 1472, Vaux semble avoir été la demeure de Marguerite de Feschal; c'est de là qu'elle écrit à Bourré des nouvelles de sa grossesse; mais bientôt ce château fut délaissé, et le domaine servit presque uniquement à alimenter de vin et de fruits la famille du sire du Plessis [2].

Plusieurs raisons amenèrent Bourré à abandonner cette résidence. D'abord le domaine, comme

---

[1] Marchegay, *Plessis-Bourré*, dans de Wismes, *Maine et Anjou*.
[2] Bibl. Nat., Mss. fr. 6602, fol. 129.

l'a dit M. Marchegay, entouré de tous côtés de biens de main morte était peu susceptible d'extension ; en outre, aux vergers et aux vignobles de Vaux, le compère de Louis XI préférait les belles forêts, peuplées de bêtes fauves ; enfin, il devait chercher à se rapprocher d'Angers. Ces motifs, sans doute, amenèrent la construction, à trois lieues de la capitale de l'Anjou, dans un pays désert et voisin de grands bois, du magnifique château du Plessis-Bourré [1].

« Cestuy chevalier, — dit l'historien angevin Bourdigné, en parlant de Jean Bourré, — fist édifier en pays d'Anjou une très belle et forte place, appelée de son nom le Plessis-Bourré, qui est tenu ung des chasteaux de France pour ce qu'il contient, le plus aysé et le mieulx bâti [2]. » Dès l'année 1462, Jean Bourré avait acquis la terre du Plessis-de-Vent [3] ; par suite du refus de Mme de Sainte-Maure de consentir à l'aliénation de ce domaine, il ne put entrer en jouissance avant la Saint-Jean de l'année 1465. On sait qu'au mois de novembre de cette

---

[1] « On appelait plaxitium, non pas, comme l'a dit Bodin, une maison de plaisance, mais une habitation entourée de plesses ou palissades, dont il a été parlé dans l'énumération des principaux droits du châtelain. Elles étaient destinées antérieurement au creusement de profondes douves, à protéger la tour et la maison féodales, la chapelle, les habitations des hommes d'armes et les serviteurs, les écuries et autres dépendances du château. Le nombre des plesses étant déjà considérable en Anjou, on les désignait par le nom de leur propriétaire. » (Marchegay, art. *Le Plessis-Macé*, dans *le Maine et l'Anjou*.)

[2] Bourdigné, *Chroniques d'Anjou*, édit. Quatrebarbes.

[3] Bibl. d'Angers, Mss. 1004.

même année, le secrétaire de Louis XI obtint des lettres de noblesse. Pour donner plus d'éclat à son nouveau blason, il voulut, à défaut d'ancêtres, avoir un magnifique château seigneurial qui portât son nom ; il fit abattre l'ancien manoir de la famille de Sainte-Maure et, à la place, éleva un splendide édifice, monument remarquable de cette architecture française du xv° siècle, qui ne devait encore rien à l'Italie.

Quand Jean Bourré en jeta les fondements, le temps sans doute était passé où les seigneurs devaient choisir, pour y élever leurs demeures, des positions aux abords difficiles, et suspendre leurs nids de vautours au bord d'un précipice ou sur une roche escarpée dominant un fleuve. Les châteaux n'avaient plus besoin d'être des forteresses, entourées d'enceintes et de fossés, garnies de bastions et de tours, dominées par un donjon inexpugnable, et plus faites pour le combat que pour le repos.

Toutefois au lendemain de la guerre du Bien Public, dans cette province d'Anjou où le voisinage de la Bretagne était une menace continuelle, le prudent compère tenait à avoir une habitation capable, au besoin, de soutenir un siège. Pour abriter sa famille et ses richesses, pour défendre peut-être sa personne, de simples fossés ou des douves lui semblaient un rempart trop peu sûr ; il voulut un château au milieu d'un étang, et comme ses domaines du Plessis-de-Vent ne lui fournissaient point cette défense naturelle, il la créa.

Creuser cet étang et l'entourer de pierres coûtèrent des peines énormes ; mais le plus difficile fut d'y faire parvenir une eau vive ; on y amena des sources. Les travaux durèrent cinq années. Marguerite de Feschal établie à Vaux les surveillait, et rendait compte à Bourré de leur avancement :

« Mon' touchant vostre méson du Plessis, je la faiz avancer le mieulx que je puys sans y estre... Je ay grant haste que ladicte méson soyt achevée, car je ay attente, si ce est vostre plaisir, de y faire vostre petit enffant... Quant de voustre etang, hom y besongne touz les jours ; quant de la closture de vostre court que me aviez aultrefois escript, je ne y ay encore faict toucher, mes les perriers a paine peuvent fournir de matière pour l'estang, et attendoye touz jours que l'estang fut achevé pour y faire besongner ; et ce seroyt folly de la faire commencer tant que l'on n'ayt largement de la pierre. Aussi voz mectayerz, a qui voustre estang ha noyé les terres, me sont venu demander que je leur achatasse du foing pour ceste année. Il est force qu'ilz en aient... Mons' pleust a Dieu que fussiez par decza, et ne fust que pour veoir ung pou à vos besongnes ; car depuy que je suys venue je me suys touzjours trouvée si malade que je ne ay peu veoir si bien comme je eusse voulu, combien que je ay touzjours faict le mieulx que je ay peu où je ay peu veoir ; et croy que vous en serez bien comptant, mès que soyez venu, que je pry a Dieu que il soit du brief, et ne deussez vous estre que ung jour, car il me semble que vous seriez bien joyeulx¹. » Bien qu'absent, Bourré s'occupait, autant qu'il le pouvait, de la construction de son bel édifice, et engageait en dehors de l'Anjou des ouvriers habiles pour l'orner et le décorer. Ainsi en 1471, se trouvant à Amboise, il passait avec Jehan Belotin, « vitrier, demeurant à Tours, » un marché pour « toute la voirrerie du grant corps de sa maison du Plesseys, » le tout « en voirre de la voirrerie de Bernay » et pour le prix de « sept vingt escuz d'or ². »

Lorsqu'enfin, en 1472, sa « méson » fut achevée, le seigneur du Plessis eut le droit d'en être fier. Ces vastes bâtiments, de forme rectangulaire,

---

¹ *Le Maine et l'Anjou*, Le Plessis-Bourré.
² Bibl. Nat., Mss. fr. 20000, fol. 40.

Marché des vitres du Plessis-Bourré

« Le xiii° jour de janvier, l'an mil IIII°LXX, en la court du roy N. S. à Amboise endroit personnellement establiz noble homme maistre Jehan Bourré, notaire et secrétaire du Roy, notre dit seign. et seign. du Plesseys d'une part, et Jehan Belotin, vitrier, demourant à Tours, d'autre part, lesquelz ont confessé avoir faict entre eulx les marchez et convenances qui s'ensuit : c'est assavoir que ledit seign. a baillé à faire aud. Belotin toute la voirrerie du grant corps de sa maison du Plessys, tant des croisées demyes croisées et autres fenestres quelzconques quelque part qu'elles soient tant aud. corps de maison que es viz, tours, et retraiz pour le pris et somme de sept vingts escuz d'or des escuz ayant de présent cours laquelle somme led. seign. a promis et promect paier aud. vitrier c'est assavoir la moitié au commencement de la besongne et l'autre moitié en la fin de lad. besongne, et sera tenu led. Jehan Belotin de fournir de voyrre à fort plom et de toutes verges de fer à ce nécessaires, sans ce que ledit seign. soit tenu de fournir d'aucune chose fors que lad. somme de VIIxx escuz. Et a promis ledit. vitrier faire lad. besongne bien et convenablement le plus diligemment que faire ce pourra, et de voirre de la voirrerie de bernay. »

encore debout dans leur majesté imposante, offrent, du nord au midi, une longueur de soixante mètres, et de l'est à l'ouest, de soixante-huit mètres. Cette masse énorme s'élevant au milieu d'immenses douves, a un étonnant aspect de force et de puissance. De loin l'effet est sévère et imposant. Quand on approche, chaque partie, chaque détail conserve la même expression de grandeur. A chaque angle de l'enceinte, engagée dans des murailles de deux mètres d'épaisseur, se dresse une grosse tour; celle du sud-est, couronnée de machicoulis et portant en saillie le corps de garde, forme le donjon. Tout autour de l'enceinte, les berges de l'îlot artificiel, sur lequel repose l'édifice, s'étendent en large promenoir. On arrive au château par un pont de pierre, long de plus de quarante mètres, qui aboutit au portail seigneurial, orné de créneaux et jadis garni d'un pont-levis. On pénètre plus avant et l'on se trouve dans une immense cour de plus de 4,300 mètres de superficie; en face s'élève l'habitation principale, vaste corps de logis, aux fenêtres à meneau, surmontées d'un lambel de pierre avec lucarnes armoriées; — des deux côtés sont des dépendances moins hautes[1].

Nous n'essayerons point de décrire l'intérieur du château, car nous craindrions d'égarer le lecteur

[1] La pierre employée pour la construction du Plessis venait de la carrière du Boullay (Bibl. Nat., Mss. fr. 20600, fol. 44). Elle a conservé une teinte grise très claire qui donne à cette magnifique construction, vieille de plus de quatre cents ans, un étonnant aspect de jeunesse.

dans ses galeries, ses escaliers à vis, ses tours, ses clochetons, ses retraits : il est seulement une salle à laquelle nous voulons nous arrêter, parce qu'elle renferme des souvenirs intéressants pour l'histoire des beaux-arts, au xv° siècle : la salle des Gardes Sur son plafond, en bois, peint en grisaille, se déroule une succession de tableaux de mœurs. Les six compartiments comprennent, en effet, chacun quatre grandes scènes représentant des chasses au sanglier, des rendez-vous d'amants, des animaux étranges, des facéties et des proverbes en action ; plusieurs renferment des légendes françaises en vers, d'esprit malin et hardi.

A côté d'un personnage qui porte sur le dos une hotte pleine de rats, on lit :

> En rapportant de court en court,
> Et en estant fin rapporteur,
> Bien venu suys au temps qui court,
> Ainsi font bavar et flatteur.

Un barbier novice s'exerce la main aux dépens de la sensibilité de son client et se loue de sa bonne fortune :

> Sur barbe de foul
> L'on apprend à rere (raser).

Mais le patient se fâche et crie :

> Tu me tors le coul
> Et ne me scais raire.

Une femme, dévorée par un monstre étique, se

plaint d'être ainsi tourmeutée pour avoir trop bien obéi à son mari :

> Pour avoir fait et accompli
> Tous les commans de mon mari,
> Souffrir me convient grant tourment.
> Vous qui voyez le demourant,
> Ne vueilliez comme moy faire.

Le monstre donne lui-même une explication de sa maigreur ; il ne se nourrit que de femmes obéissantes et elles sont rares : depuis deux cents ans, une seule, celle qu'il « tient aux dents » a péché par excès d'obéissance :

> Je ne mengus pas à foison
> Que fames qui font le comment
> De leurs maris entièrement.
> De ans y a près de deux cens
> Que ceste-cy je tiens aux dens.

Des personnages occupés à rompre des anguilles sur leurs genoux, ne pouvant venir « a chef de l'affaire » en tirent cette morale :

> Prenez y donc exemple tous
> Et ne vantez rien que ne porrez faire.

La satire se montre parfois un peu gauloise dans son expression : une femme tenant sur ses genoux une poule ou une oie, lui coud l'extrémité du corps, et justifie ainsi son action :

> Je cous le cul à Mahault,
> Pour ce quesle a parlé trop hault.
> Vous aultres qui cy regardez,
> Gardez-vous bien de trop parler,
> Car l'on dist que trop parler nuist
> Et à la fois trop gratter cuist.

Quelques légendes expriment des observations plus sérieuses : ainsi la morale de ces vers contre les destructeurs et les démolisseurs :

> Telle foyz jette foul pierre en puy,
> Dont cent saiges, pour vreoy, depuis
> Sont, pour le faire au fonz pescher,
> Par bien long temps fort empeschez.

On a prétendu trouver dans ces légendes rimées des allusions spéciales : ainsi le barbier bavard et maladroit serait Olivier le Dain ; la femme, dévorée par un monstre pour excès d'obéissance à son mari, la châtelaine du Plessis, Marguerite de Feschal ; M. Godard-Faultrier croit « passer sous l'œil soupçonneux de Louis XI, » en voyant la légende de Mahault. A notre avis, il ne faut point attribuer à ces satires d'inspiration particulière ; elles sont conformes à l'esprit du XVᵉ siècle, à son bon sens bourgeois, ami des railleries judicieuses, des plaisanteries grivoises, parfois grossières. On retrouve dans l'hôtel de Jacques Cœur, à Bourges, des exemples de cette peinture allégorique, exprimant, à l'aide de figures ou de scènes imaginées, des proverbes chers au peuple. Ainsi dans un écusson, aux armes du célèbre argentier, on voyait un personnage vêtu de vert, et portant un capuchon jaune ; de grandes oreilles s'allongeaient de chaque côté de son visage, et un cadenas lui fermait la bouche ; sur une banderolle, on lisait cet adage : « En bouche close n'entre mousche [1]. »

[1] F. Clément, *J. Cœur et Charles VII*, t. II, p. 47.

N'était-ce pas, sous une autre forme, cette même leçon de morale pratique, écrite dans la salle des gardes :

> Car on dist que trop parler nuist
> Et à la fois trop gratter cuist.

Les satires n'étaient pas plus rares dans l'hôtel de Bourges : au-dessus d'une cheminée, des bergers et des porchers, montés sur des ânes, ayant pour étriers de vieilles cordes, pour boucliers, des fonds de paniers, pointaient l'un contre l'autre, en guise de lances, des manches à balai [1].

Les peintures du Plessis-Bourré comme celles de Bourges, sont la manifestation d'une même tendance et d'un même esprit ; les idées mystiques ou chevaleresques du moyen âge ont perdu leur influence ; la nouvelle société est lasse d'avoir tant poursuivi l'idéal ; elle veut maintenant regarder la réalité et en rire ; aux rêveries abstraites des moines et des chevaliers succèdent les saillies piquantes et moqueuses du bon sens bourgeois.

Ces peintures de la salle des gardes sont, avec quelques portes finement sculptées et blasonnées, avec quelques serrures artistement ciselées, tout ce qui, dans le château actuel, rappelle l'ancienne opulence de son ameublement intérieur. Pourtant le Plessis-Bourré était, au XVIᵉ siècle encore, un des châteaux de France « pour ce qu'il contient le plus aysé [2]. »

---

[1] Vallet de Viriville, *Charles VII*, t. III, p. 277.
[2] Bourdigné, *Chronique d'Anjou*. Édit. Quatrebarbes, t. II, p. 227.

Plusieurs manuscrits conservés à la Bibliothèque Nationale, font mention des riches tapisseries que Bourré y avait rassemblées ; on voit que les grands seigneurs, ses amis, les estimaient fort et ne se gênaient pas pour les lui demander : le sire du Plessis-Clerembaut, entre autres, le remercie dans une lettre, des tapis qu'il lui a prêtés [1] ; le sire de Graville, amiral de France, faisant construire une maison neuve, désirait, pour l'orner, une des tapisseries du Plessis. « Il m'est pris envie, écrivait-il à Bourré, de la tapisserie de votre salle et de celle de la chambre du bailly de Meaulx que vous avez achaptée à Niort, par la main de ce macquignon le Byernois. Je vous prye, Monsieur du Plessis, que j'aye le tout pour le pris qu'il vous a cousté ; je scay bien qu'elle vault mieulx, mais je seray assez hardy pour prendre autant sur vous en espérance que une autre fois quant vous aurez envye d'avoir quelque chose qui sera chez moy qu'il vauldra mieulx que cela, vous en pourrez faire autant [2]. »

Bourré aimait les belles pièces d'orfévrerie, la vaisselle d'or et d'argent, et en ornait ses demeures. Une lettre de M. de Chourses, seigneur de Mali-

---

[1] Bibl. Nat., Mss. fr. 6603; fol. 91.
« Mons. du Plessis je me recommande à vous tant et du meilleur cuer que je puis, je vous renvoye vos tappis dont de tout mon cuer je vous mercye et ne vous escry aultre chose de mes nouvelles pour ce que bien brief jay espérance de vous aller voyr et prye Dieu mons. qui vous doynt bonne vie et bien longue. Escript au Plessis-Clerembaut ce XVIIe jour d'oct. de la main du plus que nul aultre vostre. — Gilles Clerambaut. »

[2] Bibl. Nat., Mss. fr. 20427, fol. 190.

corne, dont Charles Bourré devait épouser la sœur Catherine, le prie d'apporter avec lui sa vaisselle d'argent, lorsqu'il viendra pour les noces [1].

On jugera des merveilles qui ornaient la table du Plessis, sa résidence favorite, quand on saura qu'une de ses maisons de Tours renfermait un service de cette sorte :

« Premièrement, douze tasses en deux estuiz et esmaulx desquelles sont les douze peres de France ;

« Item, six tasses martellées ;

« Douze esguières martellées, en la manière desdites six tasses ;

« Deux esguières gauderonnées en la manière des douze tasses, esquels esmaux desquelles sont lesdicts douze peres de France ;

« Douze tasses plaines ;

« Six tasses gauderonnées à pié ;

« Item, deux esguières gauderonnées en la manière desdites six tasses... ;

« Item, deux bassins tout plains esquels sont les armes de Monseigneur en l'esmail... à l'entour dudit esmail à ung souleil... etc... [2]. »

Dans son château du Plessis, Bourré avait réuni plusieurs de ces chefs-d'œuvre dont le moyen âge semble avoir gardé le secret, ces manuscrits où l'exquise finesse du dessin s'allie à la pureté et à la fraîcheur du coloris. La Bibliothèque Nationale

---

[1] Bibl. Nat., Mss. fr. 6602, fol. 85.
[2] Bibl. Nat., Mss. fr. 6603, fol. 137.

en possède un qui lui a appartenu [1] ; il est intitulé : « le Pèlerinage de la vie humaine de l'âme de Jésus-Christ, par Guillaume de Deguilleville. » C'est un volume in-4° médiocre, vélin, orné de miniatures, vignettes et initiales ; il fut composé au xiv° siècle. Les ornements, dit Paulin Paris, « peuvent être mis au nombre des plus beaux que renferment ou puissent renfermer les anciens manuscrits [2]. »

Ce précieux volume a certainement été la propriété du sire du Plessis ; sur la première feuille, on lit ces trois vers :

> De chaste mari fut le gré
> Riche et large dame fu,
> Dame fresche lui a gré.

Les lettres mises en ordre, forment le nom, écrit par une main contemporaine, de Marguerite de Feschal, épouse, comme on le sait, de Jean Bourré.

En outre, à côté de ce premier rebus, on en voit un second ainsi conçu :

> Ri bonheur a
> ou Ri é bon heur a
>
> (Interprété au-dessous : Jehan Bourré.)

La Bibliothèque d'Angers conserve au nombre de ses manuscrits rares la traduction française faite

---

[1] Il est classé sous le n° 7210.
[2] Paulin Paris, *Manuscrits français*, t. V, p. 350.

en 1460, d'un ouvrage latin dédié à Charles VII et composé par le poète et historien normand Robert Blondel : *Des droits de la couronne de France*. Sur la couverture, à l'intérieur, on lit ces mots : « Ce petit traictié est à moy, Bourré [1]. » Le conseiller de Louis XI en aimait sans doute le sujet.

Nous savons enfin que Bourré avait acquis pour la somme de troys cens livres tournois, deux livres « l'ung nommé *la Cité de Dieu*, en deux volumes et l'autre *Boesses, De consolacion*, qui estoient engaigé avecques un chanffrain d'argent à la façon de la genette [2]. »

Dans l'enceinte même de son château, Bourré avait réservé un lieu pour la prière. Près du pont-levis et du portail crénelé, dans la cour seigneuriale, se dresse encore une petite chapelle dédiée à sainte Anne, que le sire du Plessis, comme le roi Louis XI, entourait d'une vénération particulière, et qu'il avait donnée pour patronne à sa fille. Le pignon et la haute fenêtre à meneaux quadrilobés de ce petit sanctuaire, ressortaient sur la façade orientale, et inspiraient confiance aux voyageurs et aux pèlerins. Bourré avait décoré richement cette chapelle : on y voyait, jusqu'au milieu de notre siècle, deux magnifiques vitraux, représentant Jean Bourré et sa femme, à genoux, assistés de leurs patrons, avec une Assomption de la Vierge.

---

[1] Bibl. Municip. d'Angers, Mss. n° 815.
[2] L. Delisle, *le Cabinet des Manuscrits de la Bibliothèque nationale*, II. 343.

Le Plessis-Bourré construit et orné avec cette splendeur était digne de loger des princes et des rois. Il reçut en effet dans ses murs de royales visites. Dès le 27 avril 1472 le roi Louis XI, se rendant en pèlerinage à Notre-Dame de Béhuard, s'était arrêté au Plessis-Bourré. On peut penser que la vue de cet édifice élevé par son compère Bourré ne fut pas sans influence sur la détermination que prit Louis XI de lui confier dès lors la direction de toutes les constructions royales, soit à Amboise, au Plessis-lès-Tours, à Clery ou à Arras [1]. Plus tard le roi Charles VIII et les Beaujeu firent à leur conseiller un semblable honneur. Le dimanche 10 juin 1487, Louis de Graville annonçait en ces termes à Bourré la venue du roi Charles VIII, pour le soir même, et celle des ambassadeurs de Hongrie pour le lendemain.

« Mons. du Plessis je me recommande à vous tant que je puis. J'ay receu vostre lettre par laquelle vous plaignez de ce que je vous deiz que nous ne iryons point au Plessis et que tout incontinent Jehan vous a mandé que sy ferions. Il est vérité que vous ne feustes pas à deux lieues d'icy qu'ilz ne changerent de propos. Et pour abréger le roy y sera au jourduy au giste et sera besoing que vous faciez du mieulx que vous pourres, car l'ambassade sera demain chez vous à disner.

« Au regard de la tapisserye à la vérité la breche

---

[1] Bibl. Nat., Mss. fr. 20427, fol. 101 ; 20488, fol. 41 ; 20491, fol. 12 ; 20427, fol. 74 ; 20494, fol. 6 ; 6602, fol. 31.

que j'y ay faicte y est bien grande. Rabillez la le mieulx que vous pourres pour l'onneur des Hongres et vous aydez de la tapisserye qui est en ma chambre et en la garde robbe, car quant j'y vouldrois coucher pour ma santé sy la feroys je oster et quand je suis chez moy jamais je ne couche en chambre tapissée car la challeur mest contraire de nuyt. Mons. du Plessis je ne vous escript plus pour ceste heure si non que je vous di adieu a qui je pri qu'il vous doint tout ce que plus désirez. Escript à Chasteaugontier ce dimanche matin. Le tout vostre. — Loys de Graville [1]. »

Charles VIII arriva au Plessis quelques heures après cette lettre. Marguerite de Feschal, qui n'attendait pas cette visite, était absente; elle était allée à Angers, voir l'ambassade de Hongrie qui y était arrivée le vendredi précédent et que ce jour-là même les Angevins « festoyaient » magnifiquement. Bourré, pris à l'improviste, n'eut que le temps de faire tuer « ung grand bœuf et deux moutons » pour recevoir dignement son hôte. Le Roi soupa au château, y passa la nuit et n'en repartit pour Laval que le lundi après dîner [2]. Dans la matinée de ce même jour, les ambassadeurs de Hongrie, eux-mêmes, arrivaient au Plessis [3]. Ils étaient envoyés vers le Roi par Mathias Corvin, au dire de

---

[1] Mss. fr. 20487, fol. 9.
[2] Bibl. Nat., Mss. fr. 20600, fol. 14.
[3] Bibl. Nat., Mss. fr. 20487, fol. 59. V. Marchegay, art. sur *le Plessis-Bourré* dans *le Maine et l'Anjou*.

Commines, « un des plus vaillans hommes qui ayent régné de son temps[1] ». Ils venaient proposer à Charles VIII une alliance commune contre Maximilien d'Autriche, et réclamaient la remise entre leurs mains du prince Djem, frère du sultan Bazajet II, détenu dans la citadelle de Bourganeuf[2]. « En ladite ambassade estoit un archevêque et deux grands de leur pays, accompagnez d'autres sieurs et bien environ de deux cents chevaux et vingt-cinq mulets; cinq trompettes et plusieurs autres beaux instruments et belles choses[3]. »

L'animation fut grande au Plessis ce jour-là et Bourré dut montrer avec orgueil aux Hongrois les richesses de son château. Il leur fit sans doute goûter avec quelque vanité son « bon vin blanc de Vaulx[4] » et ses « fameuses poires de bon Chrestien[5]. »

Marguerite de Feschal était revenue en toute hâte d'Angers pour seconder M. du Plessis, et remplir ses devoirs de châtelaine. Elle était là pour re-

---

[1] Commines, t. II, p. 284.
[2] Pelicier, *Essai sur le gouvernement d'Anne de Beaujeu*, p. 156.
[3] Guillaume Oudin, Mss. publié dans la *Revue d'Anjou*, t. L, p. 143.
[4] « Monsieur de Champigné m'a dit qu'il a beu de bon vin blanc à Vaulx. Gardez-le moy bien à quant je yré par delà, et le faictes bonder et abiller, qu'il n'ait point de vent, si d'aventure il n'en a besoign par ung petit pertuys emprès le bondon. » (Bibl. Nat., Mss. fr. 6603).
[5] « Mons. le receveur de Vaulx.

« Mons. le recepveur... mondit seigneur m'a chargé de vous escripre que luy mandez combien vous aurez du vin à Vaulx; et sur toutes choses que facez bien garder les poyres de bon chrestien et autres bons fruits qui sont audit Vaulx. Au Plessis-Bourré, ce samedi derrenier jour de septembre 1503. — De Boadigné. » (Bibl. Nat., Mss. fr. 6603, fol. 103.)

cevoir le même soir le duc et la duchesse de Bourbon qui vinrent à leur tour souper et coucher au Plessis[1]. « Et fut tué ledict jour des moutons de ceans, ii moutons », inscrivit encore Bourré sur son livre de comptes[2]. Au train dont marchaient les choses, le troupeau tout entier risquait fort d'y passer.

Le mardi 12 juin, la Régente et son mari quittèrent à leur tour le château du Plessis-Bourré qui reprit vite son aspect sévère et sa tranquillité habituelle. A son départ, Anne de Beaujeu laissa à la garde de Marguerite de Feschal ses bijoux et objets précieux : diamants, saphirs et rubis enchassés d'or, patenôtres d'or, de corail, de jais, d'ambre et de cristal à signaux d'or ; affiquets de perles rondes, garnitures de sein à rubis et diamants ; cordelières, chaînettes et colliers d'or émaillés ; couverture de lit de drap d'or, bordé de velours noir fourré d'hermine ; deux coupes et un chapeau de Hongrie, don des ambassadeurs[3].

Le château du Plessis-Bourré servit encore plus d'une fois de demeure à des personnages célèbres : l'amiral de Graville et Étienne de Vesc y avaient leur chambre ; le maréchal de Gié y venait fréquemment[4].

---

[1] Bibl. Nat., Mss. fr. 20600, fol. 14.

[2] « Le lundi le roy s'en alla après disner et mons. de Bourbon vint à souper et au giste, et fut tué led. jour des moutons de céans II moutons. » (Bibl. Nat., Mss. fr. 20600, fol. 14.)

[3] Tous ces objets précieux furent restitués au fourrier de Monseigneur de Beaujeu, le 6 octobre suivant.

[4] Bibl. Nat., Mss. 20427, fol. 100 ; 6003, fol. 72.

Quelque remarquable que nous paraisse le château du Plessis-Bourré, il ne pouvait, paraît-il, rivaliser avec le château de Jarzé, dont Bourré entreprit la construction quelques années plus tard, et dans lequel il passa les derniers temps de sa vie. Sur le domaine acquis par lui en 1465, Jean Bourré avait fait élever, au dire de M. Marchegay, « un château dont la magnificence l'emportait sur tous les beaux édifices construits dans ses autres domaines [1] ». Bodin, dans ses Recherches sur l'Anjou [2], n'en parle pas avec moins d'éloges : « Le château de Jarzé, placé sur un coteau élevé, est un des plus grands et des plus beaux édifices de l'Anjou. Du haut de ses tours, la vue s'étend à sept ou huit lieues à la ronde sur une campagne bien cultivée, et dont les sites sont agréablement diversifiés par des collines, des vallons, des plaines et des forêts. » Bourré, on le voit, savait choisir ses sites. C'est malheureusement la seule chose que nous puissions actuellement admirer dans l'ancien château de Jarzé. Brûlé en 1793 par l'armée vendéenne, ses restes furent plus tard transformés en villa et rendus méconnaissables. Dans sa splendeur première, le château était, paraît-il, d'aspect moins sévère que le Plessis-Bourré ; s'éloignant de l'ancienne citadelle féodale, il se rapprochait davantage des châteaux de plaisance que le commencement

---

[1] *Le Maine et l'Anjou*, art. Jarzé.
[2] Bodin, *Recherches historiques sur Angers et le bas Anjou*, 1846.

du XVIᵉ siècle devait voir s'élever en grand nombre au centre de la France.

Une des curiosités de ce château était la magnifique charpente en bois de chêne que Bodin, dans ses Recherches sur l'Anjou, ne peut s'empêcher de regretter[1]. Elle était, selon son auteur, « une des plus belles de ces contrées par les grandes dimensions de toutes les pièces qui la composaient ; les chevrons avaient cinquante-cinq pieds de longueur sur huit pouces d'équarrissage[2]. »

Bourré aimait, dans les édifices qu'il faisait élever, ces magnifiques charpentes : leur construction réclamait une habileté prodigieuse ; c'étaient presque des œuvres d'art, et peu d'ouvriers étaient capables de les entreprendre. Ainsi, quand Bourré fit réparer le château de Montaigu, dont il avait la garde, il voulut l'embellir d'un semblable chef-d'œuvre de charpenterie, mais ses devis se trouvèrent si gigantesques qu'ils effrayèrent tous les ouvriers du Bas-Poitou, et qu'on dut aller quérir jusqu'à Beaupreau, en Anjou, un maître charpentier assez habile et assez hardi pour se charger de l'ouvrage[3].

---

[1] Bodin, *Recherches sur l'Anjou*. In-8º, 1846, p. 225.
[2] *Ibid.*
[3] On lit dans une lettre adressée à Bourré par un de ses serviteurs de Montaigu :

« Nous avons fait cerchier et mandé tous les charpentiers du pays de par decza pour leur cuidé baillé a faire la charpenterie de la tour neufne, mais nous n'en avons pas trouvé ung qui la voulsist prendre à pris fait, ne comme on baille les besongnes du roy, ne aultrement.

« Et ainsi je ai esté advisé d'ung oufvrier, nommé Pierre Har-

Nous avons vu qu'au Plessis, Jean Bourré avait élevé, près de son habitation, une petite chapelle ; à Jarzé le village avait déjà son église ; Bourré l'orna et l'embellit. En 1500, il en fit « croistre et alonger » le chœur, « affin que ladite église demeure plus grande et qu'il y puisse plus de gens[1]. » L'ancien chœur ainsi allongé forme la nef de l'église actuelle ; elle se compose de quatre travées, dont les colonnes à demi engagées supportent des arcades ogivales, aux nervures saillantes. Les clefs de voûte sont armoriées. Chaque travée reçoit le jour par une fenêtre à double meneau, autour de laquelle se déroulent de fines ciselures de pierre ; quelques débris de vitraux s'y reconnaissent çà et là. — François Bergier, maçon demeurant à Bazouges, exécuta ce travail, et l'on possède encore une lettre de Jean Bourré, ordonnant de lui payer cinquante francs « à cause de l'allongement de l'église de Jarzé[2]. »

Suivant M. Marchegay, les travaux exigés par la conversion de l'église paroissiale en collégiale, seraient les seuls qu'on doive attribuer à Bourré[3].

---

douin, que vous cognoissez bien, ainsi qu'il m'a dict, lequel besoingne à Beaupreau, à la maison que mons. le baillef de Rouen faisait faire, et l'ay envoyé quérir jusque-là. Et voullentiers est venu cyans, et lui avons monstré la besoingne, et l'a visitée tout à son aise, et nous a répondu que voullentiers prendra la besoigne à faire, si c'est vostre plaisir de lui donner pris raisonnable. »

[1] Arch. Maine-et-Loire, série E, 1793.
[2] De Wismes, *Maine et Anjou*, art. sur Jarzé.
[3] *Ibid.*

A notre avis, M. Marchegay est dans l'erreur et Bourré fit, à deux reprises différentes, des constructions dans l'église de Jarzé ; celles mêmes qui étaient destinées à recevoir le collège de chanoines eurent lieu les dernières. Un manuscrit, malheureusement fort mutilé, de la Bibliothèque nationale, porte, à la date du XV février 1480, « marché et appoinctement entre noble homme, M. Jehan Bourré, conseiller du roy, notre sire, et trésorier de France, et Macé Chahureau, maczon, demeurant à Clery. » Dans ce traité, Macé Chahureau s'engageait à « faire pour ledit seigneur du Plessy une chapelle au lieu de Jarzé, appartenant audit seigneur, le long de la grant église dudit lieu, » et à « faire joindre ladicte chapelle à la grant esglise [1]. »

Le sire du Plessis fit donc, à deux reprises, exécuter des travaux dans l'église de Jarzé, d'abord en 1481, sous la direction de Macé Chahureau, maçon, demeurant à Clery ; enfin, de 1500 à 1504, sous celle de François Bergier, maçon demeurant à Bazouges. Quelle fut la partie de l'église construite en 1481 par le maître maçon de Clery ? Evidemment la chapelle Saint-Martin, séparée du chœur de l'église paroissiale par trois piliers, et que Ménage dit avoir été « rebâtie par Jean Bourré [2]. »

[1] Bibl. Nat., Mss. fr. 20600, fol. 33, v°.
[2] Ménage, t. 1, liv. VII, p. 369.
M. Marchegay déclarait fausse cette opinion de Ménage, disant que, si Bourré « était le seul constructeur de cette chapelle, le chœur devrait aussi lui être attribué, » et il déclarait cette con-

Dans l'église de Jarzé, reconstruite ou agrandie par ses soins, Bourré fit placer plusieurs statues : dans le chœur, « l'ymaige de la glorieuse vierge Marie[1] » ; dans la chapelle Saint-Martin, une statue de saint Christophe[2] ; et surtout un groupe de seize personnages, représentant la mise au tombeau ; Joseph d'Arimathie et Nicodème, tenant le divin crucifié, l'un par les pieds, l'autre par la tête, le plaçaient dans le sépulcre, tandis que la sainte Vierge, saint Jean, la Madeleine et les deux Marie contemplaient, les larmes aux yeux, les traits abattus du Sauveur. Deux hommes d'armes tout harnachés et six anges aux cheveux d'or assistaient à cette scène douloureuse. Tous les vêtements de ces personnages étaient peints de brillantes couleurs, et rehaussés d'or et d'azur. Ce chef-d'œuvre a

---

jecture « d'autant plus inadmissible qu'elle est contredite par l'acte constitutif du chapitre de Jarzé. » Ce qui semblait à M. Marchegay une conjecture inadmissible, apparaît comme un fait réel, maintenant que le marché passé en 1481 par Jean Bourré avec Macé Chahureau, prouve qu'à deux époques différentes des travaux furent ordonnés par le compère de Louis XI. Il fit d'abord « rebâtir » pour lui et sa famille, et joindre à l'église paroissiale la vieille chapelle de Saint-Martin, puis pour les besoins du chapitre, transformer, par des travaux d'agrandissement, l'église paroissiale en collégiale.

[1] Arch. Maine-et-Loire, série E, 1703.

Ce fut sans doute pour cette statue que Bourré donna à l'imagier Louis Moucier le devis suivant :

« Item ung ymage de nostre dame tenant son enfant ; la robe de l'enfant d'or bruny, ses cheveux d'or. La nostre dame aura sa faille de blanc poly enrichy de corbetes et l'anvers de rouge cler, couronne et cheveux d'or, et la robe de dessoubz d'ung drapt d'or remply d'azur. »

Bibl. Nat., Mss. fr. 20600, fol. 47.

[2] Ménage, t. I, liv. VII, p. 369.

disparu de l'église de Jarzé, sans qu'on sache à quelle époque, mais on peut avoir une idée de sa magnificence, grâce au devis composé par Bourré lui-même, pour le sculpteur chargé de l'exécuter :

« Mémoire du devis et paincture des ymages du sépulcre de Jarzé[1] :

Et premièrement Josaphat, lequel tient le Dieu près la teste sera d'or rampli de rouge cler, chesnez, boutons, enrichissement de saincture et gibessière sera d'or, ses manchous d'ung vert cler et d'ung taffetas changeant.

Nicodemus qui est devers les piez aura sa carmagnole d'ung drapt d'or bleu et anvers en la fasson d'un veloux cramoisy, sa robe d'or bruny tiré de lettres morisques, son chappron en fasson de soye changeante ou d'ung damas, la fourrure d'une martre, chesne et cousteau d'or.

Le Dieu bien incarné et bien batu, barbe et cheveulx d'or glacé de couleur de poil roux, le suaire blanc enrichi par les bords, en fasson de linge turquin.

La Marie de devers la teste sa tocque de blanc poly bandée de bandes d'or bruny et d'aultres bandes d'azur bruny, en la fasson d'un linge sarazin et sa faille d'un azur turquin avecques corbetes enlevées d'or et lissières d'or. Sa robe d'or bruny et l'anvers de rouge cler.

Le sainct Jean son manteau d'ung drapt d'or

---

[1] Mss. fr. 20600, fol. 47.

rampli de rouge cler, l'anvers d'ung vert cler, la robe de dessoulz d'ung violet damassé, cheveux d'or, bordures d'or.

La Noustre-Dame, sa robe d'ung drapt d'or se tire d'azur, sa faille d'ung azur brun semé de corbetes, la lizière de la faille d'or, la bande et linge d'autour de visage d'ung blanc bordé d'or.

La Marie d'auprès la Magdaleine d'ung drapt d'or rampli d'ung violé et lanvers d'ung azur turquin, sa robe d'or bruny, sa coeffure de blanc, les fermailletz d'or et lad. coeffure enrichie de bandes et ouvraige d'or et d'azur à manière judaique.

La Magdaleine ses cheveulx d'or, le linge d'ung taffetas poly, la robe de dessoubz d'un rouge cler, le manteau d'ung drap d'or rempli de vert, sa boicte tous les enrichissemens d'or rempli de blanc comme ces boictes de Valence, l'anvers de son manteau de panne de menu ver.

Item les deux gens d'armes tous les arnoys d'or... de dessoubz d'ung rouge cler et d'ung vert cler à bandes, le fer de la lance et salade d'argent bruny avecques cousteaulx, sainctures dores croix pommeaux etc... et pavois enrichy dor tent l'ung que l'autre.

Item le tombeau fayt en fasson de mabre antique gargoulles et boucles dor et le plom qui est entour les moleures d'ung marbre vert et paulme d'isvoyr.

Item plus les six anges seront faitz les uns d'argent glassées d'azûr cler et les elles et cheveulx d'or, les aultres de blanc, lizières et enrichissemens d'or.

Et tous les visages des dessusdictes ymages bien incarnés selon qu'il est requis à chacun avec larmes assises sur les visages.

Item sera pinct la voulte ou sera mis lad. besongne le pandant d'azur semé d'étoiles enlevées d'or, les augives de marquetez et de couleurs différentes et tout l'arc doubleau et les coustes d'icelluy le tout peinct de marbris différans et le tout à luylle.

Item ung ymage de nostre Dame tenant son enfant. La robe de lanfant d'or bruny, ses cheveulx d'or. La nostre Dame aura sa faille de blanc poly enrichy de corbets d'or bruny, et l'anvers de rouge cler, couronne et cheveux d'or et la robe d'ung drapt d'or remply d'azur [1]. »

L'artiste chargé d'exécuter cette grande composition fut l'imagier Louis Mourier. On ne sait de quelle province il était originaire. Pour accomplir sa « besoigne, » il avait loué un logis dans le village de Jarzé ; à peine l'avait-il terminée, qu'il réclamait

---

[1] On peut se figurer l'impression qu'une œuvre semblable devait produire quand on a vu à Amboise, dans l'église Saint-Denis, le groupe représentant l'ensevelissement de Notre-Seigneur. La scène est la même — les mêmes personnages s'y retrouvent, sauf les hommes d'armes et les anges. Les visages « bien incarnés, » les vêtements aux couleurs éclatantes et aux bordures dorées, les armes et les bijoux d'or, établissent une ressemblance frappante entre l'œuvre conservée à Amboise, et celle que décrit le devis ci-dessus. Le sépulcre de l'église Saint-Denis, sculpté au XVe siècle, se trouvait primitivement au château d'Amboise où Bourré séjourna comme gouverneur du Dauphin.

de Bourré le « plège qu'il lui avoit baillé, » afin de s'en aller travailler ailleurs [1].

Parmi les autres châteaux que Bourré fit reconstruire, et qu'il décora avec magnificence, on cite encore le château d'Entrammes, dont les épaisses murailles et les profonds fossés disparurent pour faire place à un bel édifice d'une architecture plus moderne, enfin les châteaux de Coudray et de Longué, tous les trois détruits. Le chœur de l'église de Bourg, présente encore quelques traces des travaux accomplis par Bourré : deux fenêtres à meneaux ogivaux et une ancienne chapelle seigneuriale, ouvrant par un arc en anse de panier, dont la clef porte l'écu de Bourré à la bande fuzelée [2].

Outre ses résidences seigneuriales d'Anjou, le sire du Plessis-Bourré possédait dans plusieurs villes des maisons d'habitation : à Châteaugontier, sa ville natale, plusieurs maisons situées « sur la

---

« [1] Mon très honoré seigneur, je me recommande humblement à votre bonne grâce, Monseigneur, plaise vous me mander en quel lieu de l'église j'assoieray la besoigne que je vous ai faite, et envoyer gens se bien cognoissant en l'art d'ymagerie pour veoir s'elle est telle que je la vous ay promise, ce que je croy quelle soit et mieux. La plège que je vous ai baillée veulx avoir à descharge, et aussi me viens-je descharger de la besoigne et du louage du logeis où elle est icy. Il me faut aller besoigner alleurs qu'icy pour veoir si je le profitteray mieux que je n'ai icy.

« Monseigneur, je prie Dieu qu'il vous doint très bonne vie et longue.

« Jarzé, ce 21° jour de juillet. Votre très humble serviteur. Louis Mourrin. »

Bibl. Nat., Gaign., 372. — Archives de l'Art français. I, 260. — Port, Les artistes Angevins, art. Mourier.

[2] Port, Dictionnaire historique de Maine-et-Loire, art. Longué.

grant rue » et sur la rue aux Juifs¹ ; à Tours, une « maison et jardin située et assise en la rue de la Sellerie, derrière les Augustins² » ; à Amboise, un logis sur les bords de la Loire³ ; à Paris enfin, un hôtel⁴.

Dans la capitale de l'Anjou, dont il était devenu le personnage le plus important, Bourré avait formé le projet de faire élever un bel et somptueux édifice qui illustrât son nom et « décorât » la ville. Dans cette intention, il demanda à Louis XI de lui abandonner, en cette cité, quelques vieilles maisons demeurées sans maîtres ; il les abattrait et construirait un magnifique hôtel. « Ledit Bourré fera tout ruer par terre, et y fera si Dieu lui donne vie et santé fere une belle maison qui lui coustera plus de II^m escuz, à la décoration de la ville d'Angers, pour loger le roy s'il lui plaist quand il ne vouldra loger au chasteau, et si sera près pour saillir aux champs par ledict portail de sainct Michel, quant il vouldra, sans que on le voye⁵... » Louis XI, à qui

---

¹ Bibl. Nat., Mss. fr. 20432, fol. 204.
² Arch. Maine-et-Loire, série E, 1793.
³ Arch. Com. d'Amboise.
⁴ Nicolas Malingre lui écrivait qu'il avait dû payer à Martin Paucher, « receveur de l'ostel de la ville de Paris... trente escus d'or sur le pavé que l'on fait devant votre maison. »
« Ledit receveur m'a dit que ledit pavé coustera plus de deux cens francs, tant en pavés que journées d'ouvriers que à autres choses à ce nécessaires et s'atent ledit prévost des marchants que en devez paier la moitié. » (Bibl. Nat., Mss. fr. 6603, fol. 159.)
⁵ Bibl. Nat., Mss. fr. 20490, fol. 42.
Bourré ajoutait, avec moins de libéralité que d'intérêt bien entendu :
« Item pour chauffer lad. maison et fournir les chevaulx du

cette requête était adressée, approuva le projet de son compère, et comme il devait à Bourré 4,000 écus d'or, il lui abandonna en échange de sa créance ces maisons « ainsi ruyneuses, » moyennant toutefois la redevance « par chacun an, au jour et terme de la feste de Monsieur Saint-Michel en septembre d'un chien espaignol de poil blond [1]. » Les conditions du traité ainsi arrêtées, rien ne semblait plus s'opposer à la construction projetée ; pourtant, elle n'eut jamais lieu. Nous le regrettons ; l'édifice rêvé par le seigneur du Plessis-Bourré et de Jarzé aurait à coup sûr rivalisé de magnificence avec le logis Barrault, « ce bel, honnête et somptueux édifice. » construit dans les dernières années du xv° siècle par le trésorier de Bretagne, « à la décoration et honneur de la ville, et aussy pour loger et héberger sa famille et ses biens, et pour y recevoir et recueillir honestement ses amys et autres gens de bien [2]. »

Jusqu'à ses derniers moments, Bourré devait demeurer le grand « constructeur » qu'il avait été depuis le commencement de sa fortune.

Dans le dernier codicille ajouté à son testament, il ordonnait encore « pour la dévocion qu'il avoit

---

Roy de foing quant il y viendra loger lui plaise bailler aud. Bourré soubz led. houmaige et devoir les boys d'Avrillé qui sont de taille et de coupe ; aussi ung petit fief nommé le fief de Queurqueu, et les prés de Sorges qui est chose à part et séparée et de peu de valeur. »

[1] Arch. de Maine-et-Loire, série E, 1793.
[2] Port, *Dictionnaire historique de Maine-et-Loire*, art. Angers.

eue des piessa à Madame saincte Anne, et à Madame saincte Marie Magdalaine » être « contruyt et édifyé une chapelle joignant le mur de son parc de Jarzé [1]. »

Il nous est permis de croire que toutes les constructions dues à l'initiative de Jean Bourré ne furent pas sans exercer une influence efficace sur le progrès de l'architecture civile en Anjou à la fin du xv° siècle. A la suite et à l'exemple du seigneur du Plessis, d'autres compères du roi Louis XI et de puissants conseillers de Charles VIII firent, en effet, élever ou reconstruire sur leurs domaines de superbes châteaux, œuvres d'un art admirable, pour la plupart aujourd'hui disparus.

Jean de Daillon, pendant le règne de Louis XI fit commencer au Lude l'édification d'un château. Dans une de ses lettres il invitait Bourré à venir « veoir ma belle chaussée et aussi mon édiffice qui se avance fort [2]. » Mais la mort ne lui permit pas d'achever l'œuvre commencée. Plus heureux, Thibault de Beaumont, seigneur de la Forest, et gouverneur d'Anjou après Bourré, éleva à quelques lieues d'Angers, le beau château du Plessis-Macé, dont le temps a laissé subsister au milieu de ses larges et profondes douves, les puissantes tours à machicoulis, et le donjon aujourd'hui demantelé [3].

[1] Arch. de Maine-et-Loire, série E, 1793.
[2] De Wismes, *Maine et Anjou*, art. château du Lude, par M. T. de la Gournerie.
[3] Port, *Dictionnaire historique de Maine-et-Loire*, art. Plessis-Macé.

Près d'Angers, encore, dans la paroisse de Seiches, Pierre de Gié, maréchal de France, que nous avons compté au nombre des amis de Bourré, construisit après 1481, le splendide château du Verger, « ce grand, somptueux, magnifique et puissant logis et chastel, » défendu par « six tours rondes à couronnement de machicoulis, creneaux et haut toit pointu, le mur plaqué de bourdons S^t.-Jacques en saillie, se reliant par des courtines, surmontées d'un chemin de ronde, et qui formaient une haute enceinte, bordée extérieurement de larges douves vives [1] », décoré intérieurement avec une magnificence royale.

Dans ses somptueuses résidences du Plessis et de Jarzé, le fils de Guillaume Bourré, devenu Monseigneur du Plessis-Bourré, chevalier, pouvait désormais vivre en grand seigneur. Du grand seigneur, le compère de Louis XI avait à tout le moins tout ce que sa richesse et son goût naturel des belles choses pouvaient lui permettre d'acquérir. Il en avait aussi le plaisir favori, la chasse, avec l'amour des chevaux, des chiens, des oiseaux de proie.

Nous avons vu que Louis XI, chasseur et chevaucheur infatigable, partant amateur des beaux chevaux, demandait à Bourré de lui prêter son hobin et son grison, et les trouvait si bons qu'il

---

[1] Port, *Dictionnaire historique de Maine-et-Loire*, art. Verger. — V. aussi Bodin, *Recherches historiques sur Angers et le Bas-Anjou*, p. 346.

voulait les garder pour lui, non toutefois sans les payer. M. du Plessis était connaisseur en chevaux, car son beau-frère, Olivier de Feschal, le chargeait de lui en choisir un, comme pour lui-même :

« Or ça mon frère, quant je party derrenièrement d'avecques vous, il vous pleut de me dire que estiez content de prendre la paine de me choysir ung bon cheval pour moy. Et pour ce que le roy m'avoit donné trop peu d'argent pour l'avoir bien fait, je vous envoye encore IIII^{xx} escuz pour aider à en quérir ung. Mais, mon frère, si vous en trouvez ung pour n'estre pa d'espaigne, je n'en donne rien, car ilz les font trop chers. Mais, mon frère, si c'est vostre plaisir de prendre la paine, je vous pry que le me eslisez comme pour vous mesmes et qu'il soit assez puissant cheval, car je suys fort pesant [1]... » Les faucons de Bourré n'étaient pas moins renommés que ses chevaux, et Charles VIII ne les jugeait pas indignes de servir à ses royaux plaisirs. Le 21 juillet 1487, il lui écrivait d'Ancenis : « Monsieur du Plessis, tout incontinant ces lettres veus, envoyez moy six faulcons des vostres tous montez ; et les me faictes amener en ceste place, car j'en ai nécessairement à besongner. Et sy je les retiens, soiez tout asseuré que je les vous feray payer sans quelque difficulté, si vous pri de rechief, qu'il n'y ait point de faulte [2]. »

M. du Plessis chassait volontiers la « grousse

---

[1] Bibl. Nat., Mss. fr. 6603, fol. 114.
[2] *Revue des Provinces de l'Ouest*, 4ᵉ année.

beste, » et les chenils de son château renfermaient des chiens courants de bonne race. Au xv⁰ siècle, les bons chiens de chasse étaient, paraît-il, chose rare et précieuse, et n'en avait pas qui voulait. Le lieutenant du château de Montaigu, que Bourré avait chargé de lui procurer « ung bon et beau couple de chiens courans, » lui écrivait qu'il ne trouvait dans le pays « que petitz chiens comme à lièvre et à renart et encore ne s'en peut-il trouver nulz bons. » Mais Bourré avait de riches amis, grands chasseurs comme lui, et qui étaient heureux de lui prouver leur amitié par un présent selon ses goûts. Le sire de Rochecernière lui envoyait « ung chien beau et grant et bien bon à la grousse beste, en espécial pour le cerf; » et le sire de Beauvois s'efforçait d'en trouver un semblable pour le lui donner [1].

[1] « Il vous a pleu aussi me escripre que vous faisse avoir ung bon et beau couple de chiens courans ; je y ay fait toute la diligence que ma esté possible, mes à grant paine se pourroyent trouver en ce pays, telz que vous les demandes ; car en ce pays n'a que petitz chiens comme à lièvre et à renart et encore ne cen puet-il trouver nulz bons. J'ay envoyé devers monsieur de Rochecernière pour ceste cause et en vostre nom lequel vous en a envoyé ung bien beau, et est encore meylleur au dit de ceulx qui le cognoissent et deffait il est beau et grant, et bien bon à la grousse beste, en spécial pour le cerf, et le vous a donné mondit seigneur de Rochernière bien voullentiers à grant joye joyeusement et à bonne chère. Mons. de Beauvoys a veu votre chien et dit bien qu'il est très beau et pour ce que en sa présence me complaingnoye d'en recouvrer à mon pouvoir ung pareil ou presque pareil, il m'a dit qu'il essayera d'en recouvrer ung, ci lui est possible, et si on le puet trouver vous sera envoyé ensemble le tout. »

Les chenils du Plessis étaient ainsi peuplés de chiens de prix ; et Bourré, sollicitant de Louis XI la concession de maisons et jardins en la ville d'Angers, pouvait lui offrir le « devoir annuel d'ung espaignol blond, ou d'un beau levrier blanc, ou d'un espervier, ou de deux chiens courants [1]. »

Les libéralités aux églises, et les pieuses donations avaient de tout temps été dans les habitudes des grands seigneurs. Bourré, qui avait tant donné aux sanctuaires pour le compte du roi Louis XI, mit au rang de ses dépenses personnelles et non des moindres, les aumônes et les fondations pieuses.

En 1468, on le voit faire des largesses à l'église Saint-Laud d'Angers, où se trouvait la vraie Croix, si précieuse à Louis XI [2]. Comme son royal maître, il aimait à secourir les religieux, et faisait des aumônes aux couvents de l'Anjou. Le 8 septembre 1498, Guy de la Madeleine, religieux de l'ordre des Frères Prêcheurs, donnait quittance à Monsieur le trésorier Bourré de dix écus au soleil qu'il restait devoir pour certaines messes célébrées à son intention [3].

Le 8 août 1502, Estienne Baron, gardien du couvent de « la Balmete lez Angiez, » certifiait avoir reçu par les mains de Laurent Goufault « ung

---

[1] Bibl. Nat., Mss. fr. 20490, fol. 42.
[2] Port, *Dictionnaire historique de Maine-et-Loire*, art. Bourré.
[3] Bibl. Nat., ancien fonds Gaignières, 282, fol. 92.

millier de fagots, donnez et aulmosnez » par le seigneur du Plessis-Bourré[1].

Le 9 mars de l'année 1500 « pour l'onneur et révérence de Dieu et pour le salut et remède de son âme, et des âmes de feue dame Marguerite de Feschal, sa femme, et aussi de leurs prédécesseurs, successeurs, bienfaicteurs et amys trespassés » Bourré fondait dans l'église « parochiale de Jarzé », un collège de « cinq chanoines prébandés et de deulx chappelains et aussi de deulx enfans de cueur[2]. »

Le curé de Jarzé devait être l'un des chanoines; les quatre autres seraient « prestres chantans messes... suffisans et ydoines, et de bonne vie et honneste conversation. » Bourré se réservait le droit de patronage et de présentation de trois chanoines et des chapelains; à l'évêque d'Angers revenait la « collation. » Pour l'entretien de ce collège, il faisait don de trois cents livres tournois de rente par an. En outre, il voulait qu'on entretînt « une lampe avecques de luille de noiz pure et franche ardente jour et nuyt devant le sacraire, et deulx cierges qui seront alumez au grant autel durant la grant messe dudit collège, et un cierge à celle de Nostre-Dame par chacun jour[3]. »

Son testament, enfin, met en pleine lumière sa

---

[1] Bibl. Nat., Mss. fr. 20600, fol. 18.
[2] Arch. de Maine-et-Loire, série E, 1793.
[3] Arch. de Maine-et-Loire, *loco citato*.

généreuse dévotion. Dans cet acte, dont une copie est conservée aux Archives de Maine-et-Loire, Bourré commence par affirmer sa foi [1].

« Premièrement, je donne mon âme à Dieu, mon père, mon créateur et très glorieux et miséricordieux rédempteur, et la recommande à la très glorieuse vierge pucelle Marye, sa mère et fille, à Monsieur sainct Michel arcange, à Monsieur sainct Jehan Baptiste, à Monsieur sainct Jehan l'Évangeliste, et à toute la court célestiel de Paradis, et leur supplye très humblement qu'à l'heure de mon trespas il leur plaise me deffendre de l'ennemy d'enfer, auquel et à toute sa puissance je renonce et y veux persévérer jusques à la mort inclusivement, et qu'il leur plaise intercéder pour moy envers notre benoist Sauveur et rédempteur Jésus-Christ, que par le mérite de sa très saincte et benoiste passion et de son immense miséricorde esquelle est ma seule espérance de salvation, il luy plaise me donner et faire pardon et rémission de mes péchez et ne me juger selon ce que j'ay desservi, mais me regarder en pitié, comme il fist le bon laron en l'arbre de la vraye croix et mettre et destiendre ma pauvre âme, avec les bien heureulx sauvez à éternelle salvation. »

---

[1] Le 15 août 1492, Jean Cobre, vicaire général, recevait Jean Bourré, sa femme et leurs enfants dans la confrérie des religieuses de Saint-François, de Tours :... *Vos ad nostram confraternitatem recipio in vita et in morte, et participationem omnium operum, meritariorum, missarum,* etc. » (Ancien fonds Gaignières, n° 214, p. 45).

Pour obtenir plus sûrement cette « éternelle salvation, » il demande des prières, il veut qu'on dise partout des messes à son intention : à Jarzé deux cents messes ; dans chacune des églises de Corzé, Cheviré-le-Rouge, Fontaine-Milon, cinquante messes ; à Saint-Jean de Chateaugontier, deux cents messes ; dans les églises de Miré, Saint-Laurent-des-Mortiers, Cheffes, Écuillé, Bourg, cinquante messes, etc.

Il n'oublie pas les pauvres :

« Item, je veulx et ordonne que le jour de mon enterrement et funérailles, soit donné et distribué aux paulvres qui se trouveront par charité en aulmosnes jusques à la somme de cent livres en grans blancs de douzains et que toutte la somme de cent livres y soict employée. »

Son cœur, fidèle à l'amitié, se souvient des amis qu'il a perdus, et il ordonne qu'on unisse leurs noms au sien dans de communes prières :

« Aux quatre couvens des mendiens d'Angiers, vingt livres tournois qui est à chacun couvent, cent soultz tournois pour messes qu'ilz feront pour moi et mes amis trépassez. »

Le désir d'être juste et de ne léser personne préoccupe son esprit à l'heure de la mort ; il ordonne à ses exécuteurs testamentaires de bien remplir toutes les obligations auxquelles il pourrait être tenu :

« Item je veulx et ordonne exprès à mes héritiers, et aussi aulx exécuteurs de ce mon présent testament que touttes et chacunes mes doibtes soinct bien et loyalement payés et tous mes forfaitz et aultres choses où l'on congnaistra deuement que je pourroys avoir charge de conscience soinct satisfaicts, reparez et amendez partout et ainsy qu'il apartiendra selon raison. »

Il ne tient pas seulement à laisser un souvenir respecté de loyauté et d'honneur, il veut que sa mémoire soit aimée et bénie. Il recommande à ses exécuteurs de faire quelques dons à ses domestiques et serviteurs, « selon les peines qu'ilz auront prinses entour sa personne, » et de distribuer « jusques à la somme de deux cens livres tournois à paulvres filles à marier. »

Ce testament ne suffit pas à la dévotion de Jean Bourré. Le 12 août 1505, il y joint un codicille par lequel il ordonne qu'on fasse dire à son intention six mille messes, par « notables gens d'église, religieux et séculiers. » Le 17 août 1505, par un second codicille, il fonde, « en l'honneur et révérence de Notre-Damme, le suffrage et sallutation de *Salve regina*, avec l'oraison *Concede* et *Pater noster* à estre dictz par chacun dimanche en l'an et feste solennelle à perpétuité devant l'image et représentation de Nostre Damme, en l'église de Bourg, du retour de la procession, et avant que commencer la grant messe. » Enfin, le 28 septembre, « pour la considération de la dévocion qu'il a eue despiessa à Madamme saincte Anne, à Madamme saincte Marie Magdalaine, il ordonne estre fondée et dès à présent fonde une chapelle en l'honneur de Dieu et des glorieuses dammes, Madamme saincte Anne et saincte Marye Magdalaine... »

Ce fut sa dernière œuvre. Depuis la mort de Marguerite de Feschal sa santé s'était affaiblie, et à diverses reprises M. du Plessis avait été « bien malade [1] ». Il mourut en l'année 1506, non point centenaire comme on l'a dit à tort, mais parvenu à l'âge déjà respectable de quatre-vingt-trois ans.

Jean Bourré ne fut point enterré au Plessis : son cœur seulement, renfermé dans un coffret d'argent, fut, selon sa volonté formelle, déposé dans la chapelle du château. Son corps fut transporté à Jarzé. Les funérailles eurent lieu, comme il l'avait ordonné, sans grande pompe. Treize pauvres, vêtus de robes noires, et portant des torches, marchaient en tête du convoi ; les moines des couvents qu'il avait secourus, les religieux des chapelles qu'il avait fondées, psalmodièrent les prières funèbres. Il fut « ensépulturé et enterré en l'église dudict Jarzé, en la voult et charnier estant entre le grant autel et les sieges de cœur du collège dudict lieu [2]. » Arrachés de leur cercueil lors de la tourmente révolutionnaire de 1793, ses tristes restes ont récem-

---

[1] Notamment en 1503. (Bibl. Nat., Mss. fr. 6602, p. 129.)
[2] Arch. de Maine-et-Loire, chapitre de Jarzé.

ment repris au tombeau leur place seigneuriale, et continuent sous la voûte gothique leur dernier sommeil, bercés par le rythme consolateur des chants liturgiques.

CONCLUSION

La transformation de la France féodale en France monarchique, la ruine de la haute noblesse au profit commun de la royauté et de la bourgeoisie des villes, tels sont le but poursuivi et l'œuvre réalisée par Louis XI. Dans sa remarquable étude sur Alain-le-Grand, sire d'Albret, M. Luchaire a recherché les effets de cette politique dans une grande maison féodale, en lutte à la fois contre le pouvoir central de la royauté, et contre les forces locales des municipalités qui s'efforcent de rejeter sa domination, et il a réussi à montrer « dans la vie publique et privée d'un grand seigneur du xv° siècle, la décadence de toute la classe féodale. » L'avènement de la bourgeoisie à la vie politique, son alliance avec la royauté, son influence dans les conseils royaux, son élévation grâce aux faveurs royales, récompenses de ses services et de sa fidélité, constituent la contre-partie de l'œuvre de Louis XI. Jean Bourré nous semble personnifier cette bourgeoisie qui s'attache au roi et le sert loyalement, tandis que les grands seigneurs le trahissent et le combattent ; qui parvient aux premiers honneurs et aux premières charges dans l'État alors que la noblesse perd son prestige et son ancien rôle auprès du souverain ; qui s'enrichit de gages et de pensions au moment où la noblesse s'appauvrit et se ruine ; qui acquiert ce qui avait fait la force des anciens seigneurs, la possession de grands domaines, tandis que la noblesse perd ses biens dans des luttes sans honneur ; qui, enfin, obtient à son tour du roi l'anoblissement, dernier privilège que les seigneurs féodaux ne peuvent perdre, mais dont ils voient chaque jour diminuer l'importance. Dans la vie publique et privée de ce fils d'un bourgeois du xv° siècle, nous reconnaissons sinon l'avènement, au moins l'élévation singulière, grâce à la royauté, de toute la classe bourgeoise.

Ce serviteur de Louis XI ne discrédite pas son maître. Nous ne l'avons trouvé coupable d'aucune de ces ruses, perfidies ou bassesses dont on s'est plu si longtemps à accuser tous les agents de ce roi. Nous ne l'avons vu chargé d'aucune vilaine besogne. Il n'est mêlé à aucune des œuvres cruelles de Louis XI ; il ne prend aucune part aux procès politiques des grands coupables, frappés sans pitié par la justice du roi. Sans doute il aimait l'argent, et ne se fit point faute d'user de sa haute situation pour s'enrichir, mais il partageait le défaut de son siècle. Il ne paraît pas, du reste, qu'il ait injustement acquis sa richesse, et il mettait une certaine délicatesse à ne point solliciter ou recevoir les dépouilles des condamnés. C'était, à tout prendre, un honnête homme dans un siècle où l'honnêteté était rare.

Son honnêteté rejaillit sur la personne du Roi dont il eut l'absolue confiance, et qui le proposait en exemple pour la loyauté de son caractère et la sincérité de son dévouement. Si l'adage : tel serviteur, tel maître, ne peut s'appliquer d'une manière absolue à un roi comme Louis XI qui choisissait ses serviteurs suivant les besognes qui lui semblaient nécessaires, la biographie de Jean Bourré nous semble à tout le moins fournir cette preuve éclatante que le service de Louis XI n'exigeait pas toujours des hommes prêts à tout faire ; que sa confiance ne supposait pas chez ses conseillers la bassesse ; que ses faveurs ne se mesuraient pas à la vilenie de ses serviteurs ; et qu'il n'était, en un mot, pas nécessaire d'être un scélérat pour être son compère.

Si la physionomie de Bourré nous semble manquer par certains côtés de relief, rappelons-nous que le rôle d'un conseiller est souvent difficile à saisir et laisse rarement dans l'histoire des souvenirs éclatants. Tenons surtout compte à Bourré de ce qu'il servit un roi dont l'individualité puissante fait paraître infime toute personnalité qui l'approche. Dans le voisinage de Louis XI, tous les caractères semblent forcément manquer de relief et d'originalité. A l'encontre de plus grands rois, qui eurent parfois de grands ministres, Louis XI ne laissait à aucun de ses serviteurs assez de liberté d'action, pour élever à côté de son autorité partout agissante, une volonté indépendante. Il ne pouvait avoir de ministres exerçant à côté de son activité envahissante, une initiative personnelle. Il ne pouvait avoir que des serviteurs, Bourré ne fut pas autre chose.

Mais il fut le modèle des serviteurs. Louis XI, lui-même, le proclamait, lorsque rappelant les longues années passées par Bourré auprès de sa personne, tant en Dauphiné qu'en Flandre, et depuis son avènement à la couronne, il le citait comme l'exemple de la fidélité et du dévouement. Charles VIII ne tenait pas un autre langage lorsqu'il lui confiait de nouvelles charges. Louis XII, enfin, enviait à ses prédécesseurs un serviteur aussi loyal.

Pendant tout le règne de Louis XI, il fut plus que nul autre le serviteur de confiance du roi. Louis XI qui se méfiait de tant de gens, et dont la confiance fut encore si souvent trompée, déclarait avoir mis en Bourré « toute sa fiance. ». Et de fait, ses actes répondaient à ses paroles. Mieux que nul autre, Bourré connaissait ses affaires et recevait ses confidences. De nul secrétaire, Louis XI ne se faisait plus volontiers accompagner dans ses longues chevauchées à travers son royaume. A nul autre il n'abandonnait avec plus de sécurité la rédaction de ses lettres importantes. C'était à lui qu'il confiait la garde de tous les écrits, de toutes les pièces compromettantes pour ses adversaires et qu'il désirait au moment opportun retrouver sous sa main : cédules du duc de Bourgogne ou du duc de Guyenne promettant de ne plus conspirer contre le roi, serments prêtés sur la vraie croix de Saint-Laud ou sur les reliques de la Sainte-Chapelle par ses ennemis vaincus, mais jamais désarmés. Au milieu des négociations auxquelles il attachait le plus grand intérêt, il lui envoyait des blancs-seings pour les remplir selon qu'il serait besoin. Bien plus il l'autorisait, en son absence, à apposer lui-même, au bas de telles lettres qu'il aviserait, la signature royale.

Sur le fait de ses finances, il lui donne la haute main, et Bourré devient rapidement, non pas son argentier, emploi trop restreint, non pas davantage son ministre des finances, charge trop personnelle et trop indépendante pour un serviteur, mais son homme d'affaires. Bourré est l'ordonnateur de ses grandes et petites dépenses, le dispensateur des deniers de l'État, comme de l'argent de poche du roi. C'est lui, en même temps, qui centralise les revenus et les ressources du roi et qui alimente son trésor. Il garnit la bourse royale et il en tient les cordons.

Il les aurait volontiers serrés ; mais comment être économe avec un maître comme Louis XI ? Il fallait sans cesse avoir l'argent à la main. Les gens d'armes réclamaient leur solde ; les officiers royaux leurs pensions ; les serviteurs leurs gages. Au moment où ses ressources étaient épuisées, le roi faisait un vœu pour sauver une ville menacée ou obtenir la guérison du Dauphin. Ce n'était pas le coût d'une messe qu'il s'agissait de payer : les pieuses fantaisies du roi se chiffraient par des milliers d'écus. Le trésor était vide, peu importait ; il fallait de l'argent, et sur l'heure, dût-on en chercher jusqu'en « la botte à l'enchanteur » ! De guerre lasse, Bourré finissait souvent par puiser dans sa propre poche, et il prêtait au roi. Mais il maudissait ces incessantes dépenses. Il fermait parfois l'oreille aux ordres du roi, mais des réclamations arrivaient, et Louis XI menaçait de son déplaisir si l'on ne se conformait pas à sa volonté. Par de tels gaspillages, le roi ruinait son peuple. Il fallait qu'il en fût averti : Bourré l'en avisait. A quoi bon ? Le roi se courrouçait, et reprenait le lendemain le cours de ses prodigalités.

Pourtant Louis XI lui accordait des égards. Ses lettres sont intéressantes à consulter. Rarement le roi l'appelle « maître Jean Bourré. » A peine Bourré a-t-il acquis la terre du Plessis de Vent que Louis XI le traite de Monsieur du Plessis. Bientôt il lui octroie la noblesse, et le fait chevalier. « Monsieur du Plessis, mon ami, » lui dit-il bientôt; « mon compère, » lisons-nous enfin dans quelques lettres pleines de familiarité. Et il lui donne cette marque d'estime toute particulière de lui confier la garde et le gouvernement de son fils : service pénible, car il faut demeurer à Amboise, comme en une prison ; mais service d'honneur, car il s'agit de veiller sur l'héritier du trône, sur le roi de demain.

Bourré y gagne l'amitié du jeune prince, et la confiance de cette grande sœur, si sage et si « déliée » que Louis XI a placée près du Dauphin, et qui va continuer son œuvre. Et quand son premier maître a disparu, Bourré se trouve naturellement appelé à continuer son rôle de loyal serviteur auprès du gouvernement des Beaujeu, et plus tard auprès du roi Charles VIII. Sa faveur ne diminue pas : son honnêteté sous l'ancien règne est consacrée ; il conserve ses anciennes charges et reçoit de nouvelles dignités, jusqu'à la présidence de la chambre des Comptes, couronnement de sa carrière dans l'administration financière du royaume.

Dans sa famille, avec ses amis, ces mêmes mérites, l'honnêteté et le dévouement, caractérisent sa vie privée. Il aime son « ménage ; » il se plaît dans ses résidences de l'Anjou, près de sa femme et de ses enfants. Il inspire confiance autour de lui : ses amis l'entourent de sympathies ; la ville d'Angers sollicite ses conseils et se met sous son patronage. Oubliant son origine bourgeoise, et faisant taire ses instincts d'économie, il construit somptueusement de beaux édifices qu'il orne avec une magnificence princière et un goût d'artiste. Il y achève ses dernières années en grand seigneur ; il meurt enfin, entouré du respect de tous, en honnête homme.

Par les traits de son caractère et les qualités de son esprit, Jean Bourré nous semble se rapprocher dans l'histoire de ce ministre de Louis XIV dont Bossuet et Fléchier ont immortalisé la sagesse et les mérites : Michel Le Tellier.

Les événements mêmes qu'eurent à traverser leurs carrières politiques et qui marquèrent le point de départ de leur haute fortune, ne sont pas sans présenter quelque analogie. C'est pendant la Fronde, cette nouvelle ligue du Bien public, alors que les princes et parmi eux les plus proches parents du roi, alliés aux Espagnols, conspiraient à la fois contre la royauté et contre l'État, que Michel Le Tellier donne au gouvernement ses preuves de fidélité et jette les bases de sa faveur future ; et c'est par son inébranlable dévouement au roi au milieu des ligues incessantes des seigneurs féodaux et des princes du sang, les plus voisins du trône, réunis dans une alliance commune avec l'Angleterre, que Bourré gagne la confiance absolue de Louis XI, soutien de sa rapide élévation.

Jusqu'à leur dernier jour l'un et l'autre restent fidèles à leur première ligne de conduite, sans se laisser un moment détourner par les passions qui semblent avoir sur eux peu d'empire.

Intéressants l'un et l'autre par les événements et les personnages auxquels ils furent associés, ils manquent de ces talents supérieurs et de ces qualités brillantes qui séduisent l'imagination. La fidélité et le dévouement, la sagesse et la prudence, la régularité et l'ordre, la gravité et le sérieux les distinguent également, et ces qualités les secondent merveilleusement dans les fonctions administratives et financières qu'ils traversent, comme au sein des conseils royaux où ils siègent l'un et l'autre.

Élevés par la faveur royale jusqu'aux premières charges de l'État, et couronnant leur carrière l'un au sommet de l'administration financière comme président de la chambre des Comptes, l'autre au sommet de l'administration judiciaire comme chancelier et garde des sceaux, ils achèvent une vie de plus de quatre-vingts années, comblés d'honneurs, entourés d'hommages et d'amitiés, occupés des pensées et des œuvres de la piété chrétienne.

Ils méritent enfin l'un et l'autre d'être connus dans l'histoire comme les serviteurs modèles des deux rois en qui se personnifient, avec le plus de relief, le pouvoir personnel et l'autorité centralisatrice de la royauté, Louis XI et Louis XIV.

TABLE DES MATIÈRES

                                                                        Pages

PRÉFACE... 5

INTRODUCTION. — Louis XI, son caractère, sa politique et ses agents.. 11

CHAPITRE PREMIER

PREMIÈRES ANNÉES. — BOURRÉ PRÈS DU DAUPHIN LOUIS

Naissance de Bourré, en 1424, à Châteaugontier. — Sa famille : condition de son père. — Son enfance. — Guerre des Anglais en Anjou ; Jean d'Alençon, seigneur de Châteaugontier ; événements dont Châteaugontier est le théâtre. — Premières études de Bourré dans les écoles de Châteaugontier. — Bourré étudiant à l'Université de Paris ; état et puissance de cette Université au commencement du xv° siècle. — Mœurs des étudiants. — Bourré suit les cours de la Faculté des décrets ; enseignement de cette Faculté ; son maître Jean Chuffart. — Bourré reçu licencié ès-lois. — Il entre au service du Dauphin Louis : à quelle époque : pourquoi il est choisi par le prince. — Bourré en Dauphiné : motifs de la retraite du Dauphin dans son apanage. — Bourré, clerc secrétaire en la Chambre des comptes du Dauphiné ; secrétaire et contrôleur de la chancellerie du Dauphin. — Bourré en Flandre, au château de Genappe : sa vie et ses fonctions dans ce château. — Mission en Bretagne que lui attribue M. Dupuy ; par qui elle fut remplie.. 35

CHAPITRE II

BOURRÉ, SECRÉTAIRE DE LOUIS XI. — SON ANOBLISSEMENT

Bourré rentre en France avec Louis XI. — Faveur qu'il reçoit du roi à son avènement. — Il est nommé clerc notaire et secrétaire royal. — La corporation des notaires et secrétaires royaux, privilèges, fonctions. — Privilège spécial accordé par le roi à Bourré de contresigner toutes les lettres de nomination aux offices : les reproches qu'on lui a faits à ce sujet : ce qu'il faut en croire. — Bourré contrôleur de la Recette générale des finances en Normandie ; conseiller et maître ordinaire en la Chambre des comptes ; gouverneur du château de Langeais. — Il est chargé avec Étienne Chevalier de rassembler l'argent pour le rachat des villes de la Somme : utilité de ce rachat ; comment Bourré trouve les sommes nécessaires. — Importance que prend Bourré dans les affaires financières. — Son rôle auprès de Louis XI pendant la guerre du Bien Public. — Le roi l'anoblit en récompense de ses services.. 65

CHAPITRE III

LES MISSIONS DE JEAN BOURRÉ

Bourré est envoyé en Anjou pour faire lever le ban et l'arrière-ban contre le duc de Bretagne. Instructions qu'il reçoit du roi à ce sujet. — Il est chargé de fournir la solde aux troupes royales. Difficultés et dangers de cet emploi : sévérité de Louis XI pour le bon entretien de ses armées : exigences des gens d'armes. - Pendant la guerre et les négociations qui la terminent Bourré sert d'intermédiaire entre le roi et ses capitaines. — Conduite de Bourré pendant que le roi est à Péronne. Son effroi d'aller à Liège. — Compte rendu de l'entrevue de Péronne d'après une lettre écrite à Bourré par un des témoins. — Bourré reçoit le serment du duc de Guyenne sur la vraie croix de Saint-Laud. — Il assiste à la réconciliation du roi et de son frère au Puy-Neveau. — Institution de l'Ordre de Saint-Michel. — Bourré en est nommé trésorier. — Le comte de

Warwick, fugitif, arrive en Normandie chargé de prises faites sur les Bourguignons. — Bourré et le sire de Concressault vont le recevoir et lui fournissent de l'argent. En même temps Bourré offre au nom du roi restitution aux Bourguignons pour ce que Warwick leur a pris. — Long séjour du comte anglais en Normandie ; ses dépenses ; embarras de Bourré ; sa correspondance avec le roi. — Départ de Warwick.......... 97

CHAPITRE IV

LES MISSIONS DE JEAN BOURRÉ

(Suite)

Bourré est envoyé en Picardie pour *surveiller*. — Mort du duc de Guyenne. Impression que cette mort produit dans le royaume. — La guerre recommence. Bourré envoie l'argent aux troupes qui combattent contre le duc de Bourgogne. Lui-même, attaché aux armées royales en Bretagne, fournit les deniers nécessaires à la guerre. — Insurrection à Perpignan. Bourré est envoyé avec le sire de Gaucourt pour secourir et ravitailler l'armée du roi ; il emprunte les fonds nécessaires et garantit les prêteurs ; il lève sur les villes des impositions. La paix est signée. — Bourré en Anjou. Saisie temporaire de cette province par Louis XI. Établissement de la mairie d'Angers. Rôle prêté en cette circonstance à Bourré par les historiens angevins. Ce qu'il faut en croire. — Commission donnée à Bourré d'avitailler Bordeaux et Bayonne. — Mort de Charles le Téméraire. Politique du roi pour réunir la Bourgogne à son royaume. Bourré reçoit à Lens les ambassadeurs Flamands. Détails sur cette réception. — Bourré à Hesdin et à Arras. — Procès intenté à la mémoire du Téméraire. Conseil de Bourré au roi au sujet du sauf-conduit de Péronne. Preuve de l'authenticité de ce sauf-conduit... 131

CHAPITRE V

BOURRÉ ET LES FINANCES DE LOUIS XI

L'administration des finances au xv° siècle : finances ordinaires et finances extraordinaires. — Officiers préposés à cette administration : Trésoriers de France ; Généraux des finances ; leurs fonctions. — Bourré général des finances du Dauphiné, puis premier trésorier de France. — Autorité prééminente de Bourré pour toutes les questions financières. — Nombreuses dépenses de Louis XI ; ses libéralités continuelles. — Les impôts augmentent ; épuisement du peuple. — Bourré, ami de l'ordre et de l'économie, désapprouve le désordre des revenus publics ; fait des remontrances au roi sur la pauvreté du peuple. Inutilité de ses efforts ; Louis XI ne veut souffrir aucune autorité près de la sienne. — Bourré n'est pas un ministre des finances, mais plutôt l'homme d'affaires du roi : il paye les officiers royaux de leurs gages ; exécute les pieuses libéralités de son maître ; acquitte ses vœux ; dirige les constructions royales ; fait élever le tombeau de Louis XI. — Rôle de Bourré dans les pressants besoins d'argent du roi ; il lui prête ses deniers, emprunte en son nom en garantissant les prêteurs. Ses missions continuelles pour trouver de l'argent 169

CHAPITRE VI

BOURRÉ PRÈS DU DAUPHIN CHARLES

Naissance du Dauphin. Sentiments de Louis XI pour son fils. — Instruction du jeune prince, ses maîtres. — Bourré reçoit le gouvernement et la garde du Dauphin. — En quoi consistait ce gouvernement : santé débile du prince, ses maladies, inquiétudes du roi. Bourré prend soin de la santé du jeune Charles ; il surveille ses occupations et ses distractions ; il renseigne et rassure le roi absent. — Bourré chargé de la garde du Dauphin : isolement du prince ; le château d'Amboise est fermé ; difficulté d'y pénétrer et d'en sortir ; Bourré lui-même ne peut s'en éloigner. — Le roi lui envoie des hôtes ; il lui confie la garde de ses oiseaux et de ses prisonniers. Lancelot de Berlemont captif à Montaigu, puis à Amboise. — Bourré capitaine de Montaigu. — Le roi vient à Amboise ; ses instructions à son fils. Sa mort. — Grande situation de Bourré sous le règne de Louis XI : son intimité avec le roi et avec les autres compères ; ses solliciteurs, les princes et les villes. Cette haute fortune due au dévouement de Bourré. Louis XI le cite comme un modèle de fidélité..... 203

CHAPITRE VII

BOURRÉ SOUS CHARLES VIII ET LOUIS XII

Pages

Bourré sous le gouvernement d'Anne de Beaujeu. — Il fait partie du Conseil du Roi. — Son rôle dans ce Conseil. — Répression des abus. — Réforme de la mairie d'Angers. — Bourré capitaine du château d'Angers. — Son rôle pendant la guerre de Bretagne. — Il fait fortifier le château d'Angers ; il fournit de vivres et de charroi, les armées du roi. — Il est chargé de la garde des prisonniers Bretons : du prince d'Orange ; de Bassompierre. — Bourré et les finances de Charles VIII ; il est nommé premier président de la Chambre des Comptes. — Son rôle pendant la guerre d'Italie. — Charles VIII lui confie le soin de lever l'argent sur le domaine royal. — Bourré prête au Roi. — Bourré, conseiller de Charles VIII ; confiance qu'il inspire ; les missions qu'il remplit. — Bourré abandonne ses charges. — Avènement de Louis XII. — Jugement du nouveau roi sur la carrière politique de Bourré. — Louis XII lui emprunte de l'argent pour les besoins de ses guerres.. 243

CHAPITRE VIII

BOURRÉ DANS SA FAMILLE ET AVEC SES AMIS

Mariage de Bourré. — Intervention habituelle de Louis XI dans le mariage de ses serviteurs. — Bourré épouse Marguerite de Feschal. — Vrai motif de cette union. — La famille de Feschal. Portrait et caractère de Marguerite. — Premières années de mariage. — Lettre de Marguerite à Bourré. — Naissance d'un premier enfant longtemps désiré. Bourré et son « beau mesnaige. » — Absence fréquente de Bourré ; ses regrets. — Mort de Marguerite de Feschal ; son testament. — Bourré fait prier pour l'âme de sa femme. Les enfants de Bourré. René Bourré, enfant d'honneur du dauphin Charles ; pannetier ordinaire du roi ; capitaine du château de Pontorson. — Sa galanterie, ses dépenses, ses dettes. Il prend part à l'expédition d'Italie. — Ses excès, sa condamnation : la rémission royale, son mariage. —

Pages

Charles Bourré, l'aîné : étudie le droit à Poitiers ; obtient le diplôme de licencié ès-lois, nommé maître des comptes. Son père lui cède la charge de trésorier de France, et l'associe à son office de l'Ordre de Saint-Michel. — Ses dépenses et ses dettes. — Anne Bourré. Elle épouse François de la Jaille. Le gendre de Bourré. — Charles Bourré, le jeune. Ses études au collège de Navarre. — Deuils de Bourré : Charles, l'aîné, puis René, meurent sans postérité. — Mariage de Charles le jeune avec Catherine de Chourses ; son veuvage ; son second mariage avec Jeanne de la Jaille. — Descendants de Bourré. — Autres parents de Bourré. — Amis de Bourré : Doriole, Daillon, Commines, Louis de Graville, Thibault de Beaumont, le maréchal de Gié, le sire de Beauvau. — Obligeance de Bourré. — Bons rapports de Bourré avec la ville d'Angers ; son rôle de protecteur et de conseiller des gens de la mairie. — Son rôle dans l'élection de Jean de Rély, évêque d'Angers.................. 293

CHAPITRE IX

BOURRÉ GRAND SEIGNEUR. — SES CHATEAUX

Richesse de Bourré ; son origine ; son emploi. — Achat par Bourré de vastes domaines en Anjou. — Bourré fait élever sur ses terres de magnifiques châteaux. — Il avait pris pendant son séjour en Flandre le goût des beaux-arts. — Les financiers et leur influence sur l'art au xve siècle. — Le château de Vaux. — Le château du Plessis-Bourré : sa construction ; son caractère ; sa description. — La salle des gardes ; ses peintures et ses devises. — Les tapisseries, la vaisselle, les manuscrits du Plessis-Bourré. — La chapelle du Plessis. — Visiteurs reçus au Plessis : le roi Louis XI ; Charles VIII ; les Beaujeu ; l'ambassade de Hongrie ; l'amiral de Graville ; Etienne de Vesc ; le maréchal de Gié. — Le château de Jarzé : son caractère ; sa magnificence. — Constructions dans l'église de Jarzé. — Statues et groupes placés par Bourré dans cette église. — Le sépulcre de Jarzé, par l'imagier Louis Mourier. — Le château d'Entrammes. — Maisons de Bourré : à Château-gontier, à Tours, à Amboise, à Paris. — Projet de construire à Angers un hôtel pour recevoir le Roi. — Influence de Bourré sur l'architecture en Anjou à la fin du xve siècle.

— Plaisirs de Bourré ; ses chevaux, ses chiens, ses oiseaux de proie. — Ses aumônes ; ses pieuses libéralités. — Fondation du chapitre de Jarzé. — Son testament. — Sa mort. — Ses funérailles. — Son tombeau.................... 327

CONCLUSION.................. 375

Angers, imprimerie Lachèse et Cie, Chaussée Saint-Pierre, 4.

www.ingramcontent.com/pod-product-compliance
Lightning Source LLC
Chambersburg PA
CBHW060552170426
43201CB00009B/754